先聖大訓

〔宋〕楊簡　輯注

齊魯書社

·濟南·

圖書在版編目（CIP）數據

先聖大訓 / (宋) 楊簡輯注. -- 濟南 : 齊魯書社,
2024. 9. -- (《儒典》精粹). -- ISBN 978-7-5333
-4935-6

Ⅰ. B222.21

中國國家版本館CIP數據核字第2024EZ1644號

責任編輯　劉　强　馬素雅
裝幀設計　亓旭欣

先聖大訓

XIAN SHENG DA XUN

〔宋〕楊簡　輯注

主管單位	山東出版傳媒股份有限公司
出版發行	齊魯書社
社　　址	濟南市市中區舜耕路517號
郵　　編	250003
網　　址	www.qlss.com.cn
電子郵箱	qilupress@126.com
營銷中心	（0531）82098521　82098519　82098517
印　　刷	山東臨沂新華印刷物流集團有限責任公司
開　　本	880mm × 1230mm　1/32
印　　張	24.25
插　　頁	2
版　　次	2024年9月第1版
印　　次	2024年9月第1次印刷
標準書號	ISBN 978-7-5333-4935-6
定　　價	188.00圓

《〈儒典〉精粹》出版説明

《儒典》是對儒家經典的一次精選和萃編，集合了儒學著作的優良版本，展示了儒學發展的歷史脉絡。其中，《義理典》《志傳典》共收録六十九種元典，由齊魯書社出版。鑒於《儒典》采用套書和綫裝的形式，部頭大，價格高，不便於購買和日常使用，我們決定以《〈儒典〉精粹》爲叢書名，推出系列精裝單行本。

叢書約請古典文獻學領域的專家學者精選書目，并爲每種書撰寫解題，介紹作者生平、内容、版本流傳等情况，文簡義豐。叢書共三十三種，主要包括儒學研究的代表性專著和儒學人物的師承傳記兩大類。版本珍稀，不乏宋元善本。對於版心偏大者，適度縮小。爲便於檢索，另編排目録。不足之處，敬請讀者朋友批評指正。

齊魯書社

二〇二四年八月

《〈儒典〉精粹》書目（三十三種三十四册）

孔氏家語	荀子集解	孔叢子
春秋繁露	春秋繁露義證	鹽鐵論
新序	揚子法言	白虎通德論
潛夫論	中説	太極圖説　通書
龜山先生語録	張子語録	傳習録
張子正蒙注	先聖大訓	近思録
四存編	孔氏家儀	帝範
帝學	温公家範	文公家禮
聖門禮樂誌	東家雜記	孔氏祖庭廣記
伊洛淵源録	伊洛淵源續録	國朝漢學師承記
國朝宋學淵源記	孔子編年	孟子年表

解題

先聖大訓六卷，宋楊簡輯注，明萬曆刻本

楊簡字敬仲，號慈湖，慈溪人。乾道五年（一一六九）進士，爲富陽主簿、紹興府司理，以朱熹薦，差浙西撫干。紹熙五年（一一九四）召爲國子博士，後升著作佐郎兼權兵部郎官，累遷將作少監，寧宗嘉定初出知温州，官至寶謨閣學士，謚文元。學出陸九淵，主心學。出知温州時，首倡廢除妓籍。著有《楊氏易傳》《慈湖詩傳》《春秋解》《五誥解》等，後人編有《慈湖遺書》。

是書搜輯《左傳》《國語》《禮記》《大戴禮記》《孔子家語》諸書凡稱孔子之言，分類排比成五十五篇，而各爲之注。卷首有楊簡序，云：『世稱先聖，謂孔子。簡祗惟先聖大訓自《論語》《孝經》《易》《春秋》而外，散落隱伏，雖間見于雜説之中，而不尊不特，有訛有誣。道心大同，昏明斯異，毫釐有間，雖面覿無覿，明告莫諭。是無惑乎聖言則一，而記者不同也；又無惑乎承舛聽謬，遂至于大乖也。夜光之珠，久混沙礫，日月之明，

出没雲氣。不知固無責，有知焉而不致其力，非義也。是用參證羣記，聚而爲一書，刊誣闕疑，發幽出隱，庶乎不至滋人心之惑。非敢以是爲確也，敬俟哲人審訂胥正。』可知該書編撰之旨。其卷一爲蜡賓第一、哀公問第二、哀公問禮第三、五儀第四、孔子燕居第五、孔子閒居第六、入其第七、哀公問取人第八、哀公問政第九，卷二爲問冠第十、廟制第十一、曾子問第十二、檀弓第十三、周公第十四、言樂第十五、少連第十六，卷三爲主言第十七、君子第十八、中庸第十九、隱而第二十、入官第二十一、定公問郊第二十二、喪禮第二十三、問康子疾第二十四、子産第二十五、齊景公第二十六、中都宰第二十七，卷四爲始誅第二十八、五刑第二十九、仲弓第三十、樂山第三十一、千乘第三十二、四代第三十三、虞戴德第三十四、誥志第三十五，卷五爲小辨第三十六、用兵第三十七、少間第三十八、適周第三十九、管仲第四十、知者第四十一、斷獄第四十二、讀史第四十三、自吾第四十四、讀詩第四十五、臣諫第四十六，卷六爲子路問第四十七、中人第四十八、晏子第四十九、顔子第五十、楚昭第五十一、五帝第五十二、命性第五十三、孔文子第五十四、寬猛第五十五。

是書多録《大戴禮記》。戴震等在四庫館校勘《大戴禮記》，孔廣森撰《大戴禮記補注》，多參校該本。

目録

先聖大訓卷第二

先聖大訓中

先聖大訓卷第三

先聖大訓卷第四

先聖大訓 上

共三册

先聖大訓序

世稱

先聖謂

孔子簡祗惟

先聖大訓自論語孝經易春秋而外散落隱伏雖間見于雜說之中而不尊不特有訛有誣道心大同昏明斯異毫釐有間雖面覿無覩明告莫諭是無惑乎

聖言則一而記者不同也又無惑乎承舛聽謬遂至于大乖也夜光之珠又混沙礫日月之明出沒雲氣不知固無責有知焉而不致其力非義也是用參證羣記聚

而爲一書刊誣闕疑發幽出隱庶乎不至滋人心之惑

非敢以是爲確也敬俟哲人審訂胥正明州楊簡敬仲

書

先聖大訓卷第一

明州楊簡輯并註

蜡賓第一

小戴記家語並名此篇曰禮運此名學者所加非聖人本言蓋謂禮其迹爾必有妙者運之不悟道實無二孔子言禮本大一分爲天地轉爲陰陽變爲四時列爲鬼神行之以貨力辭讓飲食冠昏喪祭射御朝聘又言夫孝天之經地之義民之行皆謂名殊而實一道無精粗今名蜡賓庶不分裂害道

孔子爲魯司寇與於蜡賓事畢出游於觀之上喟然而嘆

小戴記於是曰仲尼之嘆蓋嘆魯也殊爲害道孔子曰吾道一以貫之孔子之心卽道其言亦無非道舉六合通萬古一而已矣無他物也喟然而嘆嘆道之

不行也後雖言魯之郊禘非禮亦所以明道也爲道而嘆非爲魯而嘆小戴不知聖人之心今無取取家語所載

言偃侍曰夫子何嘆也（言偃字子游）孔子曰昔大道之行與三代之英丘未之逮也而有志焉

志願也家語誤以爲記不承上文家語多誤

大道之行也天下爲公選賢與能

堯舜與賢不與子公也諸侯大夫亦然

講信脩睦故人不獨親其親不獨子其子老有所終壯有所用幼有所長矜寡孤獨廢疾皆有所養男有分女

有歸貨惡其棄於地也不必藏於已力惡其不出於身也不必爲已是故姦謀閉而不興盜竊亂賊不作故外戶而不閉是謂大同今大道既隱天下爲家

非謂禹湯武王也禹薦益於天湯未必不授伊尹武王未必不授周公蜀先主尚能屬之諸葛孔明而況於三代之英乎書序曰啓與有扈戰于甘之野不曰夏王啓其以不能遜于益而致有扈之戰故貶歟下言禹湯文武由此而選明其特異

各親其親各子其子貨力爲已大人世及以爲常

家語人作夫小戴記常作禮

城郭溝池以爲固禮義以爲紀以正君臣以篤父子以睦兄弟以和夫婦以設制度以立田里

自天下爲家以來風俗寖不如古故禮制益立以防民之非聖王制禮皆因人心著其本義紀言其詳矣以其有不正不篤不睦不和者故立禮以正之篤之睦之和之以人欲滋熾故制度滋設以侵爭者衆故立田里以息爭

以賢勇知以功爲己故謀用是作而兵由此起

侵爭不已必有殺伐故勇能去害知能見幾者見謂賢至於以功爲己不及彼則私矣

禹湯文武周公成王由此而選

小戴記有也字而作其今從家語以小戴記文勝失眞後同

此六君子者未有不謹於禮者也以著其義以考其信著有過刑仁講讓示民有常如有不由此者在勢者去衆以爲殃是謂小康

禮而著其人心之本義則禮非虛文皆道心之正用又考察其忠信則禮出於誠而非僞其過失違禮不義不誠則著之謂懲之刑罰之其有仁者則儀刑之使居位爲則於民使民有所懲而不爲非有所慕而

歸於正又自其閨闥發諸朝廷以達於閭里冠婚喪祭賓射田狩軍旅所講之事無非禮讓以示其民有常而無改純而不雜如有不由此者雖居位勢必去之衆咸以爲殃禍至是道亦明矣亦可謂治矣雖不及大同之世亦謂小康

言偃復問曰如此乎禮之急也孔子曰夫禮先王以承天之道以治人之情故失之者死得之者生詩曰相鼠有體人而無禮人而無禮胡不遄死

相視也遄疾也視鼠猶有儀體鼠有能拱者人無禮則不如鼠何不速死言生不如死人心惡無禮如此

則失禮者誠有死之理孔子以明禮之急禮即天之道人性之所同有情動於邪始失本有之正故先王治之使復其正

是故夫禮必本於天殽於地列於鬼神達於喪祭射御冠婚朝聘故聖人以禮示之故天下國家可得而正也

必者確定無疑之辭人深疑禮無與乎天地故孔子爲必定之辭痛掃其疑禮者乃道之見於品節文爲之名即道也故天地鬼神無所不通曰本於天殽雜於地列於鬼神孔子以爲必然洞見六合之間無二道也是道之淸明健行不息名曰天是道之化生萬

物殽雜名曰地是道之變化感應不測名曰鬼神是道之見諸人事名曰喪祭射御冠婚朝聘其爲道一也庸衆以喪祭射御冠婚朝聘爲粗近以天地鬼神爲幽遠失其所自有者矣失其道矣禮者人心之所自有聖人因其所自有而還以示之故人心默感而化

言偃復問曰夫子之極言禮也可得而聞歟孔子曰我欲觀夏道是故之杞而不足徵也吾得夏時焉

杞夏后氏之後徵驗也無所考證惟得夏時之書今存者亦有小正見大戴記

我欲觀殷道是故之宋而不足徵也吾得坤乾焉

宋殷之後坤乾熊氏云殷易以坤爲首周官大卜掌三易之法一曰連山二曰歸藏三曰周易其經卦皆八其別皆六十有四鄭康成云殷坤乾之書其存者有歸藏據康成此言則坤乾之書不止於歸藏豈康成不審其詳而姑爲疑辭歟杜子春云連山宓戲歸藏黃帝其以殷人用之故曰殷易歟

坤乾之義夏時之等吾以是觀之

事有等倫義無不遍一也

夫禮之初始諸飲食燔黍捭豚家語捭作擘汙尊而抔飲蕢

桴而土鼓猶可以致其敬於鬼神

鄭康成云中古未有釜甑釋米捭肉加於燒石之上而食之今北狄猶然汙尊鑿池爲尊也抔飲手掬之也摶土爲桴築土爲鼓孔穎達云築地以當鼓節皇氏云桴擊鼓之物杜註周禮籥章云以瓦爲匡不須築土蕢塊也以蕢音之誤歟小戴記猶下有若字家語無

及其死也升屋而號告曰皐某復然後飯腥而苴孰

苴或爲俎皐發聲招之於上飯含也腥謂珠貝歟謂奠饌歟苴包也取遺奠有苴歟然朝夕奠其薦孰乆

矣

故天望而地藏也體魄則降魂氣則上

小戴記魂作知未安魂者凡衆之通稱知則神聖同

之淸明無所不遍無所不在何止於在上今從家語

作魂

故死者北首生者南鄉皆從其初

巳上皆從古初則然

昔之王者未有宮室冬則居營窟夏則居橧巢

鄭康成云寒則累土暑則聚薪柴居其上王肅云掘

地而居謂之營窟有柴謂橧在樹曰巢

未有火化食草木之實鳥獸之肉飲其血茹其毛未有
麻絲衣其羽皮後聖有作然後脩火之利
鄭康成云孰治萬物世本云燧人出火鄭六藝論云
燧人在伏羲之前凡六紀九十一代廣雅云一紀二
十六萬七千年後聖脩之其利用備
范金合土
家語作範范金謂鑄金於模範之中而成利用合土
燒成器用瓦瓴甓及甒大之屬
以爲臺榭宮室牖戶
爾雅釋宮無室曰榭四方高曰臺然則臺者巧於檜

巢樹則屋之唯無室爾至於宮室牖戶則詳備矣
以炮以燔以亨以炙
鄭康成謂炮裹燒之也燔加於火上亨煑之鑊也炙貫之火上家語亨作煑
以爲醴酪
鄭康成云烝釀之也酪酢酨王肅云醴醴酒酪漿酢
治其麻絲以爲布帛以養生送死以事鬼神上帝皆從其朔
朔猶初也後聖脩火利爲宮室爲醴酪治麻絲雖不同古初而養生送死事鬼神上帝則從其初矣

故玄酒在室醴醆（側眼反）在戶粢醍在堂（醍音體）澄酒在下儀禮有玄酒無明水周禮無玄酒有明水然則明水卽玄酒歟孔穎達云玄酒謂水也大古知飲水而已後世始造酒遂於味矣聖王不忘古始尊玄酒於堂置醴醍於外澄酒於下深賤逐味之去道遠也周禮五齊一曰泛齊二曰醴齊三曰盎齊四曰緹齊五曰沈齊三酒一曰事酒二曰昔酒三曰清酒周禮之泛齊其古禮歟曲禮稷曰明粢江東呼粟爲粢而鄭康成讀粢爲齊引周禮五齊爲證鄭說未安孔子曰黍可爲酒禾爲醴也古先以黍爲醴醆故尚之在戶後

又以稷爲醍故次之在堂本草粟米在中品稷米在下品則粟與稷二物矣本草唐註云本草有稷不再穄穄卽稷也今觀粟穄相似唯穄大而粟小

陳其犧牲備其鼎俎列其琴瑟管罄鍾鼓脩其祝嘏以降上神與其先祖以正君臣以篤父子以睦兄弟以齊上下夫婦有所是謂承天之祜

天人無二道同于一正

作其祝號

周禮大祝辨六號一曰神號二曰鬼號三曰祇號四曰牲號五曰齍號六曰幣號

玄酒以祭薦其血毛腥其俎孰其殽與其越席越音活字書作趏春秋傳大路越席杜元凱云結草疏布以冪衣其澣帛鄭康成王肅皆云練染以爲祭服醴醆以獻醴醆雖不如古之玄酒然後世用之安之聖王不得而違薦其燔炙君與夫人交獻以嘉魂魄

嘉者敬愛之謂

是謂合莫

與冥莫合

然後退而合亨體其犬豕牛羊實其簠簋籩豆鉶羮

薦孰則體解說文簠黍稷圜器也簋黍稷方器也從竹則知古以竹爲之後更以木矣鉶器也或作鈃實

羹焉

祝以孝告嘏以慈告是謂大祥此禮之大成也

家語自言偃問夫子之極言禮至是乃再請問禮詳觀上下文不類今從小戴記特牲饋食禮祝東面告利成少牢饋食禮尸命祝嘏主人是祝亦以慈告然則此惟言大略歟抑此言君禮故異歟

孔子曰嗚呼哀哉我觀周道幽厲傷之吾舍魯何適矣魯之郊禘非禮也周公其衰矣杞之郊也禹也宋之郊也契也是天子之事守也

家語於是有天子以杞宋二王之後周公攝政致太

平而與天子同是禮也簡觀上言魯之郊禘非禮殆
後人誤加小戴記無此
故天子祭天地諸侯祭社稷祝嘏莫敢易其常古是謂
大假
假嘏字之訛曾子問不旅不假亦謂嘏也古書之傳
訛若此類多家語作大嘉
今使祝嘏亂說徒藏於宗祝巫史非禮也
此從家語文小戴記作辭說明堂位成王命魯公世
世祀周公以天子之禮樂此命已失其常而魯君又
因緣僭郊禘祝嘏之說初以不安而隱藏

是謂幽國醆斝及尸君非禮也是謂僭君

鄭康成云僭禮之君也醆斝先王之爵也惟天子與王者之後得用之耳其餘諸侯用時王之器而已魯僭用醆斝

冕弁兵革藏於私家非禮也是謂脅君

魯君僭故其臣亦僭周禮司服卿大夫得服玄冕士得服皮弁而此謂非禮者其以僭鷩冕或衮冕不敢明言歟季康子朝服以縞曾子問曰禮乎子曰諸侯皮弁以告朔然後服之以視朝若此然則皮弁亦有僭者

大夫具官祭器不假聲樂皆具非禮也是謂亂國

與子游私言故直指魯君大夫之非非言於廣衆也亦弁言當時之大夫僭管仲官事不攝孔子謂不儉曲禮問大夫之富曰有宰食力祭器衣服不假凡家造祭器爲先然則祭器可造而不可備與曲禮雜後世之文家語造祭器或後世之禮歟周禮閭共祭器州共賓器鄉共吉凶禮樂之器鄉有大夫州黨皆有大夫

故仕於公曰臣仕於家曰僕三年之喪與新有昏者期不使以衰裳入朝與家僕雜居齊齒非禮也是謂君與

臣同國

家語臣與君共國有三年之喪者期不使則無以衰裳入朝者矣弁及新婚者以本禮同條故因及之禮公門脫衰齊者敬君也而士喪禮三月成服杖拜君命及衆賓豈獨此時爲可而常事則不可歟抑公門脫衰禮之常士喪禮不復別言歟其成服杖拜君命者不於朝歟臣與僕雜居齊齒不分尊卑不尊公卑家

故天子有田以處其子孫諸侯有國以處其子孫大夫有采以處其子孫是謂制度

言其有以處之而已非必任之以政也默識曾任三桓以政失制度故亂其國

故天子適諸侯必舍其祖廟而不以禮籍入是謂天子壞法亂紀諸侯非問疾弔喪而入諸臣之家是謂君臣爲謔

此總言上之人先亂其禮制故亂從之

是故禮者君之大柄也所以別嫌明微儐鬼神考制度別仁義所以治政安君也

君得禮則得其柄矣安上治民莫善於禮且子孫惟當有以處之養之不可以私愛而任之以政其始甚

微至末流則不可救矣敬鬼神足以感人之敬心敬則治慢則亂禮即心心即道即大一即天清明無所不照考制度則是非自明至靜常明曰仁其間固自有別等殺曰義其間亦自有別家語作立政教安君臣上下也

故政不正則君位危君位危則大臣倍小臣竊刑肅而俗敝則法無常法無常而禮無列禮無列則士不事也刑肅而俗敝則民弗歸也是謂疵國

倍背也音同而字訛大臣公然背畔小臣則竊有妄作一失正禮庶事皆亂刑亂而過於嚴肅俗愈亂而

敝法失其常禮亂其列士當任事今不安分故廢職不事

故政者君之所以藏身也

惟天生民有欲無禮則亂而君據其崇高富貴豈不危哉漢高觀秦皇帝喟然而嘆曰大丈夫當如此矣此乃生於秦焚詩書棄禮樂人欲肆行而不已故至此也惟禮行義明人心安於禮義惟有尊君敬上之心無犯分干正之意故聖人謂政者君之所以藏身也政即禮周以禮廢故衰魯以禮廢故亂

是故夫政必本於天郊以降命命降於社之謂殽地

此據家語小戴記郊作殺教亦作殺未安郊以祀天明有尊也社以祀地明有敬也王者行尊敬之禮于上而天下皆尊敬矣恭敬之心人皆有之惟上有以感動之則下默然而應矣此非王者之私術也此天下之大義也自郊而始皆天命也命降于社又因地以致教天命即天道三才之道一

降於祖廟之謂仁義

親親之道仁也禮節之制義也

降於山川之謂興作降於五祀之謂制度

天地祖廟之禮人心斷斷不能自已者至於山川之

祀乃作而爲之敬心之廣也故曰興作至於五祀詳矣故言制度皆天命也天命人心名異道同

此聖人所以藏身之固也故聖人參於天地並於鬼神以治政也處其所存禮之序也玩其所樂民之治也

孔子憫衰周之際人君廢禮以危其身故此發藏身之義非聖人私其身而爲是術也遵道而行參於天地並於鬼神言其與天地鬼神爲一以是而治政也處其所存尊尊卑卑各安其義有序而不亂移風易俗莫善於樂中正之音足以感民善心民安其禮而至於樂焉則治矣禮樂刑政一道而四達也

天生時地生財人其父生而師教之四者君以正用之所以立於無過之地君者人所明非明人者也人所養非養人者也

易曰觀民書曰養民而此曰君者非明人非養人何也此明乎君道也人君清明在躬無所不照中心無爲而人民皆視上之所好惡而從之矣君失其清明無爲而汲汲乎外則反不能觀民養民矣清明照臨自能觀養聖言當通其旨

人所事非事人者也故君明人則有過養人則不足事人則失位故百姓明君以自治養君以自安事君以自

顯故禮達而分定故人皆愛其死而患其生

人心安於禮義其有義在於死則愛死義不在於生則患生以此甚難以明人心之安義

故用人之知去其詐用人之勇去其怒用人之仁去其貪故國有患君死社稷謂之義大夫死宗廟謂之變

不得行其道則去位何至於死然禮有變焉義有不得而去至於亂不可救而至於死故曰變

聖人耐以天下爲一家以中國爲一人非意之也

鄭康成云耐古能字家語作能簡疑方音有以能爲耐者能耐音近同毋

必知其情辟於其義明於其利達於其患然後能爲之何謂人情喜怒哀懼愛惡欲七者弗學而能何謂人義父慈子孝兄良弟弟夫義婦聽長惠幼順君仁臣忠十者謂之人義講信脩睦謂之人利爭奪相殺謂之人患聖人之所以治人七情脩十義講信脩睦尚辭讓去爭奪舍禮何以治之

禮者天下之大順人心之所同有因其所同有順以道之故翕然順聽如一家如一人

飲食男女人之大欲存焉死亡貧苦人之大惡存焉欲惡者心之大端也人藏其心不可測度也美惡皆在其

心不見其色也欲一以窮之舍禮何以哉

　心之惡者於禮必不能行

人者其天地之德陰陽之交鬼神之會五行之秀也

　此用家語小戴記作秀氣夫人與天地陰陽鬼神五行一體殊名人形則小其性則無限量古志有云生天生地易曰範圍天地曲成萬物天地施生之德陰陽交合之妙鬼神感通之會五行參錯之秀無二道也無二物也故歸妹天地之大義哀樂相生不可得而見不可得而聞此皆孔子之言可以證吾心之同然人皆有此至廣至大至神至明之性而自不知不

信也

故天秉陽垂日星地秉陰竅於山川播五行於四時和而後月生是以三五而盈三五而闕即三五之數有以驗月者

五行和而後生聖人於是明天地陰陽日月星辰四時五行一氣通融因人心疑其殊異不一故指其事實以驗其一

五行之動共相竭也

小戴記共作迭迭有異義共有同義故從家語作共

五行四時十二月還相爲本也五聲六律十二管還相爲宮也五味六和十二食還相爲質也五色六章十二

衣還相爲主也故人者天地之心也五行之端也食味別聲被色而生者也

至哉聖言其循循善誘善啓道人心如此將發揮人與天地陰陽五行本一之妙故言天陽地陰同播五行於四時則天地一矣五行和而後月生即三五十五之數證月即五行之和則五行與月又一矣木氣動則水氣竭盡火氣動則木氣竭盡五行雖相竭而回旋無窮則知實不竭盡繼言五行四時十二月還相爲本則五行未始不一而四時十二月亦一矣又推之於五聲六律十二管還相爲宮則五聲六律十

二管又一矣又推之於五味六和十二食還相爲質則五味六和十二食又一矣又推之於五色六章十二衣還相爲主則五色六章十二衣又一矣又言人者天地之心則古志所云生天生地於是益信矣人者五行之端端猶本也自天地由我以生而況於五行乎繼言人食味別聲被色而生則人又與五聲六律十二管五味六和十二食五色六章十二衣通合而爲一矣此皆助明乎一循循漸誘至於此自此而推則萬殊無不通一嗚呼人自生而執如此者爲我如此者爲物如此者爲天爲地自此此紛然牢不可解

不悟吾心之本無際畔天地日月四時鬼神人物萬化萬事萬理通一無二孔子曰吾道一以貫之鄭康成云五聲宮商角徵羽也其管陽曰律陰曰呂布十二辰始於黃鍾管長九寸下生者三分去一上生者三分益一終於南事更相爲宮凡六十也五味酸苦辛醎甘也和之者春多酸夏多苦秋多辛冬多鹹皆有滑甘是謂六和漢元帝使韋玄成等親試問京房於樂府房對受學故小黃令焦延壽等六十律相生之法以上生下皆三生二以下生上皆三生四陽下生陰陰上生陽終於中呂而十二律畢矣中呂上生

執始執始下生去滅上下相生終於南事六十律畢矣王肅云十二食十二月之食考工記畫繢之事雜五色東方謂之青南方謂之赤西方謂之白北方謂之黑天謂之玄地謂之黃攷此則五色青赤白黑黃加玄而爲六章歟十二衣諸儒皆無說孔穎達云似月別衣食

故聖人作則必以天地爲本以陰陽爲端以四時爲柄以日星爲紀月以爲量鬼神以爲徒五行以爲質禮義以爲器人情以爲田四靈以爲畜以天地爲本故物可舉也

天地爲我之本體則其中之萬物盡舉之矣其作則治政則職方氏辨其邦國都鄙四夷八蠻七閩九貉五戎六狄之人民與其財用九穀六畜之數要周知其利害觀此則周官之所以維持化育於覆載之內者可知矣鳥獸魚鼈咸若斧斤以時入山林仁及草木無一民一物不被其德澤矣

以陰陽爲端故情可睹也

萬化萬慮非陰即陽

以四時爲柄故事可勸也

四時各有可舉之事勸諭趨赴柄者執以用物此使

人趨事如之

以日星爲紀故事可列也月以爲量故功有藝也

考日之運而昏旦之中星寖移如月令所紀紀時益詳隨時趨事事可敘列矣至於積日紀事則人事益有敘列月生與日異行積二十九日半有奇復與日會是爲一月量者限則也藝猶作爲也事功程限宜稍寬故月以爲限日星時月具在乎聖王政事之中于以助證天人一貫之道也

鬼神以爲徒故事有守也

百神受職各有守也

五行以爲質故事可復也

五行卽聖人之質故聖人於事無所不通終而復始

五行循環無端

禮義以爲器故事行有考也考成也人情以爲田

以禮義治人情猶以器治田故起器與田之喻禮義人心之所有耘去放逸之稂莠而良苗暢達矣

故人以爲奧也

奧主也室西南隅曰奧尊者所居禮爲人子者居不主奧故此取主義

四靈以爲畜故飲食有由也

鳳凰麒麟皆在郊棷龜龍在宮沼則極和極順聖王
可以享天下之大奉矣鱗羽毛介之屬皆可飲食故
因以云明不素食
何謂四靈麟鳳龜龍謂之四靈故龍以爲畜故魚鮪不
淰鳳以爲畜故鳥不獝麟以爲畜故獸不狘
鄭康成云淰之言閃也獝狘飛走之貌也
龜以爲畜故人情不失
龜知吉凶與人情通歟自聖人作則云云亦明人者
天地之德鬼神之會五行之秀縱言橫論靡不貫通
萬化萬物萬理通一無二亦猶自天秉陽而下皆助

明一致

故先王秉蓍龜列祭祀

聖人因言四靈其後言龜於是因及祭祀之禮其初卜筮祭日與尸故曰先王秉蓍龜列祭祀蓋聖人縱言因緣接續人之常言亦有此類

瘞繒宣祝嘏設制度

禮祭爲大瘞繒祝嘏舉其大略孝慈之情略見於此繼乃總言凡禮之制度以統包之

故國有禮官有御事有職禮有序

此詳言制度條理人或疑禮之不足以包事故言官

言事至於各有職則事詳矣末又總言禮之有節序
則詳備矣
先王患禮之不達於下故饗帝於郊所以定天位也
天子必有尊則尊卑長幼之禮達於下矣
祀社於國所以列地利也禘祖廟所以本仁也旅山川
所以儐鬼神也祭五祀所以本事也
國皆有社故曰列地利養人祀社所以報德也孝者
人心之所發是謂仁山川稍降於天地矣儐猶賓也
五祀則有降矣中霤門行戶竈皆有事焉所以報之
也夫道惟其正而已矣郊社祖廟山川五祀事雖不

同而皆正也義也義行於事而禮達於下矣未知道者以靜爲本用爲末故此言禘祖廟本仁明其非末未知道者以五祀之祭爲小爲末故此言本事明其非末觀此則萬事可通矣定天位列地利儐鬼神皆本而不言可知矣互舉參明屬辭之法

故宗祝在廟（宗人與祝）三公在朝三老在學王前巫而後史卜筮瞽侑皆在左右王中心無爲也以守至正故禮行於郊而百神受職焉禮行於社而百貨可極焉禮行於祖廟而孝慈服焉禮行於五祀而正法則焉故郊社祖廟山川五祀義之脩而禮之藏也

廟中之事委諸宗祝朝廷之事聽諸三公於學乞言則受之三老王弔則巫前內史爲王左右手左右史書王言動凡國事有卜筮鄭康成謂侑四輔未安與卜筮瞽非類瞽樂吏御瞽幾聲之上下亦幾察王之音聲侑勸尸飯者卜筮瞽侑皆祭祀執事於王左右者此泛言王左右前後皆有輔佐王中心可以無爲無爲即至正無爲即守無思無爲天地自此生鬼神自此行萬物自此生人心自此化萬事自此理故百神於是受職百貨於是可極孝慈於是服法則於是正夫道一而已矣郊社宗廟山川五祀義之所當然

而禮在其中矣曰義曰禮曰心曰正曰守曰無爲名殊實一難者曰動靜無二何必專於無爲曰聖人立言垂教不爲聖人設爲學聖人之道者設孔子未至從心之妙也自曰我學不厭學無爲以守至正也舜命禹曰惟精惟一允執厥中勉以守至正也易曰蒙以養正聖功也蒙卽無爲也此作聖之功也孔子謂加我數年五十以學易易者萬變不窮之書至五十而後學易則是時未五十正無爲以守至正學不厭之時也孔子所學卽動靜無二之妙而蒙養之功必熟乃成

是故夫禮必本於大一分而爲天地轉而爲陰陽變而爲四時列而爲鬼神其降曰命其官於天也

必者確定無疑之辭人深疑禮無與乎大一故孔子爲是必然之辭痛釋其疑前言禮必本於天政必本於天其旨同大言其至大而無外一言其無二大一所以發明此道道不可名不可言唐虞之際惟曰時是也亦猶易曰此古本無道之名後乃有道之名道若道路明人皆由之無所不通天健行變化即此道故亦曰天此明其至大而一曰大一陸德明音太非也太對少謂道爲太則少非道乎孔子必不作太音

清濁分是謂天地天地即大一言其運轉流化曰陰陽言其變而爲暄凉寒暑曰四時列而爲天神地示人鬼與夫四方山川羣神曰鬼神皆禮道也名殊而實一其降曰命則其尊其卑其貴其賤其富其貧其壽其夭其大其小皆命也其統而司之曰天地在天中而况於餘乎然天未離乎氣不能以通大一故天止言官大一者道之異名不可以形氣言不可以心思索無思無爲而大一在我矣人人之所同有也亦不可以有無求而恭敬辭讓撙節文爲由是而出造化生成萬事萬化萬理由是而出亦不可以本末精

粗論初啓蔽蒙姑言其本姑言次第其實一體無二

孔子曰哀樂相生正明目而視之不可得而見也傾耳而聽之不可得而聞也達乎此則信矣

夫禮必本於天動而之地列而之事變而從時協於分藝其居人也曰養

聖人諄復發明一貫之道蓋以人情蔽固故于再于三啓諭之覬其或發蓋不至於融明通一而無纖疑則終不知禮分言其殊藝言其事皆此道也鄭康成拘於文類故欲改養作義人有禮則安無禮則危則禮所以養人也于以益明聖言縱横不拘之妙

其行之以貨力辭讓飲食

禮不止於辭讓亦不止於飲食姑舉此可以類通

冠昏喪祭射御朝聘故禮義著人之大端也所以講信

脩睦

忠信和睦即禮義

而固人肌膚之會筋骸之束也

禮義有如此神用人心違禮乖義則放逸惰慢肌膚

不固筋骸解弛

所以養生送死事鬼神之大端也

或謂養生送死事鬼神不可無禮義則失之矣即吾

養生送死事鬼神之誠心即禮義已其間有節文名曰禮得其宜名曰義名殊而實一尊而言之曰大端所以達天道順人情之大竇也

天道無思無爲人情有喜怒哀樂疑不可合而知者知其未始不一也孔子哭顏淵至於慟矣而不自知哂由疾求君召使擯而色勃如升堂屛氣似不息迅雷風烈必變情狀萬態如四時之錯行如日月之代明終年變化云爲而未始不寂然此惟心通內明者自知之至於衆人則樂而淫哀而傷怒而暴聖王制禮所以節人情之放逸復天道之正中竇喻通達

唯聖人爲知禮之不可已也故壞國喪家亡人必先去

其禮

人自禮而生失禮則危亡壞乎怪反陞音怪乃好異

之過乎怪反取也怪音毀也

故禮之於人猶酒之有糵也君子以厚小人以薄故聖

人脩義之柄禮之序以治人情

柄喻其本義達於事爲禮

故人情者聖王之田也脩禮以耕之陳義以種之

通而言之禮卽道之異名爲甚大析而論之治人之

始脩其文爲則止可以喻耕未及其本至於訓之以

義有以感人之義心則始可喻種立言之道不一而足達之則無所不通

講學以耨之本仁以聚之播樂以安之

設庠序師儒使之講學講學大要改過而已故喻耨耨除穢也孔子曰君子以人治人改而止孟子取耘苗之喻謂改過也人心本善起意生過過去則本心自善自正自清明此心卽道故書曰道心此心雖善過習或有間雜則善猶未咸聚過習不作無間雜則衆善咸聚矣非自外至本心所自有也人心和樂則安矣播諸中正和平之音與道心中正和平之樂合

孔子在齊聞韶三月不知肉味曰不圖爲樂之至於斯也子游聞諸夫子以弦歌爲學道孔子又曰成於樂和樂之妙不知手舞足蹈也

故禮者義之實也協諸義而協則禮雖先王未之有可以義起也義者藝之分仁之節

藝猶事也仁人心也心之品節合宜曰義

得之者強仁者義之本順之體得之者尊

仁義道一名二互相發明然學者有得義而未仁者矣非道有二人自不逼然得乎義者事無不宜人心無不服故強仁則達禮義之本大一在我矣融明和

順心無間斷故不止於人心咸服而已而又敬之尊之如天矣

故治國不以禮猶無耜而耕爲禮而不本於義猶耕而弗種

禮則文爲義則發於人心析言則異其道則一

爲義而不講於學猶種而弗耨講之以學而不合之以仁猶耨而弗穫合之以仁而不安之以樂猶穫而弗食安之以樂而不達於順猶食而弗肥

義心初生未能無過差阻蔽故講學以除治之雖除治而心未通悟則衆善未合一通貫仁雖已有猶未

至於安而樂則未爲深入毫釐之間猶爲未食嗚呼聖人之講道也精矣道學之中誠有若是等級淺深之序至於安則在巳者盡矣苟達之事用有未順焉則猶有虧焉故喻以弗肥其講也詳矣順亦樂之道又精而析之則又有區別雖然學者之序則爾自道觀之則一不知其爲一則終不足以言道百姓日用而不知人自不知道未嘗改嗚呼聖人治國其教人精至至於此教官之屬三公爲鄉老教之中教之和自漢以來不復知有此矣

四體旣正膚革充盈人之肥也

孔穎達云膚是薄皮革是膚內厚皮

父子篤兄弟睦夫婦和家之肥也大臣法小臣廉官職相序君臣相正國之肥也天子以德爲車以樂爲御

德而至於醇和孫出則可及物

諸侯以禮相與

孔子曰古之治天下者必聖人然則諸侯賢歟禮賢

者之所及通達則一

大夫以法相序士以信相考（成考）百姓以睦相守

隨所宜言互相發明德樂禮法信睦道一名殊

天下之肥也是謂大順大順者所以養生送死事鬼神

之常也故事大積焉而不苑（苑如字冗雜也）並行而不繆細行而不失深而通茂而有間連而不相及動而不相害此順之至也

自上所言衆善庶事庶理離離然若星辰之錯行日月之代明天地之變化水鑑中之萬象誠有大積而不苑並行而不繆深而通茂而有間連不相及動不相害之狀於澄然融一之中雖有曲折條理之細不可勝窮而非思非爲此道心之本妙也人人之所同有也聖人不失其全賢者所失輕寡衆人所失多矣苑者冗雜之地不苑不冗雜也繆者兩絲相著也其

曰紕繆者絲相比近曰紕猶有間未相著也繆則相著如一矣謂紕繪欲壞者蓋以繪之不善者濯之則絲并比其曰繆戾者以繆者繪之不善絲不正直而繆也大積疑於冗雜令不冗雜而常虛並行疑於繆令不繆所行至於細小疑有失令不失雖無思無爲深不可測而亦通物茂密而亦有間禮儀三百威儀三千井井不亂也連者一體無二而亦有不同者是謂別仁義仁雖融一無間而義有可否禮有變常參錯似相反而實不相害此妙用惟明覺通達者自知自信

明於順然後能守危也故禮之不同不豐不殺

孔子亦嘗答子夏之問有曰禮不同不異不豐不殺

稱其義以爲之宜

所以持情而合危也

書曰人心惟危人不能皆聖哲苟無禮以維持之則入於亂人心皆亂則禍不可救矣故禮不在於同異豐殺之間維持人情使無離乎正使危者不危是謂合危

故聖王所以順山者不使居川不使渚者居原用水火金木飲食必時冬合男女春頒爵位必當年德皆所謂

順也
前既言順之大者此又及其詳及其細當無所不順
也故三才之氣和災害不生祥瑞畢至如下文所云
居山原者安於山原居川渚者安於川渚易之則人
心氣血皆失其安用水灌溉有時虞人入澤梁有時
司爟四時變國火以救時疾鄭司農說以鄹子曰春
取榆柳之火夏取棗杏之火季夏取桑柘之火秋取
柞楢之火冬取槐檀之火卝人以時取金玉錫石山
虞仲冬斬陽木仲夏斬陰木取用非其時則其氣亂
天地萬物同此一氣氣或亂則相感相傷孔子不時

不食飲食不時生疾今俗猶有是言月令春食麥與羊夏食菽與雞中央土食稷與牛秋食麻與犬冬食黍與彘孔子曰十二食殆十二月各有食也男三十而娶女二十而嫁過此則失時德有大小爵位有尊卑失其當則不順人心不安不和

用民必順

用民之力歲不過三日春蒐夏苗秋獮冬狩皆於農隙以講事

故無水旱昆蟲之災民無凶饑妖孽之疾

昆蟲之災螟螽之屬

故天不愛其道地不愛其寶人不愛其情故天降膏露（家語甘露）地出醴泉山出器車河出馬圖鳳皇麒麟皆在郊棷（素口反或作藪）龜龍在宮沼其餘鳥獸之卵胎皆可俯而闚也

鄭康成云器若銀甕丹甑也王肅亦云出銀甕丹竈簡謂銀瓮不知何祥然今掘山得器瓮亦聞有金銀器者乃宿藏或墟墓中物若夫世傳丹竈乃脩養家幾於仙者煉丹之物小道所為非天地大瑞多聞昔有得器於山者實物於其中即盈亦異矣但此器多以爭取而毀此或是歟銀瓮丹甑雖援神契文未可

遽從孔穎達云按禮緯斗威儀云其政太平山車垂鉤注云山車自然之車垂鉤不揉治而自圓曲河出馬圖啓玄氏曰河出圖洛出書伏羲演之案中候握河紀堯時受河圖龍銜赤文綠色注云龍而形象馬故云龍馬是龍馬負圖而出夫馬義惟始於注非本文銜非負按大戴禮云洛出服河出圖疑得馬以爲車之服馬以祥瑞故貴重之不以爲旁驂歟漢曰襄河淮曰淮河洛宜亦曰河

則是無故先王能脩禮以達義體信以達順此順之實也

此即前言六君子謹於禮以著其義考其信之成效也禮由義而達本體於忠信由中心而達和順而樂至是則天道人情通一而無間故天地和應祥瑞畢至此和順之事實言有祥瑞之物可驗也此無他道貫三才通萬物其名曰禮曰義曰信曰順其致一也

哀公問第二

孔子侍坐於哀公公曰敢問人道誰爲大孔子愀然作色而對曰君之及此言也百姓之德也固臣敢無辭而對人道政爲大公曰敢問何謂爲政孔子對曰政者正也君爲正則百姓從而正矣君之所爲百姓之所從也

君所不爲百姓何從公曰敢問爲政如之何孔子對曰夫婦別父子親君臣信小戴記信作嚴非三者正則庶物從之矣公曰寡人雖無似也願知所以行三言之道可得聞乎孔子對曰古之爲政愛人爲大所以治愛人禮爲大所以治禮敬爲大敬之至矣大婚爲大大婚至矣冕而親迎敬之也敬之也者親之也是故君子興敬爲親舍敬是遺親也

不敬則遺失親愛之道

弗愛不親弗敬不正愛與敬其政之本與

至矣哉孔子之善於啓道其君也惟其知道也明故

其告君也的道在不遠人心之所自有其發於夫婦父子君臣之間甚著也顧昧者日用而不知夫婦之際人多流於色然有道焉其相親相愛皆道也其流入於色則不敬矣愛而敬則不失其道則夫婦者天地之大義政之大本

公曰寡人願有言也然冕而親迎不已重乎孔子愀然作色而對曰合二姓之好以繼先聖之後以爲天地宗廟社稷之主

孔子嘗言魯郊禘非禮此欲大其義故通言王禮地或作下

君何謂已重乎公曰寡人固不固焉得聞此言也寡人欲問不得其辭請少進孔子曰天地不合萬物不生大婚萬世之嗣也君何謂已重乎孔子遂言曰內以治宗廟之禮足以配天地之神明

鄭康成云夫婦配天地有日月之象

出以治直言之禮

夫婦正而不淫則道心不失出而臨朝直心直言以治其禮其心不改苟其閨門之內其心不正則出而臨朝姑爲正言乃掾曲爲之非直矣

足以立上下之敬物恥足以振之國恥足以興之

物事也物恥即國恥弑逆淫亂三家專國爲諸侯弱
此皆可恥欲深感公心故申言更辭
爲政先禮禮其政之本與
得禮即得道正朝廷正國無不正矣振恥與恥乃其
緒餘此豈惟魯哀公未知自漢以來此道不明久矣
孔子遂言曰昔三代明王必敬其妻子也蓋有道焉妻
也者親之主也敢不敬與子也者親之後也敢不敬與
是故君子無不敬也敬身爲大身也者親之枝也敢不
敬與不敬其身是傷其親傷其親是傷其本傷其本枝
從其亡三者百姓之象也身以及身子以及子妃以及

妃君脩此三者則大化愾乎天下矣

聖言深中人心身與子與妃此常情重愛聖人因之以發明道心愛而敬則無邪矣無邪即道愾太息也天下歎服之矣

太王之道也

大王愛厥妃詩云古公亶父來朝走馬率西水滸至於岐下爰及姜女聿來胥宇

如此國家順矣公曰敢問何謂敬身孔子對曰君子過言則民作辭（謂議其非）過動則民作則（民亦則而象之）言不過辭動不過則百姓不命而敬恭若是則可謂能敬其身能敬

其身則能成其親矣公曰敢問何謂成其親孔子對曰君子也者人之成名也百姓與名謂之君子則是成其親爲君而爲其子也孔子遂言曰爲政而不能愛人不能有其身不能有其身不能安土不能安土不能樂天不能樂天不能成其身

不愛人則人怨之甚則害之矣故曰不能有其身不能保有其身則雖有土地不得而安處矣如此則雖有天命不能享其樂矣如此則不特不能有其身亦不成其身言不足以爲人也

公曰敢問何謂成身孔子對曰不過乎物不過乎物合

天道也公曰敢問君子何貴乎天道也孔子對曰貴其不已也如日月東西相從而不已也是天道也不閉而能久是天道也無爲而物成是天道也已成而明是天道也公曰寡人惷愚冥煩幸子志之心也孔子蹴然避席而對曰仁人不過乎物孝子不過乎物

家語作孝子不過乎親其旨同言不過事親而已不離乎事物

是故仁人之事親也如事天事天如事親此謂孝子成身公曰寡人旣聞此言也無如後罪何孔子對曰君之及此言是臣之福也

夫成身不過乎事物之間而已不必求之遠所謂事物不過夫婦父子君臣日用政事之間不過乎合天道此世俗易曉之言及公再問天道則言貴其不已恐公未解又曰如日月東西相從而不已是天道也亦甚易曉夫人心自善自正自清明廣大人心即道故舜曰道心孔子曰心之精神是謂聖惟起意生過而本心之善始有間輟而不能不已至是始與天不相似今能不已則合乎天道矣此心之靈本無間斷何止於如日月相從而已而孔子云者知哀公必未遽曉故啓之以漸也若哀公用力久而純即精神之

本聖也常情必閉而不出不動乎思爲故靜止而能乆是人爲也令雖不閉而明白四達應酬交錯如鑑中之萬象如四時之錯行常一常乆是天道也無所爲而物成即此心也雖有思爲而實無思爲虛明而應庶政自不失其道而國治民安矣即天無爲而物成之道也所謂已成者我未始不全成也以昏爲虧故以不昏爲成曰成曰明皆所以申明此道也天人之道本一哀公昏故姑告以合天道至於不閉而乆無爲物成則天人一矣公至是莫曉故自謂惷愚冥煩孔子又謂雖仁人亦不過事物之間而已孝子亦

不過事親之間而已不必求諸幽遠於是又引而遍之曰仁人事親如事天事天如事親自此忽通則本一之妙未始不在我矣孔子循循善誘至簡至易明白坦夷故公亦心曉使公自是不失道在公矣惜乎其後昏惰

哀公問禮第三

哀公問於孔子曰大禮何如君子之言禮何其尊也孔子曰丘也小人不足以知禮公曰否吾子言之也孔子曰丘聞之民之所以生禮爲大非禮無以節事天地之神也非禮無以辨君臣上下長幼之位也非禮無以別

男女父子兄弟之親婚姻疏數之交也君子以此之爲
尊敬然然後以其所能敎百姓不廢其會節有成事而
後治其文章黼黻以嗣其順之

旣順百姓所能因聚會時節因其成事又繼治其文
章黼黻以順其情制禮皆因順

然後言其喪筭

筭數也喪服有輕重之數禮有貴賤之數言以立制
備其鼎俎設其豕腊脩其宗廟歲時以敬祭祀以序宗
族卽安其居節醜其衣服

卽所居而安不務崇大醜類也禮有節有類不亂不

驗

卑其宮室車不雕幾

音奇君不乘奇車音同而字非歟家語作璣

器不刻鏤食不貳味心不淫志以與民同利昔之君子之行禮也如此公曰今之君子胡莫之行也孔子曰今之君子好利無厭（大戴記作好色小戴記作好實）淫行不倦荒怠敖慢固民是盡忤其衆（小戴記忤作午）以伐有道

衆心豈欲伐有道忤其意強使之

求得當欲不以其所虐殺刑誅不以其治（治理也）昔之用民者由前今之用民者由後今之君子莫爲禮也

五儀第四

哀公問於孔子曰寡人欲論魯國之士與之爲治敢問如何取之孔子對曰生乎今之世志古之道居今之俗服古之服舍此而爲非者雖有不亦鮮乎公曰然則章甫絇屨

鄭云絇著屨頭狀如刀衣鼻貫云絇以條爲履頭鼻簡攷禮物罕有特設多因本有古者屨形方左右前後合而成屨所謂絇者以條組繫兩旁而束之卽今之繫鞋世以繫鞋爲禮亦曰帶鞋但鞋形如古方履古履無絇後加絇益善繫束亦有刀衣鼻之狀鼻在

屨頭喪屨無絇從略

紳帶而搢笏者皆賢乎孔子曰不必然丘之所言非此之謂也夫端衣玄裳冕而乘軒者志不在於食葷（大戴記軒作路）斬衰菅菲杖而歠粥者志不在於酒肉（大戴記酒肉作飲食）生乎今之世志古之道居今之俗服古之服舍此而為非者雖有不亦鮮乎公曰善盡此而已乎孔子曰人有五儀有庸人有士人有君子有賢人有聖人審此五者則治道畢矣公曰何如則可謂庸人孔子曰所謂庸人者口不能道善言而志不邑邑（邑邑猶深潛）不能選賢人善士而託其身焉以為已憂

親近小人故致憂患
動行不知所務止立不知所定
庸人如醉如夢之狀如此
日選於物不知所貴
其心日日隨物選擇美者利者自智者觀之乃反取
其惡取其害實不知所擇不知所貴
從物而流不知所歸五鑿爲政心從而壞
五鑿五竅也耳二竅鼻二竅與口而五
若此則可謂庸人矣公曰何謂士人孔子曰所謂士者
雖不能盡道術之本必有率也雖不能備百善之美必

有處也是故知不務多必審其所知行不務多必審其所由言不務多必審其所謂知既知之行既由之言既順之若夫性命肌膚之不可易也

肌膚未嘗變易此據大戴記大戴記無驗其不改作家語多更改多誤於此言性命之於形骸非

富貴不足以益貧賤不足以損若此則可謂士矣公曰何謂君子孔子曰所謂君子者躬行忠信其心不覺

家語作覺大戴記作買皆通書曰厥德脩罔覺不覺者純誠亹亹之謂不買者今俚俗亦有之不交攬外物之謂

仁義在己不害不知聞
不以不知聞於世爲害
志廣博而色不伐思慮明達而辭不爭
舜以不矜不伐稱禹然則不伐人情所難我明彼蔽
論辨而必至於爭
猶然若將可及也而不可及也如此可謂君子矣公曰
敢問何謂賢人孔子對曰所謂賢人者好惡與民同情
取舍與民同統
賢人則能及物矣好惡取舍無私無我一與民同
行中矩繩而不傷於本

勉强遵規矩繩墨者雖中而傷其本矣本心之妙非
思非爲而自中繩矩聖人則盡乎此賢人則入乎此
言足法於天下而不害其身
言雖可法而不免害身者智不周而德不備也
躬爲匹夫不願富貴爲諸侯而無財
不願富貴非專好貧賤謂躬爲匹夫而心其安焉不
起富貴之願孔子曰古之治天下者必聖人然則爲
諸侯者必賢人矣故此言爲諸侯諸侯而無財則心
不留於外物
如此可謂賢人矣公曰敢問何謂聖人孔子對曰所謂

聖人者知通乎天道應變而不窮能測萬物之情性天道者所以變化而凝成萬物者也

此再釋天道聖人天道一貫無二言通乎天道非二也哀公知不足以知此故漸啓之通亦通貫無二之義

情性也者所謂理然不然取舍者也

此再釋萬物之情性萬物情性有然者有不然者有取者有舍者然是也不然非也或好而取之或惡而舍之情性萬狀不可勝言而大略不出然不然取舍之已之情性易知萬物之情性難知雖賢人不能盡

知也惟聖人能盡測而理之

故其事大配乎天地參乎日月離於雲蜺

一本離作雜雲作陰蜺霓通說文屈虹青或白陰氣也

總要萬物穆穆純純其莫之能循若天之司莫之能職百姓淡然不知其善若此則可謂聖人矣

聖人之事大矣於事無所不盡則於道無所不盡賢人雖得道而未盡故於事猶有未盡賢人未能測萬物之情性事即道名殊實一人心自神自靈自清明自廣大無際量自無所不通自無所不照孔子曰人

者天地之德又曰人者天地之心此心無際生天生地古志亦云云配者言於哀公之前循循善誘也參猶配也孔子於是縱言之及於雲蜺或當時有虹霓就指而言離麗也亦猶參配自天地無二而況於日月乎虹霓乎不惟天地變化盡在吾量中而萬物亦總要於我矣何思何慮穆穆純純無始無終其孰能循究其端緒夫起乎意則有始有終故可得而循不起乎意則穆穆純純何從而循若天然非如士君子特可任一職而已言無所不可

公曰善哉非子之賢則寡人不得聞此言也雖然寡人

生於深宮之內長於婦人之手未嘗知哀未嘗知憂未嘗知勞未嘗知懼未嘗知危恐不足以行五儀之教若何孔子對曰如君之言已知之矣丘亦無所聞焉公曰非吾子寡人無以啓其心吾子言也孔子曰君子入廟如右

謂入廟門而右門以外爲主禮客入門而左主人入門而右右則阼階矣如而通用大戴記多見之今俗語如今郎而今

登自阼階仰視榱桷俯察几筵其器皆存而不覩其人君以此思哀則哀可知矣昧爽夙興正其衣冠平旦視

朝慮其危難一物失理（物事也）亂亡之端君以此思憂憂則憂可知矣日出聽政至于中冥（冥昬也）諸侯子孫往來爲賓

哀公繼世之君其所與往來爲賓者皆諸侯之子孫行禮揖讓愼其威儀君以此思勞則勞亦可知矣緬然長思出於四門周章遠望覩亡國之墟必將有數焉君以此思懼則懼可知矣夫君者舟也庶人者水也水所以載舟亦所以覆舟君子以此思危則危可知矣君旣明此五者又少留意於五儀之事則於政治何有失矣

公曰善孔子出公送之

孔子燕居第五

孔子燕居子張子貢言游侍言至於禮子曰居女三人者吾語女使女以禮周流無不徧也

人心之禮本周流無不徧三子未明今啓諭之教之故曰使

子貢越席而對曰敢問何如子曰敬而不中禮謂之野恭而不中禮謂之給勇而不中禮謂之逆子曰給奪慈仁子貢曰敢問將何以爲此中者也子曰禮乎禮夫禮所以制中也子貢退言游進曰敢問禮也者領惡而全好者與子曰然子貢問曰何如子曰郊社之禮所以仁鬼神也嘗禘之禮所以仁昭穆也饋奠之禮所以仁死

喪也射鄉之禮所以仁鄉黨也食饗之禮所以仁賓客也子曰明乎郊社之義嘗禘之禮治國其如指諸掌而已乎是故以之居處有禮故長幼辨也以之閨門有禮故三族和也以之朝廷有禮故官爵序也以之田獵有禮故戎事閑也以之軍旅有禮故武功成也是故宮室得其度量鼎得其象味得其時（家語味作物下同）樂得其節車得其式（奇車非式）鬼神得其饗喪紀得其哀辨說得其黨（黨類也）官得其體政事得其施加於身而錯於前凡衆之動得其宜言游退子張進曰敢問禮何謂也子曰禮者卽事之治也君子有其事必有其治治國而無禮譬猶瞽

之無相與倀倀乎其何之譬如終夜有求於幽室之中非燭何見若無禮則手足無所錯耳目無所加進退揖讓無所制是故以之居處長幼失其別閨門三族失其和朝廷官爵失其序田獵戎事失其策策數也什五有數月法度皆有數軍旅武功失其制宮室失其度量鼎失其象味失其時樂失其節車失其式鬼神失其饗喪紀失其哀辨說失其黨官失其體政事失其施加於身而錯於前凡衆之動失其宜如此則無以祖洽於衆也祖猶主也君也洽和也君和其衆

子曰愼聽之女三人者禮猶有九焉大饗有四焉苟知此矣雖在畎畝之中事之聖人已兩君相見揖讓而

入門入門而縣興揖讓而升堂升堂而樂闋下管象武家語作舞夏籥序興陳其薦俎序其禮樂備其百官如此而後君子知仁焉行中規還中矩和鸞中采齊家語作薺客出以雍徹以振羽是故君子無物而不在於禮矣入門而金作示情也升歌清廟示德也下而管象示事也是故古之君子不必親相與言也以禮樂相示而已

言以啓人因言而後生名而人以名而致惑天下之名衆矣不可不思其故也曰道曰德曰仁曰義曰禮曰樂悉而數之奚有窮盡所謂道者聖人特將以言夫人所共由無所不通之妙故假借道路之名以名

之非有實體之可執也所謂德者特以言夫人之直心而行者卽道之在我者也非道之外復有德也所謂直心而行亦非有實體之可執也仁者知覺之稱疾者以四體不覺知爲不仁所謂仁者何思何慮人心虛明如月之照是亦非有實體也禮者特理而不亂之名樂者特和樂而不淫之名以是觀上數名者則不爲名所惑不爲名所惑則上數名者乃所以發明本無名言之妙而非有數者之異也是故道卽禮禮卽樂樂卽詩書易春秋孔子又曰禮本於大一分而爲天地轉而爲陰陽變而爲四時列而爲鬼神又

曰人者天地之德陰陽之交鬼神之會五行之秀孔子不爲名言所惑洞見通貫至一之妙故確然曰禮周流無不徧也人卽禮禮卽人卽人之周流無不徧也夫子貢越席以請孔子當開明無所不徧之說乃惟以中禮爲言何也至哉聖言切中機會正足以解人情不能周徧之蔽人之所以不能周徧通達者人欲爲之阻也人欲者私意之謂人之所以不中禮者私意實作之也何謂私意人欲野是也給是也逆是也昏而不明故野以口給爲恭故奪仁逆之去道也遠矣何謂禮慈仁是也慈仁之心悠然而生而非愚也

非爲也今人乍見孺子將入於井皆有怵惕惻隱之心非所以內交於孺子之父母也非所以要譽於鄉黨朋友也非惡其聲而然也此豈私意之爲至於爲口給則意生矣私作矣失其誠矣舉此一端而言他可通矣是故微作乎意卽不中禮孔子所以諄諄與羣弟子言每每止絕其意言之多不勝其書故記者總而記于絕四之首意之變態無窮有利之意有害之意有柔之意有强之意有彼之意有此之意有衆之意有寡之意有進之意有退之意有過之意有不及之意又有中之意有意則有所倚雖曰中實無中

中非意也所謂慈仁之心者中也所謂誠敬之心者中也孔子於此亦難於言曰禮乎禮難言之辭也曰禮所以制中觀先王之禮皆所以爲中人欲私意舉不得而入焉而孔子亦不能指言中之爲何狀子游謂禮者領衆惡而入乎道而全其本善者歟好善也子游之言是也故孔子不得不以爲然而子游之心未爲達者未知皜皜之妙則猶未明乎善也孔子言郊社之禮所以行吾心之仁於鬼神也禘嘗之禮所以行吾心之仁於昭穆也饋奠食饗射鄉之禮皆所以行吾心之仁孟子曰仁人心也仁者吾心之誠是

謂道心是謂本善之心心卽禮禮卽義郊社卽禘嘗禘嘗卽治國曰指諸掌姑明易簡吾心卽禮奚俟他求至哉人心之禮乎心無質體唯有變化無作於意天則自照天秩自敘居處自有禮長幼自辨三族自和庶事自序此豈人爲之所能哉如四時之錯行如日月之代明如星辰之森列深而通茂而有間大積焉而不苑也並行而不繆也嗚呼何其妙也是人心之所同然不唯聖賢有之愚不肖咸有也上之人行其同然之道于上而下之人靡然從之是謂祖洽之道洽合也無所不合也三子者猶未達聖人於是又

垂切至之誨使三子慎聽之曰吾語女禮猶有九大饗有四苟知此矣雖在畎畝之中事之聖人也何其巧於啓諭也禮有九節大道於是乎著明大饗之禮於九者之中有四焉兩君揖讓而入門一也縣興二也升堂三也下管象武而下四也夫揖者何物讓者何物入者又何物嗚呼何其妙也縣興金作也鏗然之音何自而發不可以二觀也揖讓而升堂升者又何物也又何其妙也即入門之機也即縣興之機也可言而不可思也於是樂闋而堂下管象武舞夏籥文舞次序而興薦俎陳焉百官備焉禮樂交作又何

其至妙而不可以言語道也君子於是而知仁者知其即吾心之妙不知其所以然而然者也行中規中規者可言而不可思還中矩中矩者可言而不可思和鸞車之和鸞也而即吾之中采齊也客出也以雍其徹也以振羽莊敬和樂之妙又何其始始終終而不可致詰也眛敵之中無兩君相見之禮也而即兩君之禮也無金聲之樂也而即金聲之樂也無管象夏籥也而管象夏籥之音舞未嘗不日奏乎其前而昧者不知也耒耜之器耕藝之勤良苗之欣榮耘耔之親睦兩目散日月之明四體運天地之神步中和

鸞之節聲諧韶護之音此豈說合而強同之哉默而識之當自知自信也不可思也不可言也孔子於是又言入門而金作所以示吾之情也不可以爲彼而非我也升歌清廟所以示吾之德也不可以爲清廟者所以頌文王之德而非我也天下無二聲也無二德也下而管象所以示吾之事也不可以爲管象而已非吾之事也天下無二事也學道者率以言而離默而近此兩君相見之禮不親相與言也以禮樂相示而已禮樂即吾之言也內外一物動靜一體離物我裂語默判本末者不足以與此也孔子引三子歸

之一默之中使默成聖人之德行可謂至簡至要至
敏三子者雖未皆領聖人之旨而萬世之下獲見大
道之大全何其幸也

賓入大門而奏肆夏卒爵而樂闋孔子屢歎之

此記與上章之旨同此不可以言語解惟心通者自
知自信

孔子閒居第六

孔子閒居子夏侍子夏曰敢問詩云凱弟君子民之父
母何如斯可謂民之父母矣孔子曰夫民之父母乎必
達於禮樂之原以致五至而行三無以橫於天下四方

有敗必先知之此之謂民之父母矣子夏曰民之父母既得而聞之矣敢問何謂五至孔子曰志之所至詩亦至焉詩之所至禮亦至焉禮之所至樂亦至焉樂之所至哀亦至焉哀樂相生是故正明目而視之不可得而見也傾耳而聽之不可得而聞也志氣塞乎天地此之謂五至子夏曰五至既得而聞之矣敢問何謂三無孔子曰無聲之樂無體之禮無服之喪此之謂三無子夏曰三無既得略而聞之矣敢問何詩近之孔子曰夙夜基命宥密詩其或作基無聲之樂也威儀棣棣不可選也無體之禮也凡民有喪匍匐救之無服之喪也子夏曰言

則大矣美矣盛矣言盡於此而已乎孔子曰何爲其然也君子之服之也猶有五起焉子夏曰何如孔子曰無聲之樂氣志不違無體之禮威儀遲遲無服之喪內恕孔悲無聲之樂氣志既得無體之禮威儀翼翼無服之喪施及四國無聲之樂氣志既從無體之禮上下和同無服之喪以畜萬邦無聲之樂日聞四方無體之禮日就月將無服之喪純德孔明無聲之樂氣志既起無體之禮施及四海無服之喪施於孫子子夏曰三王之德參於天地敢問何如斯可謂參天地矣孔子曰奉三無私以勞天下子夏曰敢問何謂三無私孔子曰天無私

覆地無私載日月無私照奉斯三者以勞天下此之謂三無私其在詩曰帝命不違至于湯齊湯降不遲聖敬日躋昭假遲遲上帝是祗帝命式于九圍是湯之德也其在詩曰嵩高惟嶽峻極于天惟嶽降神生甫及申惟申及甫惟周之翰四國于蕃四方于宣此文武之德也矢其文德協此四國（一本矢作弛協作洽）大王之德也（家語大作文）三代之王也必先其令聞詩云明明天子令聞不巳三代之德也子夏蹶然而起負牆而立曰弟子敢不承乎

禮樂之原卽五至五至卽三無三無卽五起五起卽能先知四方之敗者道不可言孔子欲無言不得巳

有言曰原足矣何必言五至五至五至多矣又何必言三無子夏沉溺於文義之淵藪斷非一語之所能曉敷而明之曲而暢之庶幾或觸其機也何謂至人皆有心志卽志卽至無所復至凡志有所思焉有所感焉倏然而思思無所起思而又思思無所止人自以爲止所止者何所厥思亦何物執之而無得視之而無睹莫究厥始莫究厥終莫執厥中是之謂大同倏然而感感無所起感而又感感無所止人自以爲止所止者何所厥感亦何物執之而無得視之而無睹或曰氣氣亦中無有或曰心心亦無本體莫究厥始莫

窮厥終莫執厥中是之謂大同由志而爲詩詩亦然也發諸禮儀禮亦然也播之於樂樂者樂也不知手之舞之足之蹈之樂亦然也人情亦豈能終月樂終年樂亦有哀焉或哀焉或樂焉哀樂相生其變萬狀於戲至哉孔子曰此雖使正明目而視之不可得而見也傾耳而聽之不可得而聞也哀雖至於哭顏淵慟矣而不自知樂雖至於孟子喜而不寐亦不可見不可聞也哀樂必有物非不可見也哭笑必有聲非不可聞也而聖人斷然曰不可見不可聞也衆人之樂皆不可見不可聞也而衆人自以爲可見可聞也

衆人之哀皆不可見不可聞也而衆人自以爲可見可聞也哀與樂名也聞與見亦名也惑其名者失其實也是名即實是實即名名與實亦名也惑其名者失其實也志即詩詩即禮禮即樂樂即哀志氣即天地謂之充塞非過論也謂天地合德可也謂範圍天地可也其曰充塞乃因人心狹固井蛙不可以驟語海爲是循循善誘也聖人之言不可以一定論也或曰禮樂之原或曰五至或曰三無或曰致或曰行繼而言之錯而論之無不可者聖人曰五至雖益而曰六曰七可也聖人曰三無雖益而曰四曰五可也詩

與禮與樂類也乃先之以志又繼之以哀疑非其類何也深明夫至一無二縱而言之錯而論之無不可者是故無聲之樂即無體之禮無體之禮即無服之喪樂未嘗無聲必曰無聲非無聲也即聲也禮未嘗無體必曰無體非無體也即體也喪未嘗無服必曰無服非無服也即服也聲即無聲體即無體服即無服本無所異何必言同惟人徒執其聲故曰無聲徒執其體故曰無體徒執其服故曰無服詩曰夙夜基命宥密命何所基匪思匪爲純明寬宥不可窮際不得而見不得而識是謂至密曰基曰宥曰密皆名也

惑其名者失其實也舜曰道心惟微惟精惟一者此也禹曰安汝止者此也伊尹與湯咸有一德者此也文王不識不知者此也聲即無聲天下之至實也而徇名與聲者惑之聖人曰無聲所以破學者牢不可破之定見也非以無聲爲定論也無聲即聲無體即體無服即服無本末無精粗威儀實無體其曰不可選也是誠不可選也凡民有喪匍匐救之是固無服之喪也即齊斬功緦之道也於父斬衰於母齊衰兄弟期降而功緦哀誠有等差皆一心之爲也即匍匐救喪之心以喪其親則爲齊斬爲擗踊爲毀瘠一也

非人之所爲也天也天即人人即天即日月即四時即鬼神即禮樂之原原無所本亦無所末本末之名因人心而生本末之實不以人心而異人謂之本則亦姑從而謂之本人謂之末則亦姑從而謂之末人謂之天則亦姑從而謂之天人謂之地則亦姑從而謂之地人曰日月吾亦何得不謂之日月人曰四時吾亦何得不謂之四時人曰禮則曰禮人曰樂則曰樂人曰人則曰人人曰道則曰道曰氣則曰氣曰志則曰志曰有曰有曰無曰無名號紛然意慮雜然而未嘗不渾然寂然也人自以爲紛然雜然也故曰即

哀樂之相生而實不可見不可聞也此非徇名者之所知也亦非徇實者之所知也徇無所徇實無所實棄名而求實非實也棄實而言名非名也實非學者之所知也名亦非學者之所知也知則不知不知則知知則亂則昏不知則清明則無所不知孔子曰吾有知乎哉無知也文王不識不知順帝之則子貢以爲多學而識之聖人以爲非孔子又曰天下何思何慮學者苟有意焉夫子必曰毋有必焉必曰毋有固焉必曰毋有我焉必曰毋徹有意象如雲氣之蔽太虛矣四方有敗安能先衆人而知之先知四方之敗

者必其不識不知者也孔子曰不逆詐不億不信而亦先覺何也意慮不作而本淸本明之性自無所不照也此非口舌之所能道也此非思爲之所能到也人心自淸人心自明人心自無思無爲思未嘗思人自以爲思爲未嘗爲人自以爲爲淸也明也無思也無爲也知也皆名也惑其名者失其實也四方有敗何由而知之也舜命龍作納言納四方之讒説殄行而知之也周官訓方氏誦四方之傳道而知之也小行人以諸國之禮俗政事治敎逆順爲一書而知之也然君心不淸明則雖有所聞不知其將有敗也是

故四方禍敗之幾雖日至於其前而不悟也大抵曰用非憂樂則平而已矣舉樂則凡其所欲可遍矣舉喪則凡哀憂惡懼之類可遍矣平時所履則禮盡之矣故三無禮樂喪嗚呼孔子五至之論至矣子夏不復致疑遂問三無及是聞三無之論曰言則大矣美矣盛矣言盡於此而已乎是子夏猶未領吾聖人之旨也道無盡不盡故孔子又啓之曰君子之服之也又有五起焉服而事之習而熟之亦不可思亦不可爲五起非有五者之不同也今方言談論一節謂之一起五起猶五節加焉而六可也損焉而四亦可也

縱而言之無不可者無聲之樂氣志不違氣志卽樂
匪異匪違無體之禮威儀遲遲威儀遲遲不可度思
無服之喪內恕孔悲其恕其悲孰得而知無聲之樂
氣志既得得匪有得亦匪無得無體之禮威儀翼翼
威儀翼翼孰視莫識無服之喪施及四國三者一旨
三者一德無聲之樂氣志既從何異何同昭明渾融
無體之禮上下和同此敬此恭何所不通無服之喪
以畜萬邦有安無危有福無殃無聲之樂日聞四方
人皆聞之而曰不知無體之禮日就月將不勉不强
從容有常無服之喪純德孔明皜皜精白禮樂同情

無聲之樂氣志既起斯起斯止變化不已無體之禮
施及四海此道大通無遠弗屆無服之喪施于孫子
禮亦如此樂亦如此三王之德如此天地之德如此
日月之明如此本無可疑何以復問爲子夏復問是
又未達也聞志氣塞天地之誨雖自謂不疑而終不
無疑故又有三王參於天地之問嗚呼學者多自謂
吾已解而其實猶未解心有解意而道非意孔子知
子夏之蔽生於私故言無私夫人之蔽皆有我之爲
害於寂然無體之中而置已私焉則內外裂藩籬固
始覺我與天地日月爲異矣不立我焉洞然大公本

廣本大無私無限凡意皆私無私則無所不通矣曰以勞天下者明無私足以安利天下也商之先王皆無所私帝皆不違至於成湯則德則齊湯降不遲繼繼無違得此爲聖聖無不敬敬非人爲純誠匪思是謂日躋格假音近格假同辭昭假匪棘上帝是祗帝則在斯故帝不違帝則至近意生則離人惟知申甫輔相穆宣不知乃文王武王之德配合天地故嶽降神而生申甫也天人一道正直是依文德遜讓四國悅隨三代同德匪異匪離實德自孚名不可爲令聞之訓應病而施小人之譏西河之疑令聞之辭由實

之非子夏曰承吾不知之

入其第七

孔子曰入其國其教可知也其爲人也溫柔敦厚詩教也疏通知遠書教也廣博易良樂教也絜靜精微易教也恭儉莊敬禮教也屬辭比事春秋教也故詩之失愚書之失誣樂之失奢易之失賊禮之失煩春秋之失亂其爲人也溫柔敦厚而不愚則深於詩者也疏通知遠而不誣則深於書者也廣博易良而不奢則深於樂者也絜靜精微而不賊則深於易者也恭儉莊敬而不煩則深於禮者也屬辭比事而不亂則深於春秋者也天

有四時春秋冬夏風雨霜露無非教也地載神氣神氣風霆風霆流形庶物露生無非教也清明在躬氣志如神嗜欲將至有開必先天降時雨山川出雲

是章家語載之問玉小戴所記篇曰經解而自天有四時以下乃載之孔子閒居攷孔子閒居大旨已通明無俟復加天有四時以下之言此入其國章至深於春秋者也未至昭明而遽已則未安家語繼載天有四時一章則六學之旨始昭明通達又上言之教繼言天有四時風雨霜露無非教足以明其道文旨相承爲宜今從家語家語大凡於文句或改撰而大

略則存此小戴所傳蓋脫簡斷編之差小戴於文句凡百謹於改撰故今句文從小戴家語改皆欲將至爲有物將至與上下文理不相應小戴以經解名篇失孔子本旨聖人凡言皆以明道今以首文名篇亦猶論語名篇學而爲政之類庶不至害道近世學者弗克靜觀遽謂易何止於絜靜精微春秋何止於屬辭比事遂疑非孔子之言而不詳考孔子首言曰入其國其教可知也特言國俗之所教習者然爾非謂六經之道如是也孔子之時未有六經之名自孔子沒世益尊尚其道知孔子尊稱詩書推明禮樂讚易

作春秋又書與禮出孔壁故後世共尊之曰六經此所謂春秋特國史之通稱而孟子曰晉之乘楚之檮杌魯之春秋一也然晉語云羊舌肸習於春秋楚語申叔時亦云春秋孔子所謂屬辭比事特謂國俗教習爲史爾非謂孔子因魯史而筆削者也孔子繼言六學之失愚誣奢賊煩亂則前所言非孔子六經之道昭昭矣嗚呼溫柔敦厚本道心之所著見惟其自知者寡天地之間草木鳥獸無非天地之性惟不自知故爲草木鳥獸今人而不自知亦何以異於彼易傳曰百姓日用而不知不知之謂愚然則何以爲不

愚不愚者非能有所加也能自知爾是知亦非有所思慮有所鉤索道心我所自有忽覺忽明如日月無所不照而非思也非爲也又如鑑焉萬象畢見外内不殊而明光渾然澄然變化云爲明智察微是謂無思之思無爲之爲觀往古事變之屢遷則疏通見上古以來之事則知遠然以今揆古以庸愚度聖賢必不能每事盡得其實每見其多誣天下之道惟聖人知之大賢知之而未盡其次焉者固不得而知也而況於衆人乎古今學者不能皆大聖大賢夫不能皆大聖大賢則不能知道雖有古聖賢言行治化必不

能知古聖賢之旨在東後學强以爲西古聖賢之旨
在南後學强以爲北心通則千載可通不通則雖提
耳而誨之莫諭故後學觀古聖賢之言行治化多失
其實失實之謂誣自子夏之賢既受書於夫子既已
油然有樂于中不知憂患與死而夫子猶爲未覩其
裏而況於他人乎然則何以不誣不愚則不誣孔子
曰成於樂子游聞諸孔子以樂爲學道孟子曰樂則
生矣故樂之教廣博易良廣博易良幾於道矣或失
之奢則幾爲小人無忌憚之中庸矣絜靜精微學道
者大略則同而實得易之道何止千無一萬無一其

溺於意說陷於虛蕩者往往而是窺見廣大渾一無所不可之境潛起非僻欲肆之情遂至於小人無忌憚之中庸是爲賊孔子七十而從心之所欲不踰矩道雖屢遷而實行典禮全體忠信何思何慮全體孝弟焉支焉離恭儉莊敬無非道者至於煩而不一貫則失禮之道矣經禮三百其致一也曲禮三千其致一也是非强合而一之也本一也是一也惟覺者自知其深思力索者不知卽心卽禮變化云爲一猶不知而況於二況於十百千萬自然而不煩譬猶天之變化不可勝窮而天不知地之化生不可勝窮而地

不知屬辭比事未爲害道若教習止於屬辭比事而已矣則無乃徒溺於文辭事爲之紛紛而不知道乎故得其所以不亂則爲深於春秋事有似是而非似非而是是中有非非中有是曲折萬狀紛擾萬端苟非聖智必迷必亂褒貶必差不亂即不煩不煩即不愚不愚即不誣不誣即不奢不賊一也是故六經一經也六經一旨也孔子至是謂斯旨猶未昭白又曰天有四時春秋冬夏風雨霜露無非教也知此之爲教則知六經一貫之道矣又曰地載神氣神氣風霆風霆流形庶物露生無非教也知此之爲教則知六

經一貫之道矣或曰孔子惟言其教不詳言其所以教吁已詳矣不可得而又詳矣加詳焉則非矣智者觀之以爲其教甚明愚者觀之以爲不可解不可解者卽教也人以紛紛人欲擾擾思慮之心讀之誠不見其所謂教不知夫道非思慮之所可到可思則可言不可思則不可言故孔子曰默而識之又曰吾有知乎哉無知也又曰天下何思何慮惟忽覺大通自知自信不可解說視聽言動不可度思終日思爲實不微動顏子覺此故三月不違曾子覺此故曰皜皜乎不可尚已曾點窺之故欲風乎舞雩詠而歸孔子

覺此故亟稱於水曰水哉水哉孟子猶夫覺此而曰有本者如是是之取爾嗚呼使水哉水哉之旨果在是則孔子何所嗇於天下後世而不言其曰水哉水哉已自昭白正猶曰春秋冬夏風雨霜露無非教也神氣風霆庶物露生無非教也即不愚不誣不奢不賊不煩不亂之教也即忠信即孝弟即日用百姓日用而不知者此教也是教也孔子謂之禮則曰本於大一分而爲天地變而爲四時謂之孝則曰夫孝天之經地之義謂之人則曰人者天地之德又曰人者天地之心謂之樂則曰無聲之樂曰聞四方謂之哀樂相

生則日正明目而視之不可得而見也傾耳而聽之不可得而聞也謂之心則曰心之精神是謂聖此心誠實無他無作好無作惡無造爲無回曲何思何慮常淸常明自靈自神隨世而言姑日如神嗜欲將至有開必先天欲降雨山川先雲神心將用朕兆先形簡雖未學意有將動自未知其何意而有如雲方興之狀簡不欲與而遽已澄然如初不知此亦有開必先乎亦妙矣無思無爲變化神用不可度思矧可繹思風霆在斯覺者自知雖知匪思

哀公問取人第八

哀公問於孔子曰請問取人之法孔子對曰事任於官無取捷捷無取鉗鉗無取啍啍捷捷貪也（輕捷貪逐）鉗鉗亂也（健於鉗制用之生亂）啍啍誕也（多言寡信）故弓調而後求勁馬馬服而後求良馬士必愨而後求智能者不愨而多能譬之豺狼不可迩哀公問於孔子曰寡人欲吾國小而能守大則攻其道如何孔子對曰使君朝廷有禮上下和親天下百姓皆君之民將誰攻之苟違此道民畔如歸皆君之讎也將與誰守公曰善哉於是廢山澤之禁弛關市之稅以惠百姓哀公問於孔子曰吾聞君子不博有之乎孔子曰有之公曰何爲對曰爲其有二乘公曰有

二乘則何爲不博孔子曰爲其兼行惡道也哀公懼焉有間復問曰若是乎君子之惡惡道至甚也孔子曰君子之惡惡道不甚則好善道亦不甚好善道不甚則百姓之親上亦不甚詩云未見君子憂心惙惙亦既見止亦既覯止我心則說詩之好善道甚也如此公曰善哉君子成人之善不成人之惡微吾子言焉吾弗之聞也

哀公問於孔子曰夫國家之存亡禍福信有天命非唯人也孔子對曰存亡禍福皆已而已矣天災地妖不能加也公曰善吾子之言豈有其事乎孔子曰昔者殷王帝辛之世（帝紂）有雀生大鳥於城隅焉占之曰凡以小生

大則國家必王而名必昌於是帝辛介雀之德（介助也）不脩國政亢暴無極朝臣莫救外寇乃至殷國以亡此以巳逆天時詭福反爲禍者也又其先世殷王太戊之時道缺法圮以致天櫱桑穀于朝七日大拱占之者曰桑穀野木而生朝意者國亡乎大戊恐側身脩行思先王之政明養民之道三年而遠方慕義重譯至者十有六國此以巳逆天時得禍爲福者也故天災地妖所以儆人主也寤夢徵怪所以儆人臣也災妖不勝善政寤夢不勝善行能知此者至治之極也唯明王達此公曰寡人不鄙固此亦不得聞君子之教也哀公問於孔子曰

知者壽乎仁者壽乎孔子對曰然人有三死而非其命也行巳自取也寢處不時飲食不節逸勞過度者疾共殺之下位而上干其君嗜欲無厭而求不止者刑共殺之以少犯衆以弱侮强忿怒不類動不量力兵共殺之此三者死非命也人自取之若夫知士仁人將身有節動靜以義喜怒以時無害其性雖得壽焉不亦宜乎

哀公問政第九

哀公問政於孔子孔子對曰文武之政布在方策方板策竹其人存則其政舉有行其政之人人者君臣之通稱其人亡則其政息人道敏政得其道而後可以爲人地道敏樹夫政也者蒲盧也待

化以成

鄭云蒲盧蜾蠃謂土蜂也詩曰螟蛉有子蜾蠃負之螟蛉桑蟲也蒲盧取桑蟲之子以爲巳子久而化成

故爲政在人取人以身

在人通言因專言取人之道以身取之身非其身必不能知在彼之人而用之

脩身以道脩道以仁

非有道又有仁也謂脩身必有其道其道仁而已矣

仁者人也親親爲大義者宜也尊賢爲大親親之殺尊賢之等禮所生也禮者政之本也是故君子不可以不

脩身思脩身不可以不事親思事親不可以不知人思知人不可以不知天

仁者人而已矣初無遠外亦無奇巧百姓日用而自不知今欲知之乎卽親親之心是巳莫非仁也而親親爲大莫非義也而尊賢爲大親親尊賢等殺皆此心之變化其名不同其道則一脩身事親人道也人道卽天道不知天必不知人孔子於是漸誘進哀公也天道不可言不可思覬公忽覺

天下之達道五所以行之者三曰君臣也父子也夫婦也昆弟也朋友也五者天下之達道也知仁勇三者天

下之達德也所以行之者一也或生而知之或學而知之或困而知之及其知之一也或安而行之或利而行之或勉强而行之及其成功一也

孔子能言其一不能言其所以一非嗇之不以告公也不可得而言也可言則可思可爲不可思不可爲則不可言故易曰無思也無爲也孔子曰天下何思何慮又曰吾有知乎哉無知也又曰毋意毋我曾子惟能言其皜皜無義無說老子雖未至於大通亦曰我獨怕兮其未兆夫未兆者意象未起也老子於是怕焉者皐陶所謂兢兢業業也禹所謂克艱所謂安

女止者是也孔子所謂爲之不厭此所謂行之者皆是也

公曰子之言美矣至矣寡人實固不足以成之也孔子曰好學近乎智力行近乎仁知耻近乎勇

知即所謂一者即所謂無思無爲者知不可言所可言者好學爾好學不已則知之矣知之常不昏常明者謂之仁仁亦不可言所可言者力行爾孔子曰用力於仁此力行亦未易言有知而後可以言仁故孔子曰未知焉得仁力行即兢兢業業即安女止即爲之不厭哀公未足以知此然力行有精粗亦足勉公

之無怠夫進德至於仁至矣而又曰勇者非仁之外復有道也孔子曰仁者必有勇夫道一而已矣而必又曰勇者進德之初舊習未忘利害或得而移之及其久也利害雖不得而動而死生之變或得而亂之於是名不動不變者又曰勇此三者皆非心外之物知者此心之明仁者此心之常明勇者此心之不動不亂故曰所以行之者一也此心卽道故書曰道心心雖可言而不可思心雖能思而其能思者不可得而思思之始不可得而知思之中不可得而知思之終不可得而知故孔子謂哀樂相生是故正明目而

視之不可得而見也傾耳而聽之不可得而聞也聖人之言通乎上下雖哀公初學亦可與聞三德至於爲物所屈無勇又教之以知耻知耻則此心之勇自生其至也雖死生不得而亂嗚呼此道心聖愚之所同也

知斯三者則知所以脩身知所以脩身則知所以治人知所以治人則能成天下國家矣公曰政其盡此而已乎孔子曰凡爲天下國家有九經曰脩身也尊賢也親親也敬大臣也體羣臣也子庶民也家語子作重來百工也柔遠人也懷諸侯也脩身則道存

百姓日用此道而不自知則雖有與亡同存者亡之

反小戴記存作立

尊賢則不惑

得賢共謀則無疑惑

親親則諸父兄弟不怨小戴記兄作昆敬大臣則不眩不眩猶不惑

體羣臣則士之報禮重

孟子曰君之視臣如手足則臣視君如腹心

子庶民則百姓勸來百工則財用足柔遠人則四方歸

之懷諸侯則天下畏之

德懷諸侯諸侯心服則天下之遠未親德者亦觀勢

而畏

公曰爲之柰何孔子曰齊明盛服非禮不動所以脩身也去讒遠色賤貨而貴德所以尊賢也

好色與貨其親賢必不固

爵其能重其祿同其好惡所以篤親親也

小戴中庸篇爵其能作尊其位不如家語爵其能義正親族不必皆賢能擇其能者爵之斯可矣能亦賢能之通稱其餘則重其祿以養之而已同其好惡親親之意非同其邪也

官盛任使所以敬大臣也

盛其任使之屬不敢勤勞大臣所以尊敬大臣也
忠信重祿所以勸士也
德之大者爲大臣其次賢者爲羣臣不忠信者皆不可用故仕必忠信
時使薄斂所以子百姓也日省月考既廩稱事所以來百工也
鄭云既讀爲餼餼廩稍食也槀人職曰乘其事考其弓弩以下上其食
送往迎來嘉善而矜不能所以綏遠人也繼絕世舉廢國治亂持危朝聘以時厚往而薄來所以懷諸侯也治

天下國家有九經所以行之者一也凡事豫則立不豫則廢言前定則不跲事前定則不困行前定則不疚道前定則不窮

平居無事時不脩習則事變之忽至必敗

在下位不獲乎上民不可得而治矣

下位非所以言公也孔子不敢正指公而言之將以盡言恐傷公也故汎指下位而言使公默諭倘正指公則其後不信不順不誠不明之論將不敢發何以暢明其旨

獲乎上有道不信乎朋友不獲乎上矣信乎朋友有道

不順乎親不信乎朋友矣順乎親有道反諸身不誠不順乎親矣誠身有道不明乎善不誠乎身矣誠者天之道也誠之者人之道也誠者不勉而中不思而得從容中道聖人之定體也誠之者擇善而固執之也

夫誠天道又曰明乎善者非復有異道也誠者人心之所同而明者千無一萬無一易曰百姓日用而不知孔門之明善者顔子三月不違仁其餘日月至焉而已有子子夏子張子游子路子貢宰我皆不可以言明曾子明之故曰江漢以濯之秋陽以暴之皜皜乎不可尚已夫誠者誠實無他無奇無巧直心無二

而已矣人皆有之而自不知其善知其善則明已通
矣一矣大矣無思無爲而變化不窮矣然而非於誠
實之外有加焉也以明者寡故雖有誠而昏昏則亂
故聖人又曰明乎善矣别之至矣哉至矣哉誠實無
他之心無較計無思慮如四時之錯行如日月之代
明雖動而未嘗動雖靜而未嘗靜是謂一定不移之
妙體其從容中節如水鑑中之萬象水鑑未嘗動也
故此曰定體易曰寂然不動此寂然不動之心體無
内外無始終即人所同有誠實無他之心特聖人明
之而無虧賢者明之而有虧衆人不明爾擇得此善

斯能固執不明此善雖執不固固而純純而化則全
明而無虧矣

公曰子之教寡人備矣敢問行之所始孔子曰立愛自
親始教民睦也立敬自長始教民順也教之慈睦而民
貴有親教以敬而民貴用命民既孝於親又順以聽命
措諸天下無所不可

誠者公所自有孔子告以不思不勉慮公忽覺而無
先證也公既未覺問行之所始故孔子於是又云愛
敬卽道愛親敬長已行其道而民從之矣曰民順聽
命欲以切公之心知民之從違國之安危在此而不

在他也曰措諸天下導公以莫大之業覬公喜而勉
行也
公曰寡人既得聞此言也懼不能果行而獲罪咎哀公
問曰二三大夫皆勸寡人使隆敬於高年何也孔子對
曰君之及此言將天下實賴之豈唯魯哉公曰何也其
義可得聞乎孔子曰虞夏商周天下之盛王也未有遺
年者年之貴乎天下久矣次乎事親也是故朝廷同爵
則尚齒七十杖於朝君問則席八十不俟朝君問則就
之而弟達乎朝廷矣行肩而不併不錯則隨
鄭云錯鴈行也兄弟之黨鴈行父黨則隨行

見老者則車徒辟班白不以其任行乎道路而弟達乎道路矣居鄉以齒而老窮不遺强不犯弱衆不暴寡而弟達乎州巷矣古之道五十不爲甸徒

言古之道則知今不然四井爲邑四邑爲丘四丘爲甸甸六十四井也以爲出役之法五十始衰不從力役之事

頒禽隆諸長者而弟達乎獀狩矣軍旅什伍同爵則尚齒而弟達乎軍旅矣孝弟發諸朝廷行乎道路至乎州巷放乎獀狩脩乎軍旅衆以義死之而弗敢犯也公曰善哉寡人雖聞之弗能成

嗚呼孔子言之如此明白如此平易如此切於治亂安危而公曰弗能成孟子曰不仁者可與言哉安其危而利其災樂其所以亡者不仁而可與言則何亡國敗家之有哀公之時國雖甚危三家雖强而猶未盡廢事君之禮人性皆善公能行道則感化之妙默然轉移可以易危而安易亂而治而公不悟也昭公之出季孫懼焉叔孫死焉孰謂其不可感化

先聖大訓卷第二

明州楊簡輯并註

問冠第十

邾隱公既即位將冠使大夫因孟懿子問禮於孔子子曰其禮如世子之冠冠於阼者以著代也東序爲阼以明代父醮於客位加其有成

鄭康成謂户西爲客位蓋本於士冠禮既冠則筵于户西而醴孔子曰雖天子之元子猶士也其禮無變三加彌尊導諭其志每加皆有祝辭冠而字之敬其名也雖天子之元子猶士也其禮無變天下無生而貴者故也行

冠事必於祖廟以祼享之禮以將之祼灌也以金石之樂節之

世子冠禮與士同唯祼享金石樂異故特言於其末所以自卑而尊先祖示不敢擅也懿子曰天子未冠即位長亦冠乎孔子曰古者王世子雖幼其即位則尊爲人君人君治成人之事者何冠之有懿子曰然則諸侯之冠異天子與孔子曰君薨而世子主喪是亦冠也巳人君無所殊也懿子曰今邾君之冠非禮也孔子曰諸侯之有冠禮夏之末造也有自來矣今無譏焉天子冠者武王崩成王年十有三而嗣立周公居冢宰攝政以

治天下明年夏六月既葬冠成王而朝于祖以見諸侯亦爲君也周公命祝雍作頌辭曰使王近於民遠於年遠長也祝其壽嗇於時嗇惜也惜時言勤於進德惠於財財者人之所嗇令使惠以及人親賢而任能其頌曰令月吉日王始加元服元首也去王幼志心服袞職

舜曰予欲觀古人之象日月星辰山龍華蟲作繪宗彝藻火粉米黼黻絺繡以五采彰施于五色作服是爲十二章周升三辰於旂而袞九章司服云公之服自袞冕而下如王之服鄭康成謂周袞九章初一曰龍次二曰山次三曰華蟲次四曰火次五曰宗彝畫

以爲繢次六曰藻次七曰粉米次八曰黼次九曰黻絺以爲繡則袞之衣五章裳四章康成唯言其名不言其義諸儒皆無說夫以大舜之聖猶使禹明其義則後世學者奚敢遽言然此云心服袞職則其義不可以不明人心卽道故書曰道心此道聖愚之所同有百姓之所日用學者不明乎道無以脩身無以事君無以輔君而行道簡姑以所覺略言之道心無體變化無方而利澤萬物能似之雖變化云爲而實寂然不動山靜止而生物似之由是心而發諸禮樂政事煥乎其有文章華蟲似之徒質而無文非道之全

火之明象道心之照用火之溫燠象道心之惠和民非水火不生活火能熟物以養民象道心之惠養萬物宗廟之彝尊象道心之孝德藻其以水之難形容姑爲藻以寓其象歟水之爲德至矣水流行不息而無心焉清明洞徹而潤澤萬物實象道心之妙米以養人君之所以養人者常患乎不溥博粉而散之則所被廣矣黼爲斧形鐵黑而刃白如道心之剛斷當斷不斷反受其亂剛雖非道之所尚而亦道之所有徒柔而無剛亦足召亂是剛是斷匪生於私匪動於意此心明照當斷自斷如雷如霆西色白北色黑二

者之間乾卦序焉有天道之象威斷不可出於人爲當同天道黻形如兩巳相背其色半黑半青北黑東青東北艮位萬物之所成終成始是爲冬春之際一歲之分象道心之辨察是是非非也自夏后氏而上建寅周雖建子猶兼用夏時曰正歲衮職如此奚可不心服之服事也當從事乎斯道也周雖升三辰於旂其在旂猶在服也九章即十二章之道也夫道一而巳矣舜起於畎畝雖未詳明其義而舜之道心巳明矣敘陳其義舜必心合而首肯

欽若昊天大合是式率爾祖考永永無極此周公之制

也懿子曰諸侯之冠其所以爲賓主何如孔子曰公冠則以卿爲賓無介公自爲主迎賓揖升自阼立于席北其醴也則如士饗之以三獻之禮既醴降自阼諸侯非公而自爲主者其所以異皆降自西階玄端與皮弁異朝服素韠

士冠禮始加緇布冠服玄端再加皮弁服三加爵弁服醴畢冠者降自西階此曰異朝服素韠者謂異於士朝服公衮侯伯鷩子男毳皆素韠不加爵弁服

公冠四加玄冕祭

王肅云著祭服玉藻諸侯玄端以祭禆冕以朝玉藻

玄端以祭祭先君也此加玄冕祭服裨冕祭於王之
服也雜記大夫冕而祭於公弁而祭於巳則知公助
祭於王必非玄端簡謂玄冕在衮冕之下在四加之
中爾三加玄冕四加衮冕與末特言公冠四明唯此
與諸侯異及前所言降自阼

其酬幣于賓則束帛乘馬王太子庶子之冠擬焉

擬其酬賓束帛乘馬之禮

皆天子自爲主其禮與士無變饗食賓也皆同

大戴禮記公冠篇公冠自爲主迎賓揖升自阼立于
席既醴降自阼其餘自爲主者其降也自西階以異

其餘皆公同也公玄端與皮弁皆鞸朝服素鞸公冠
四加玄冕饗之以三獻之禮無介無樂皆玄端其酧
幣朱錦采四馬其慶也天子疑焉太子與庶子其冠
皆自爲主其禮與上同其饗賓也皆同大戴禮記是
篇不言孔子孟懿子問答其甚異者太子庶子冠皆
自爲主夫冠禮既行之於廟則天子自爲主也宜大
戴所記其後世尊君卑臣之習攺雜於其間歟
懿子曰始冠必加緇布之冠何也孔子曰示不忘古太
古冠布齊則緇之其緌也吾未之聞
鄭云緌纓飾太古質蓋無飾白布冠今之喪冠禮喪

冠不緌纓之餘垂者曰緌

今則冠而敝之可也懿子曰三王之冠其異何也孔子曰周弁殷冔夏收一也三王共皮弁素積委貌周道也章甫殷道也毋追夏后氏之道也

鄭云弁名出於槃槃大也冔名出於幠幠覆也收言所以收斂髮也其制之異未聞委猶安也言所以安正容貌毋發聲也追猶堆也以形名之其制之異同未聞章文明也甫美也大也釋氏語無或作謨今閩音亦然史記帝堯黃收純衣虞夏因之歟鄭云皮弁者以白鹿皮爲冠積猶辟也以素爲裳質素象道故

三王不變

廟制第十一

衞將軍文子將立先君之廟於其家使子羔訪於孔子子曰公廟設於私家非古禮之所及吾弗知子羔曰敢問尊卑上下立廟之制可得而聞乎孔子曰天下有王分地建國設祖宗乃爲親疏貴賤多少之數是故天子七廟三昭三穆與太祖之廟而七太祖近廟皆月祭之遠廟爲祧有二祧焉享嘗乃止諸侯五廟二昭二穆與太祖之廟而五曰祖考廟享嘗乃止大夫三廟一昭一穆與太祖之廟而三曰皇考廟享嘗乃止士一廟曰考

廟王考無廟合而享嘗乃止庶人無廟四時祭於寢此自有虞以至于周之所不變也凡四代帝王之所謂郊者皆以配天其所謂禘者皆五年大祭之所及也太祖其廟不毀不及太祖雖在禘郊其廟則毀古者祖有功而宗有德

　非謂有功者無德謂其以功著也創始者必有功

謂之祖宗者其廟皆不毀子羔問曰祭典云昔有虞氏祖顓頊而宗堯夏后氏亦祖顓頊而宗禹

　此謂夏后氏殆啓以後若禹之時則往往宗舜

殷人祖契而宗湯周人祖文王而宗武王此四祖四宗或乃異代或其考祖之有功德其廟可也若有虞宗堯

夏祖顓頊皆異代之有功德者也亦可以存其廟乎

大戴記帝繫篇黃帝產玄囂玄囂產蟜極蟜極產高辛是謂帝嚳帝嚳產放勳是謂帝堯黃帝產昌意昌意產高陽是謂帝顓頊顓頊產鯀鯀產文命是謂禹顓頊產窮蟬窮蟬產敬康敬康產句芒句芒產蟜牛蟜牛產瞽叟瞽叟產重華是爲帝舜據此帝繫所載則堯舜皆雖本於黃帝而異支闊遠則亦可以言異代至於謂顓頊產鯀鯀產禹則止其祖非異代而此子羔所問孔子所答乃爲異代何耶又家語宰我問禹孔子曰高陽之孫鯀之子也史記亦本此文然則必

有一是一非簡觀家語宰我所問黄帝顓頊帝嚳堯舜禹一篇大有可疑言旨殊覺淺陋殆非孔子之言謂帝舜承受大命依于二女淺陋太甚家語此類亦多然則謂禹爲高陽之孫未可遽謂孔子之言故闕不敢録録此子羔所問孔子所答司馬遷亦謂帝繫姓儒者或不傳此千古同然之心也況姑據帝繫自顓頊六世而後及舜而又謂顓頊生鯀鯀生禹世次長短斷斷乎非矣

孔子曰善如女所問也如殷周之祖宗其廟可以不毀其他祖宗者功德不殊雖在殊代亦可以無疑矣詩云

蔽芾甘棠勿翦勿伐召伯所憩周人之於召公也愛其人猶敬其所舍之樹況祖宗其功德而可以不尊奉其廟與

曾子問第十二

曾子問曰君薨而世子生如之何孔子曰卿大夫士從攝主北面於西階南大祝裨冕執束帛升自西階盡等不升堂命毋哭祝聲三告曰某之子生敢告（鄭云聲噫歆警神也某夫人之氏也）升奠幣于殯東几上哭降衆主人卿大夫士房中皆哭不踊（鄭云衆主人君之親也房中婦人也）盡一哀反位遂朝奠（鄭云反朝夕哭位）小宰升舉幣三日衆主人卿大夫士如初位北

面大宰大宗大祝皆裨冕少師奉子以衰祝先子從宰宗人從入門哭者止子升自西階殯前北面祝立于殯東南隅祝聲三曰某之子某從執事敢見子拜稽顙哭鄭云奉子者拜哭祝宰宗人衆主人卿大夫士哭踊三者三降東反位皆袒子踊房中亦踊三者三襲衰杖鄭云踊襲衰杖成子禮也奠出大宰命祝史以名徧告于五祀山川鄭云因負子名之喪於禮略也曾子問曰如已葬而世子生則如之何孔子曰大宰大宗從大祝而告于禰三月乃名于禰以名徧告及社稷宗廟山川

未葬不告宗廟宗廟同哀可略也不告社稷殆闕文

也諸儒曲說不通葬後不言五祀其告甚明不言可知

孔子曰諸侯適天子必告于祖奠于禰

鄭云皆奠幣以告之互文也鄭說殆未安孔子繼曰凡告用牲幣鄭又云牲字誤當爲制幣鄭蓋以覲禮侯氏釋幣于禰不言牲故也不思覲禮者當時所行之禮孔子所言垂教於萬世之禮亦猶相司徒敬子之喪多變禮答顏子爲邦之問曰行夏時乘商輅舞韶樂康成於禮學雖詳博惟不知道率多牽合奠之爲義何止於幣於祖言告於禰言奠非不告于禰也

尊無二上既告于祖則次乃告禰告不主于禰也故特曰奠以明斯義祖言告則奠可知矣繼言凡告用牲幣明凡告皆奠況卿大夫出聘猶釋幣于禰則國君宜加牲事理甚明康成信覲禮而疑孔子之言不可

冕而出視朝命祝史告于社稷宗廟山川乃命國家五官而後行道而出

鄭云祖道也聘禮記出祖釋軷祭酒脯

告者五日而徧過是非禮也凡告用牲幣反亦如之諸侯相見必告于禰

下言反必親告于祖禰此不及祖非略於祖其適諸
侯之禮當略也
朝服而出視朝命祝史告于五廟所過山川
旣親告于禰則命祝史所告實四廟而曰五廟者慮
或者以爲其禮殺而不徧告五廟也
亦命國家五官道而出反必親告于祖禰乃命祝史告
至于前所告者而後聽朝而入曾子問曰並有喪如之
何何先何後孔子曰葬先輕而後重其奠也先重而後
輕禮也自啓及葬不奠行葬不哀次反葬奠而後辭於
殯遂脩葬事

鄭云殯當爲賓聲之誤也辭於賓謂告將葬啓期也康成每輕於改經文康成惟據既夕禮既夕哭請啓期告于賓及夙興設陳之後商祝升西階聲三啓三而已不聞有辭故改曰辭于賓不思夫先輕後重乃變禮不可執常禮以論其反葬也奠于室而後辭于殯其辭告以輕喪之既葬今將啓歟凡禮皆緣情而制若夫既奠而告賓以啓期乃禮之常奚以特言爲況葬先輕後重孔子於此不言幷卜二日則至是始當卜後葬之日豈得遽告啓期也哉使卜先葬之時幷卜二日無乃不專敬乎使先葬者雨不克則後葬

之日尤難須卜況孔子初無弁卜之文今宗從經文不改其先葬自啓及葬不奠者以虞奠不可待及其輕而遺重也今反葬其重則奠如常孔疏云行葬不哀次者次謂大門外之右平生待賓之處葬柩車出門至此孝子悲哀柩車暫停今爲父喪在殯故行葬母之時出門外孝子不得爲母伸哀於所次之處遂行而去

其虞也先重而後輕禮也孔子曰宗子雖七十無無主婦非宗子雖無主婦可也曾子問曰將冠子冠者至揖讓而入聞齊衰大功之喪如之何鄭云冠者賓及贊者孔子曰內

喪則廢外喪則冠而不醴徹饌而埽卽位而哭如冠者未至則廢如將冠子而未及期日而有齊衰大功小功之喪則因喪服而冠於此當有曾子曰闕文與除喪不改冠乎孔子曰天子賜諸侯大夫冕弁服於大廟歸設奠服賜服於斯乎有冠醮無冠醴

冠禮以醴爲正若不醴則醮用酒鄭云服此賜服酌用酒尊賜也不醴明不爲改冠皇云謂諸侯及大夫幼弱天子賜之孔疏云此孔子引類荅不荅改冠諸侯幼弱未冠總角從事因朝天子天子賜冕弁服於天子大廟之中歸設奠於巳宗廟服此賜服不改冠

也郊特牲云無大夫冠禮而有其昏禮古者五十而後爵何大夫冠禮之有然則今賜大夫冠服衰世之禮也雖衰世之禮而不改冠合於義故孔子取焉

父沒而冠則已冠埽地而祭於禰已祭而見伯父叔父而後饗冠者曾子問曰祭如之何則不行旅酬之事矣孔子曰聞之小祥者主人練祭而不旅奠酬於賓賓弗舉禮也昔者魯昭公練而舉酬行旅非禮也孝公大祥奠酬弗舉亦非禮也曾子問曰大功之喪可以與於饋奠之事乎孔子曰豈大功耳自斬衰以下皆可禮也曾子曰不以輕服而重相爲乎疑輕已喪服而重其相爲孔子曰非此

之謂也天子諸侯之喪斬衰者奠大夫齊衰者奠士則
朋友奠不足則取於大功以下者不足則反之
　反之者謂執一事已反而再執事
曾子問曰小功可以與於祭乎孔子曰何必小功耳自
斬衰以下與祭禮也曾子曰不以輕喪而重祭乎孔子
曰天子諸侯之喪祭也不斬衰者不與祭大夫齊衰者
與祭士祭不足則取於兄弟大功以下者曾子問曰相
識有喪服可以與於祭乎孔子曰緦不祭又何助於人
曾子問曰廢喪服可以與於饋奠之事乎孔子曰說衰
與奠非禮也以擯相可也

鄭云執事於人之神爲其忘哀疾也鄭說殊未安禮三年之喪祥則可以鼓琴可以笙歌謂與賓爲忘哀疾甚非禮意禮惟有服及朋友與賓今相識非朋友故曰非禮擯相則輕矣故可

曾子問曰昏禮既納幣有吉日女之父母死則如之何孔子曰壻使人弔如壻之父母死則女之家亦使人弔父喪稱父母喪稱母

鄭云父使人弔之辭云某子聞某之喪某子使某如何不淑母則若云宋蕩伯姬聞姜氏之喪伯姬使某如何不淑

父母不在則稱伯父世母壻已葬壻之伯父致命女氏曰某之子有父母之喪不得嗣爲兄弟使某致命女氏許諾而弗敢嫁禮也壻免喪女之父母使人請壻弗取而後嫁之禮也女之父母死壻亦如之曾子問曰親迎女在塗而壻之父母死如之何孔子曰女改服布深衣縞總以趨喪女在塗而女之父母死則女反如壻親迎女未至而有齊衰大功之喪則如之何孔子曰男不入改服於外次女入改服於內次然後即位而哭曾子問曰除喪則不復昏禮乎孔子曰祭過時不祭禮也又何反於初孔子曰嫁女之家三夜不息燭思相離也取婦

之家三日不舉樂思嗣親也三月而廟見稱來婦也擇日而祭於禰成婦之義也曾子問曰女未廟見而死則如之何孔子曰不遷於祖不祔於皇姑壻不杖不菲不次歸葬于女氏之黨菲扶義反示未成婦也曾子問曰取女有吉日而女死如之何孔子曰壻齊衰而弔既葬而除之夫死亦如之曾子問曰喪有二孤廟有二主禮與孔子曰天無二日土無二王嘗禘郊社尊無二上未知其爲禮也昔者齊桓公亟舉兵作僞主以行及反藏諸祖廟廟有二主自桓公始也喪之二孤則昔者衛靈公適魯遭季桓子之喪衛君請弔哀公辭不得命公爲主客

入弔康子立於門右北面公揖讓升自東階西鄉客升自西階弔公拜興哭康子拜稽顙於位有司弗辯也今之二孤自季康子之過也

攷春秋魯哀公二年衛靈公卒三年秋七月季孫斯卒蓋桓子康子卽位然則非靈公乃出公也傳錄之誤

曾子問曰古者師行必以遷廟主行乎孔子曰天子巡狩以遷廟主行載于齊車言必有尊也今也取七廟之主以行則失之矣當七廟五廟無虛主虛主者唯天子崩諸侯薨與去其國與祫祭於祖爲無主耳吾聞諸老

聃曰天子崩國君薨則祝取羣廟之主而藏諸祖廟禮也卒哭成事而後主各反其廟君去其國太宰取羣廟之主以從禮也祫祭於祖則祝迎四廟之主主出廟入廟必蹕老聃云曾子問曰古者師行無遷主則何主孔子曰主命問曰何謂也孔子曰天子諸侯將出必以幣帛皮圭告于祖禰遂奉以出載于齊車以行每舍奠焉而後就舍反必告設奠卒斂幣玉藏諸兩階之間乃出蓋貴命也子游問曰諸侯之世子喪慈母如母禮歟孔子曰非禮也古者男子外有傅內有慈母君命所使教子也何服之有昔魯孝公少喪其母有慈母良及其死

也公弗忍也欲喪之
孔子家語曾孝公小戴記作魯昭公按昭公居喪而不哀在慼而有嘉容比及葬三易衰年十九而即位猶有童心則安能不忍於慈母即位十一年其母齊歸始薨則公已年三十矣不爲少鄭康成亦謂必非昭公康成未見家語
有司曰禮國君慈母無服今也君爲之服是逆古之禮而亂國法也若終行之則有司將書之以示後世無乃不可乎公曰古者天子練冠以燕居公弗忍也遂練冠以喪慈母喪慈母自魯孝公始也曾子問曰諸侯旅見

天子入門不得終禮廢者幾孔子曰四請問之曰太廟火日食后之喪雨霑服失容則廢如諸侯皆在而日食則從天子救日各以其方色與其兵太廟火則從天子救火不以方色與兵

周禮有救日之弓是射以救之也日有食之陰侵陽也然則射其所食之方之陰也凡兵皆攻其所食之方之陰也夫陰氣之食日疑非人力之所能救而古先聖王不廢斯禮知其有此理也三才同此一氣此感則彼應不明者以爲遠不相及明者信其相應之速君德不善故曰食亦猶腹心有疾疾見首面天子

之於日食也誠能知過痛改則已足以感天地之和氣而又率諸侯諸臣以兵救之則隨兵所指陰邪退伏陽先亟復實有此理天者吾之陽地者吾之陰日亦吾之陽月吾亦之陰此心無體天地日月皆在吾範圍之中何遠何近各以方色者以五色五行之和氣正氣感天地不和不正之氣爲和爲正也救火不以方色與兵者火人也當以人事救不可以氣感也

曾子問曰諸侯相見揖讓入門不得終禮廢者幾孔子曰六請問之曰天子崩太廟火日食后夫人之喪雨霑服失容則廢曾子問曰天子嘗禘郊社五祀之祭簠簋

既陳天子崩后之喪如之何孔子曰廢曾子問曰當祭而日食大廟火其祭也如之何孔子曰接祭而已矣鄭云不迎尸如牲至未殺則廢天子崩未殯五祀之祭不行既殯而祭其祭也尸入三飯不侑酳不酢而已矣自啓至于反哭五祀之祭不行已葬而祭祝畢獻而已

唯五祀之祭不行則郊社之祭山川及餘羣神之祭行故王制曰喪三年不祭唯祭天地社稷爲越紼而行事不敢廢大祀也唯宗廟不祭天子崩諸侯薨祝取羣廟之主藏諸大廟禮月雖吉祭猶未配則三年不祭宗廟甚明餘祭非盡廢也唯殺禮耳既葬漸吉

故至於獻祝畢

曾子問曰諸侯之祭社稷俎豆既陳聞天子崩后之喪君薨夫人之喪如之何孔子曰廢自薨至于殯自啓至于反哭奉帥天子謂上所言五祀之祭曾子問曰大夫之祭鼎俎既陳籩豆既設不得成禮廢者幾孔子曰九請問之曰天子崩后之喪君薨夫人之喪君之大廟火日食三年之喪齊衰大功皆廢外喪自齊衰以下行也其齊衰之祭也尸入三飯不侑酳不酢而已矣大功酢而已矣小功緦室中之事而已矣室中之事謂賓長獻士之所以異者緦不祭所祭於死者無服則祭曾子問曰三年之喪弔乎孔

子曰三年之喪練不羣立不旅行君子禮以飾情三年之喪而弔哭不亦虛乎曾子問曰大夫士有私喪可以除之矣而有君服焉其除之也如之何孔子曰有君喪服於身不敢私服又何除焉於是乎有過時而弗除也君之喪服除而后殷祭禮也曾子問曰父母之喪弗除可乎孔子曰先王制禮過時弗舉禮也非弗能勿除也患其過於制也故君子過時不祭禮也

觀此節辭旨殆承上文勿字疑後人觀之不審者加之上言有君不敢除私服至君服除雖殷祭終不備除喪之禮曾子以父母之喪至重疑不可不再行除

喪之禮孔子答以過時弗舉又曰過時不祭皆以明除喪之時已過則不復行除喪之禮

曾子問曰君薨既殯而臣有父母之喪則如之何孔子曰歸居于家有殷事則之君所朝夕否曰君既啓而臣有父母之喪則如之何孔子曰歸哭而反送君曰君未殯而臣有父母之喪則如之何孔子曰歸殯反于君所有殷事則歸朝夕否大夫室老行事士則子孫行事大夫內子有殷事亦之君所朝夕否賤不誄貴幼不誄長禮也唯天子稱天以誄之

鄭云累列生時行迹讀之以作謚謚當由尊者成春

秋公羊說天子讀誄制謚於南郊

諸侯相誄非禮也曾子問曰君出疆以三年之戒以椑從椑蒲歷反君薨其入如之何孔子曰共殯服

服享也凡殯事咸共之以待鄭云謂已大斂

則子麻弁經疏衰菲杖

菲扶畏反禮殯後方成服此未成服之服也疏衰齊衰之衰不言裳舉其略也鄭謂布深衣未必然也菲草履也杖輔病也鄭云麻弁經者布弁而加環經也

入自闕升自西階

毀垣而入者重君喪備重棺扶護者衆欲寬便也其

葬也亦毁宗躐行升自西階者已大斂已成喪正尊者之位也殯于西階之上尊之也尊者居室常東面爲人子者居不主奥奥室中之西南隅也親居室奥而面東故人子不敢居奥其在堂則主人升降自阼階賓升降自西階者尊賓也

如小斂則子免而從柩

鄭云不括髮者行遠不可無飾

入自門升自阼階

士喪禮尸在柩則已大斂此在柩而未爲大斂者國君重棺未備則猶未爲大斂歟未備重棺故可不毁

牆垣而自門入升自阼階者未大斂未成喪未忍遽

以死事之也

君大夫士一節也曾子問曰君之喪既引聞父母之喪

如之何孔子曰遂既封而歸不俟子

封謂實土而崇之也鄭改讀爲窆非也蓋因檀弓篇

縣棺而封康成不善屬文謂縣棺而窆窆而後封土

故注云封當爲窆不知言縣棺則窆可知已康成不

善屬文父母而見子嗣君也

曾子問曰父母之喪既引及塗聞君薨如之何孔子曰

遂既封改服而往曾子問曰宗子爲士庶子爲大夫其

祭也如之何孔子曰以上牲祭於宗子之家祝曰孝子某爲介子某薦其常事若宗子有罪居於他國庶子爲大夫其祭也祝曰孝子某使介子某執其常事攝主不厭祭不旅不假不綏（音墮）祭不配

鄭云皆辟正主厭厭飫神也尸謖之後徹薦俎敦設于西北隅是也但鄭又謂迎尸之前祝酌奠奠之且饗爲陰厭未安豈有迎尸之前一奠而遂可爲厭飫乎蓋誤認孔子陰厭陽厭之說而差其義也下曾子問曰祭必有尸乎若厭祭亦可乎曾子之旨謂尸謖之後設俎敦于西北隅是爲厭祭是無尸故云也孔

子曰祭殤必厭蓋弗成也孔子之旨謂殤不成喪故祭必無尸如厭也孔子又曰有陰厭有陽厭宗子爲殤而死其祭是謂陰厭巳祭宗子之殤於奥奥西南隅幽奥不當室之白故曰陰也凡殤與無後者祭於宗子之家當室之白是爲陽厭孔子於此所謂陰厭陽厭皆謂無尸爲厭非謂迎尸之前未厭飫之時爲厭也鄭因迎尸之前祝酌奠奠之之時無尸亦比於陰厭則差其義矣不旅不旅酬也假者嘏字之訛也蜡賓篇是謂大假亦嘏字之訛也此不假不嘏主人也綏者妥字之訛妥者墮之音而字非也士虞禮祝

命佐食墮祭周禮曰既祭則藏其墮鄭謂下祭曰墮士虞禮記無尸則不綏祭鄭註亦云綏當作墮特牲饋食禮祝命挼祭又云佐食授挼祭少牢饋食禮皆作綏祭皆轉而訛異皆本於墮也不配不言以某妃配某氏皆辟正主不敢備禮也

布奠於賓賓奠而不舉

鄭云布奠謂主人酬賓奠觶于薦北賓奠謂取觶奠於薦南也此酬之始也奠之不舉止旅

不歸肉

鄭云肉俎也謂與祭者留之共燕

其辭于賓曰宗兄宗弟宗子在他國使某辭

此辭謂其初宿賓及此不敢歸肉而留燕皆有辭辭

不同故總曰辭

曾子問曰宗子去在他國庶子無爵而居者可以祭乎孔子曰祭哉請問其祭如之何孔子曰望墓而爲壇以時祭若宗子死告於墓而後祭於家宗子死稱名不言孝身沒而已

鄭云至子可以稱孝

子游之徒有庶子祭者以此若義也今之祭者不首其義故誣於祭也曾子問曰祭必有尸乎若厭祭亦可乎

孔子曰祭成喪者必有尸尸必以孫孫幼則使人抱之無孫則取於同姓可也祭殤必厭蓋弗成也祭成喪而無尸是殤之也孔子曰有陰厭有陽厭曾子問曰殤不祔祭何謂陰厭陽厭

鄭云祔當爲備聲之誤也雜記云有父母之喪尚功衰而祔兄弟之喪則練冠附於殤稱陽童某甫不名神也攷此則鄭說誠有理然古書異同或難牽合冠禮有醴不醴昏禮有親迎不親迎祭禮有尸有無尸喪禮或曰嫂叔無服或曰夫之所爲兄弟服妻降一等禮有古今之異俗有彼此之殊不可必也喪服小

記殤與無後者從祖祔食豈殤唯從祖祔食不特設祔祭歟殤不祔祭是爲禮略何謂陰厭陽厭疑其說之反詳也孔子答以宗子爲殤而死其祭謂陰厭陰以居奧不當室白也厭者無尸之稱也其非宗子而殤與無後者祭於宗子之家則不於奧當室之白故謂陽厭宗子殤死不告利成則不改饌西北隅不爲厭飫此則謂陰厭者言其無尸故曰厭非謂厭飫也其謂陽厭亦然鄭因曾子之問遂曲推迎尸之前爲陰厭殊爲贅辭

孔子曰宗子爲殤而死庶子弗爲後也其吉祭特牲祭

殤不舉無所俎無玄酒不告利成鄭云舉肺脊是謂陰厭釋見上凡殤與無後者祭於宗子之家當室之白不於奧尊于東房是謂陽厭曾子問曰葬引至于堩日有食之堩古鄧反則有變乎且不乎鄭云堩道也變謂異禮孔子曰昔者吾從老聃助葬於巷黨及堩日有食之老聃曰丘止柩就道右止哭以聽變既明反而後行曰禮也反葬而丘問之曰夫柩不可以反者也日有食之不知其已之遲數則豈如行哉

鄭云已止也數讀爲速按醫書遲數數音朔義猶速也又哀公問禮疏數數猶近也亦音朔然則亦不必

改讀矣
老聃曰諸侯朝天子見日而行逮日而舍奠
鄭云舍奠每將舍奠行主
大夫使見日而行逮日而舍夫柩不蚤出不莫宿見星
而行者唯罪人與奔父母之喪者乎日有食之安知其
不見星也且君子行禮不以人之親痁患吾聞諸老聃
云曾子問曰爲君使而卒於舍禮曰公館復私館不復
凡所使之國有司所授舍則公館已何謂私館不復也
孔子曰善乎問之也自卿大夫士之家曰私館公館與
公所爲曰公館公館復此之謂也

凡公所造爲之宇舍雖非賓客之正館或以賓多而館焉亦曰公館公館無所嫌惡故可以行臯某復之禮卿大夫士之家則有妨嫌故不敢復

曾子問曰下殤土周葬于園遂輿機而往塗邇故也

鄭云土周堲周也周人以夏后氏之堲周葬下殤於園中機輿尸之牀也以繩絙其中央又以繩從兩旁鉤之禮以機舉尸輿之以就園而斂葬

今墓遠則其葬也如之何孔子曰吾聞諸老聃曰昔者史佚有子而死下殤也墓遠召公謂之曰何以不棺斂於宮中史佚曰吾敢乎哉不敢違禮召公言於周公周公曰

豈不可
聖人達禮之道故能變以從宜
史佚行之下殤用棺衣棺自史佚始也
鄭康成謂史佚失指康成固矣康成失指非史佚失
指史佚豈輕率而行者使孔子以爲非禮則當曰下
殤之不復輿機于園自史佚始也辭情無譏意禮緣
人情豈有墓遠而可以不棺斂輿尸而往乎周公曰
豈不可亦猶孔子曰祭哉曾子問宗子去在他國庶
子無爵而居者可以祭乎孔子曰祭哉哉者猶豫審
度而決之辭禮所未有聖人以道心起義從容審度

而決故其辭情如此康成不知道又不善屬文屢見

康成有此蔽今不取

曾子問曰卿大夫將爲尸於公受宿矣而有齊衰內喪則如之何孔子曰出舍於公館以待事禮也

君事既迫而齊衰情微殺則出舍公館以待事此情理之自然非私心之所爲也

孔子曰尸弁冕而出卿大夫皆下之尸必式必有前驅

子夏問曰三年之喪卒哭金革之事無辟也者禮歟初有司與鄭云疑有司初使之然孔子曰夏后氏三年之喪既殯而致事殷人既葬而致事周人既卒哭而致事記曰君子

不奪人之親亦不可奪親也此之謂乎子夏曰金革之事無辟也者非與孔子曰吾聞諸老聃曰昔者魯公伯禽有爲爲之也

鄭謂徐戎作難卒哭而征之作費誓及攷書序魯侯伯禽宅曲阜徐夷並興東郊不開作費誓是伯禽始受封之國之時也時周公未薨論語云周公謂魯公曰君子不使大臣怨乎不以是伯禽已就國臨臣民史記云伯禽受封之魯三年而後報政周公然則伯禽卒哭而親金革未必作費誓之時康成之言亦難遽信王肅謂伯禽有母之喪不言作費誓

今以三年之喪從其利者吾弗知也

檀弓第十三

公儀仲子之喪檀弓免焉仲子舍其孫而立其子檀弓曰何居我未之前聞也趨而就子服伯子於門右曰仲子舍其孫而立其子何也伯子曰仲子亦猶行古之道也昔者文王舍伯邑考而立武王微子舍其孫腯而立衍也夫仲子亦猶行古之道也子游問諸孔子孔子曰否家語於此有周制二字立孫

夫檀弓之問必其孫之未有大惡可立而不立故問也其孫若有大惡則禮雖立孫亦當權而從宜檀弓

必不疑而問孔子亦必不曰立孫觀書必通其道達其情今以私情而不立孫故孔子云康成謂子服伯子蓋仲孫蔑之玄孫子服景伯檀弓趨而就之於門右則知同姓門自外入爲左右同姓位在東方故康成謂公儀蓋魯同姓喪服記云朋友皆在他邦袒免免象冠廣一寸康成知同姓則非他邦禮不當免檀弓免遂謂檀弓故爲非禮以非仲子然喪服記失之所爲兄弟服妻皆降一等而禮嫂叔無服喪服傳婦人不杖而喪大記則杖異代異禮則亦未可盡據喪服以爲一定不易之制檀弓重爲哀痛之禮以哀其

不立孫而發其問則亦不可知而不可必也謂之故爲非禮則非康成謂居讀爲姬姓之姬齊魯之間語助也然箋詩於日居月諸不改讀爲姬何也簡曰越人方言亦有何居其音如京語之飢姬其字則作居今正音居九魚反非方音有居云語助

子張有父之喪公明儀相焉問稽顙於孔子孔子曰拜而後稽顙頹乎其順也稽顙而後拜頎乎其至也鄭云先觸地無容哀之至三年之喪吾從其至者夫子之母名徵在言在不稱徵言徵不稱在夫子少孤不知其墓殯於五父之衢人之見之者皆以爲葬也其愼也蓋殯也

雖略知其墓而未審未敢遽合葬以其慎重故也鄭云孔子之父聊叔梁紇與顏氏之女徵在野合而生孔子徵在耻焉不告殯於五父之衢欲有所就而問之孔子亦爲隱焉五父衢名蓋聊曼父之鄰鄭意可從容審問歟

問於聊曼父之母然後得合葬於防（聊又作鄹）將葬子曰古者不祔葬爲不忍死者之復見也詩云葬則同穴自周公已來祔葬矣衛人之祔也離之魯人之祔也合之善夫吾從魯合葬於防曰吾聞之古也墓而不墳今丘也東西南北之人也不可以弗識也於是封之崇四尺子

先反門人後雨甚至子問焉曰爾來何遲也曰防墓崩子不應三孔子泫然流涕曰吾聞之古不脩墓及二十五月而祥五日孔子彈琴而不成聲十日過禫而成笙歌魯人有朝祥而莫歌者子路笑之夫子曰由爾責於人終無已夫三年之喪亦已久矣夫子路出夫子曰又多乎哉踰月則其善也子路與子羔仕於衛衛有蒯聵之難孔子在魯聞之曰柴也其來由也死矣既而衛使至曰子路死焉孔子哭於中庭有弔者孔子拜之既哭進使者而問故使者曰醢之矣遂命覆醢南宮縚之妻孔子之兄女喪其姑誨之髽曰爾毋從從爾爾毋扈扈

爾

諸儒謂從從高也㞗㞗廣也鄭於從字不陔讀而陸音總又音崇又士江反簡竊意從本叢字以從字記音古書多此類事作士截作節卬我作背記音也唯方音不同古異方則莫曉唯士江反近之非也潨字音崇音琮又有士江反簡越人方言有何居亦以從爲叢叢音作檀弓者方音同歟後世求其說而不獲撰字作鬃唐韻附潨音云高髻也正謂此從從爾從字正音疾容反故諸儒莫曉陸集音凡三無一中理鼟鼟謂高也方言謂鼟鼟而起實高髻之狀方言幸以從

爲蘐音唯士子觀韻書者從疾容反耳

蓋榛以爲笄長尺而總八寸

喪服傳於斬衰布總箭笄傳曰總六升長六寸觀此則知齊衰榛笄總長八寸鄭云總束髮垂爲飾

孟獻子禫縣而不樂比御而不入夫子曰獻子加於人一等矣

孔子既祥五日彈琴而不成聲十日過禫而成笙歌則知獻子過於禮曰比御而不入則知禫後可以御婦人矣而獻子猶不入獻子雖過於禮而夫子不言其非爲善辭曰獻子加於人一等矣以其過於厚也

魯人有朝祥而莫歌者子路笑之夫子曰夫三年之喪亦已久矣又多乎哉踰月則其善也當時魯人朝祥莫歌其在月終乎故曰踰月則善孔子唯以此心行之以此心言之此心卽道故舜曰道心此心卽禮旣禫而樂如四時之變萬世中制不拘於必踰月也若是時踰月在旣祥十數日之外則孔子必不曰踰月則善學者當原情達旨聖人豈有自處以十日笙歌之禮而使人必行十日外踰月之制乎必不然也後儒不達聖人之情唯執踰月之言遂謂祥而縞是月禫踰月樂使孔子之意不問祥後日數之多寡必

拘踰月則於孟獻子不曰禫縣而不樂當曰踰月而不樂筮喪事先遠日吉事先近日卒哭以吉祭易喪祭禫祭非喪事故筮禫用近日在十日之內歟三年問曰三年之喪二十五月而畢間傳曰又期而大祥居復寢中月而禫禫而牀士虞禮記曰又期而大祥中月而禫中月者祥之中也亦猶詩之中逵謂逵中也中林謂林中也書無逸云文王受命中身謂身之中也鄭康成必曰二十七月而禫二十八月而作樂者蓋以雜記曰期之喪十一月而練十三月而祥十五月而禫由是通之於三年之喪也又戴德喪服變

除禮二十五月大祥二十七月而禫康成據此又喪服小記中一以上而祔又學記中年考校皆謂中爲間故鄭謂間一月而禫二十五月大祥間一月則二十七月而禫不思雜記喪服變除非孔子之言厚則厚矣而非萬世之中制古今異禮衰世則異國異禮異學異說而康成必欲牽合而爲一說故反違聖人之旨孔疏又從而爲之解曰夫子五日彈琴而不成聲十日而成笙歌并此獻子禫縣之屬皆省樂忘哀非正樂也其八音之樂工人所奏必待二十八月其朝祥莫歌亦非正樂嗚呼曲矣唯達道者可與言禮

子路有姊之喪可以除之矣而弗除也孔子曰何弗除也子路曰吾寡兄弟而弗忍也孔子曰先王之禮行道之人皆弗忍也子路聞之遂除之伯魚之母死期而猶哭夫子聞之曰誰與哭者門人曰鯉也夫子曰嘻其甚也伯魚聞之遂除之伯高之喪孔氏之使者未至冉子攝束帛乘馬而將之孔子曰異哉徒使我不誠於伯高伯高死於衛赴於孔子孔子曰吾惡乎哭諸兄弟吾哭諸廟父之友吾哭諸廟門之外師吾哭諸寢朋友吾哭諸寢門之外所知吾哭諸野於野則已疏於寢則已重夫由賜也見我吾哭諸賜氏遂命子貢爲之主曰爲爾

哭也來者拜之知伯高而來者勿拜也
據奔喪篇哭師於廟門外而孔子曰哭於寢者何也大哉孔子孔子由道心而行之言之無不中節夫師者所以傳道也道非自外至所以啓吾心之所自有也此心卽道舜曰道心孔子曰心之精神是謂聖易大傳曰百姓日用而不知所謂日用者心也然則哭師於寢良爲宜其哭於廟門外者不知道者之所爲也世習行之遂傳以爲禮自古及今不知道者滔滔皆是也孔子得道故不從聾俗之所爲孔子大聖職當破百世之昏昏垂萬代不易之法最其至妙超出

乎規矩繩墨之上隨宜時措哭伯高於賜氏蓋禮文之所無以心而揆之此心即道故無適而非道無適而不中節如四時之錯行也嗚呼至矣而不知道者惑於世禮異說則曰此殷禮此周禮奚足以知聖人之心其知伯高者自當往弔伯高之家不當弔子貢子貢不當受其弔故使勿拜

孔子之衛遇舊館人之喪入而哭之哀出使子貢說驂而賻之子貢曰於門人之喪未有所說驂說驂於舊館無乃已重乎夫子曰予鄉者入而哭之遇於一哀而出涕予惡夫涕而無以將之小子行焉

驂旁馬騑騮是中駒驪是驂錢財曰賻聖人過於一哀而出涕出涕而說驂猶天地之變化四時之錯行陰陽寒暑不無過差而皆妙也皆神也皆不可測也皆善也此不可測之神不惟聖人有之愚夫愚婦咸有之而不自知也孔子曰心之精神是謂聖小戴記曰予惡夫涕之無從也不如家語曰惡夫涕而無以將之

孔子在衛有送葬者而夫子觀之曰善哉爲喪乎足以爲法矣小子識之子貢曰夫子何善爾也曰其往也如慕其反也如疑子貢曰豈若速反而虞乎子曰小子識

之我未之能行也

速反而虞遂於禮文者也雖欲速祭以定死者之神

猶爲失其本心也故孔子曰我未之能行若夫道心

之常則其往如慕其反如疑雖已迎精而反而其體

則藏諸彼故疑疑者人情之常道心變化之妙而非

放逸於外者也

顏淵之喪饋祥肉孔子出受之入彈琴而後食之

祥之鼓素琴若喪子而無服孔子之哀樂若天地之

節

孔子與門人立拱而尚右二三子亦皆尚右孔子曰二

三子之嗜學也我則有姊之喪故也二三子皆尚左
吉事尚左凶事尚右然特牲少牢吉祭皆載右胖士
虞禮祭凶事載左胖者何也取義不同也自尊者主
奥奥爲右故人子居不主奥尊賓故賓位亦在右故
吉祭右胖而反用左胖者則凶也亦猶吉洗當東營
至虞禮則反之設于西階西南

子夏問於孔子曰居父母之仇如之何夫子曰寢苫枕干不仕干盾弗與共天下也遇諸市朝不反兵而鬭鄭云雖適市朝不釋兵曰請問居昆弟之仇如之何曰仕弗與共國銜君命而使雖遇之不鬭曰請問居從父昆弟之仇如之

何曰不爲魁主人能則執兵而陪其後子路曰吾聞諸夫子喪禮與其哀不足而禮有餘也不若禮不足而哀有餘也祭禮與其敬不足而禮有餘也不若禮不足而敬有餘也

逐於文爲則去道遠哀敬者道心也

卞人有其母死而孺子泣者（家語弁作卞 小戴記作弁）孔子曰哀則哀矣而難爲繼也夫禮爲可傳也爲可繼也故哭踊有節而變除有期仲憲言於曾子（家語仲憲作原思）曰夏后氏用明器示民無知也殷人用祭器示民有知也周人兼用之示民疑也曾子曰其不然乎其不然乎夫明器鬼器

也祭器人器也夫古之人胡爲而死其親乎子游問於孔子孔子曰之死而致死之不仁而不可爲也之死而致生之不知而不可爲也爲明器者知喪道矣備物而不可用也是故竹不成用（王肅云謂籩之無緣）瓦不成滕（此據孔子家語其謂無下體乎小戴記滕作味）木不成斲琴瑟張而不平竽笙備而不和有鍾磬而無簨簴（鄭云不縣之也橫曰簨植曰簴）其曰明器神明之也哀哉死者而用生者之器也不殆於用殉乎哉（以人從死而葬曰殉）子游問於孔子曰葬者塗車芻靈自古有之然今人或有偶（木人小戴作偏）是無益於喪孔子曰爲芻靈者善矣爲偶者不仁（小戴記偶作偏）不殆用人乎季桓子死魯大夫朝

服而弔子游問於孔子曰禮乎夫子不答他日又問夫子曰始死羔裘玄冠者易之而已女何疑焉子游問喪具夫子曰稱家之有亡子游曰有無惡乎齊夫子曰有毋過禮苟亡矣斂首足形還葬縣棺而封人豈有非之者哉孟獻子之喪司徒旅歸四布

鄭云旅下士也司徒使下士歸四方之賻布孔疏云歸還之

夫子曰可也

鄭云善其能廉孔疏云賻布本助喪用今既有餘故歸之

子夏問於孔子曰居君之母與妻之喪如之何孔子曰居處言語飲食衎爾（衎者和平之貌）於喪所則稱其服而已敢問伯母之喪如之何孔子曰伯母叔母疏衰期而踊不絕地姑姊妹之大功踊絕於地若知此者由文矣哉由文矣哉

期宜踊絕於地而不絕者義親而情殺者大功而踊絕地者本期而降情本親也不知道者之於禮牵執文而不通至此期而踊不絕地則斷不可以文論矣故曰若知此者由文矣哉再言之者所以甚言禮文之不可執當通其道也道不在外心而已矣此心即

道故舜曰道心心之變化不可勝窮重中有輕輕中有重如四時之錯行故曰深而通茂而有間連而不相及也嗚呼妙矣

穆伯之喪敬姜晝哭文伯之喪晝夜哭孔子曰知禮矣喪夫不夜哭

子路曰傷哉貧也生無以爲養死無以爲禮也孔子曰啜菽飲水盡其歡斯之謂孝斂手足形還葬而無椁稱其財斯之謂禮

仲遂卒於垂壬午猶繹萬入去籥孔子曰非禮也卿卒不繹

春秋魯宣公八年辛巳有事于大廟仲遂卒于垂壬午猶繹萬入去籥猶者寓其可已之意也左傳亦曰

襄仲卒而繹非禮也萬舞也去其有聲者亦以著人心之不忍也

齊師侵魯小戴記云戰于郎公叔務人小戴記作禺人鄭王皆曰昭公之子遇負杖入保者息務人泣曰使之雖病任之雖重任土稅賦君子弗能謀士弗能死不可也我則既言之矣敢不勉乎與其鄰重汪錡乘往奔敵死焉皆殯魯人欲勿殤重汪錡小戴記錡作踦問於仲尼仲尼曰能執干戈以衞社稷雖勿殤也不亦可乎禮者人心之所自有也工尹商湯與陳棄疾追吳師及之

孔子家語首言楚伐吳魯昭公八年楚公子棄疾帥

師滅陳楚封戌爲陳公史記楚使棄疾定蔡因爲陳蔡公此曰陳棄疾者其以滅陳之功最著故楚人稱之歟小戴記無楚伐吳三字魯昭十二年楚圍徐以懼吳楚靈王次于乾谿以爲之援鄭康成謂於時有吳師陳或作陵

陳棄疾謂工尹商陽曰王事也子手弓而可手弓子射之斃一人韔弓又及謂之又斃二人每斃一人揜其目不忍視之止其御曰朝不坐燕不與殺三人亦足以反命矣孔子聞之曰殺人之中又有禮焉子路怫然進曰人臣之節當君大事唯力所及死而後已夫子何善此子曰

然如女言也吾取其有不忍殺人之心而已延陵季子適齊於其反也其長子死葬於嬴博之間孔子曰延陵季子吳之習於禮者也往而觀其葬焉其坎深不至於泉其斂以時服既葬而封廣輪揜坎其高可隱也既封左袒右還其封且號者三三還其封曰骨肉歸復於土命也若魂氣則無不之也無不之也而遂行孔子曰延陵季子之於禮也其合矣乎

自執文者觀之必以爲不合故孔子特曰合破其固孔子往觀其葬而知其斂服者其閒而知之歟曰骨肉歸復于土命也若魂氣則無不之也再言之者其

警魂而招之歟不招之使歸而唯曰無不之者神魂之妙無所不通廣大靈明唯昏故小故拘此啓之通之

孔子之畜狗死使子貢埋之曰吾聞之也敝帷不棄爲埋馬也敝蓋不棄爲埋狗也丘也貧無蓋於其封也亦予之席毋使其首陷焉陽門之介夫死司城子罕入而哭之哀晉人之覘宋者反報於晉侯曰陽門之介夫死而子罕哭之哀而民說殆不可伐也孔子聞之曰善哉覘國乎詩云凡民有喪扶服救之雖微晉而已天下其孰能當之孔子之故人曰原壤其母死夫子助之沐椁

治之光澤如沐原壤登木曰久矣予之不托於音也歌曰貍首之斑然木之文采如貍首執女手之卷然夫子爲弗聞也者而過之從者曰子未可以已乎夫子曰丘聞之親者毋失其爲親也故者毋失其爲故也孔子過太山側有婦人哭於墓者而哀夫子式而聽之使子路問之曰子之哭也壹似重有憂者而曰然昔者吾舅死於虎吾夫又死焉今吾子又死焉夫子曰何爲不去也曰無苛政夫子曰小子識之苛政猛於虎也子貢問於孔子曰殷人既窆而弔於壙周人反哭而弔於家如之何孔子曰反哭之弔也哀之至也反而亡焉失之矣於斯爲甚故弔之

死人卒事也殷已慤吾從周殷人既練之明日祔于祖周人既卒哭之明日祔于祖祭神之始事也周已戚吾從殷

卒哭而遽以神事之戚然不忍也

衞司徒敬子死子夏弔焉主人未小斂絰而往子游弔焉主人既小斂子游出絰反哭子夏曰聞之也與曰聞諸夫子夫人未改服則不絰子夏問于孔子曰客至無所館夫子曰於我乎館客死無所殯夫子曰生於我乎館死於我乎殯敢問禮與仁者之心與孔子曰吾聞諸老聃曰館人使若有之有之而不得殯乎夫仁者制禮

者也故禮不可不省也禮不同不異不豐不殺稱其義以為之宜故曰我戰則克祭則受福蓋得其道矣

禮者大道之文為不可以同異豐殺言也以同異豐殺言禮者不知禮者也是故禮本於大一分而為天地變而為四時列而為三百之經用而為三千之儀又有三百三千所不能盡者心通此道謂之知常覺常明謂之仁故唯仁者為能制禮禮雖先王未之有可以義起也不知道者之習於禮不知其所以然也故禮不可不省也達之則天地自我而生四時自我而變萬物自我而成鬼神自我而行九州四海九夷

八蠻自我而安則無不得其道矣戰必克祭必受福此事之必至者也至於以我爲言者師弟子之間開誠而明告之也

有子問於曾子曰問喪於夫子乎曰聞之矣喪欲速貧死欲速朽有子曰是非君子之言也曾子曰參也聞諸夫子也有子又曰是非君子之言也曾子曰參也與子游聞之有子曰然然則夫子有爲言之也曾子以斯言告於子游子游曰甚哉有子之言似夫子也昔者夫子居於宋見桓司馬自爲石椁三年而不成夫子曰若是其靡也死不如速朽之爲愈也死之欲速朽爲桓司馬

言之也南宮敬叔反必載寶而朝夫子曰若是其貨也喪不如速貧之爲愈也喪之速貧爲敬叔言之也曾子以子游之言告於有子有子曰然吾固曰非夫子之言也曾子曰子何以知之有子曰夫子制於中都四寸之棺五寸之槨以斯知不欲速朽也昔者夫子失魯司寇將之荆蓋先之以子夏又申之以冉有以斯知不欲速貧也

周公第十四

子夏問曰記云周公相成王教之以世子之禮有諸孔子曰昔者成王嗣立幼未能涖阼周公攝政而治抗世

子之法於伯禽欲王之知父子君臣之道所以善成王也夫知爲人子然後可以爲人父知爲人臣然後可以爲人君知事人然後能使人是故抗世子法於伯禽使之與成王居欲令成王知父子君臣長幼之義也君之於世子親則父也尊則君也有父之親有君之尊然後兼天下而有之是故養世子不可不愼也

能親父尊君然後可以兼天下而君之矣

行一物而三善皆得者唯世子而已其齒於學之謂也

一物謂齒於學善謂父子君臣長幼之義

故世子齒於學國人觀之曰將君我而與我齒讓何也

曰有父在則禮然然而衆知父子之道矣其二曰將君我而與我齒讓何也曰有君在則禮然然而衆著於君臣之義也其三曰將君我而與我齒讓何也曰長長也然而衆知長幼之節矣故父在斯爲子君在斯謂之臣居子與臣之節所以尊君親親也故學之爲父子焉學之爲君臣焉學之爲長幼焉父子君臣長幼之道得而國治語曰樂正司業父師司成一有元良萬國以貞世子之謂也聞之曰爲人臣者殺其身有益於君則爲之況于其身以善其君乎周公優爲之于郎迂字曲也以臣攝政非正也權也故曲也冉求曰昔臧文仲知魯國之政立言垂法於今不

亡可謂知禮矣孔子曰臧文仲安知禮夏父弗綦逆祀而不止

春秋文公二年八月丁卯大事于大廟躋僖公左氏傳曰於是夏父弗忌爲宗伯尊僖公且明見曰吾見新鬼大故鬼小孔子曰臧文仲縱逆祀

燔柴於竈以祀焉（小戴記竈作奥 鄭云奥當作爨）夫竈者老婦之祭也盛於瓮（小戴記作盆 盆同）尊於瓶非所柴也故曰禮也者由體也體不備謂之不成人設之不當猶不備也子路爲季氏宰季氏祭逮闇而祭日不足繼之以燭雖有強力之容肅敬之心皆倦怠矣有司跛倚以臨祭其爲不敬大矣

他日祭子路與室事反乎戶堂事反乎階質明而始行事晏朝而退孔子聞之曰誰謂由也而不知禮乎孔子觀鄉射喟然歎曰射之似樂也何以射何以聽循聲而發發而不失正鵠者其惟賢者乎

百姓日用而不知者皆道心之妙也而於是乎益昭目循聲而發既聽且射一心而兩應非由擬議不思而捷應嗚呼妙矣而人猶莫之覺孔子喟然而歎曰以何而聽也以何而射也嗚呼妙矣雖孔子於此亦唯能發其問端而已卒不能言其所以聽所以射之者為何物何狀何道也人於是往往皆謂之心而此

心無體無所不可得而執不可得而思借曰其思可思思有時而息而此心不思而常清明者非思爲也如日月之明無所不照而非思也賢者無思無爲而自不失其正鵠不賢者雖思雖爲而反失其正鵠彼習乎射之精者雖非賢而亦不假思爲而自中何也曰方不假思爲而自中之時卽賢者之心也

若夫不肖之人則彼將安能以中詩云發彼有的以祈爾爵祈求也求中以辭爵也酒者所以養老所以養病也求中以辭爵辭其養也是故士使之射不能則辭以疾懸弧之義也於是退而與門人習射於矍相之圃蓋

覩者如堵墻焉季桓子將祭齊三日而二日鐘鼓之音不絕冉有問於孔子曰孝子之祭也散齋七日愼思其事三日致齋而一用之（小戴記作一日用之）猶恐其不敬也而二日伐鼓何居衛莊公之反國也改舊制變宗廟易朝市高子臯問於孔子曰周禮繹祭於祊祊在廟門之西朝而後市今衛君欲其事事一更之如之何孔子曰繹之於庫門內祊之於東市朝於西方失之矣（小戴記作朝市）孔子食於季氏食祭主人不辭不食亦不飲而飡子夏問曰禮也孔子曰非禮也從主人也吾食於少施氏而飽少施氏食我以禮吾食祭作而辭曰疏食不足祭也吾飡

作而辭曰疏食不敢以傷吾子之性主人不以禮客不敢盡禮主人盡禮則客不敢不盡禮也

言樂第十五

周賓牟賈侍坐於孔子孔子與之言及樂曰夫武之備戒之已久何也

武周舞備成擊鼓警衆鄭康成王肅皆云

對曰病不得其衆也詠歎之淫液之何也對曰恐不逮事也發揚蹈厲之已蚤何也對曰及時事也武坐致右軒左何也右膝至地左膝軒起對曰非武坐也聲淫及商何也對曰非武音也孔子曰若非武音則何音也對曰有司失

其傳也孔子曰唯丘聞諸萇弘亦若吾子之言是也若
非有司失其傳則武王之志荒矣
　商殺音其聲淒及於殺非武音也非武王之志也武
王殺紂愛民之志也非殺也必無殺音
賓牟賈起免席而請曰夫武之備戒之已久則既聞矣
敢問遲之遲而又久何也子曰居吾語女夫樂者象成
者也總干而山立武王之事也發揚蹈厲大公之志也
　奮武必伐仁心所發
武亂皆坐周召之治也且夫武始而北出
　周師始由北出

再成而滅商三成而南四成而南國是疆

周既北滅商餘諸侯多在南皆聽命盡在疆域之中

五成而分周公左召公右

家語分下有陝字然則周公所統廣矣況鎬京亦隸於周公關雎太姒之詩首周南周公所分其由周而東至陝又分其東歟

六成復綴以崇天子

爲尊崇天子之容王肅亦云

衆夾振之而四伐盛威於中國也

王肅云四伐者伐四方與紂同惡也

分夾而進事蚤濟也久立於綴以待諸侯之至也且女獨未聞牧野之語乎武王克殷反商政未及下車而封黃帝之後於薊封帝堯之後於祝封帝舜之後於陳下車而封夏后氏之後於杞封殷之後於宋封王子比干之墓釋箕子之囚使之行商容而復其位

武成云式商容閭此謂使從王車者行商容之閭以式之以禮其賢而又復其位也

庶民弛政（鄭云弛去紂時苛政）庶士倍祿濟河而西馬散之華山之陽而弗復乘牛散之桃林之野而弗復服車甲衅而藏之府庫（家語衅作釁字同）而弗復用倒載干戈包之以虎皮

將帥之士使爲諸侯名之曰建櫜家語建作鞬建具展反然後天下知武王之不復用兵也散軍而脩郊射

郊射左右學爲禮射

左射貍首右射騶虞而貫革之射息也裨冕搢笏

裨冕羣臣禮服六服大裘爲上其次皆爲裨裨冕者衣裨衣而冠其冕也裨有副義曾子問大宰大宗大祝皆裨冕

而虎賁之士說劒也祀乎明堂而民知孝朝覲然後諸侯知所以臣耕藉然後民知所以敬親

王肅云親耕藉所以奉祠祀之粢盛

五者天下之大教也食三老五更於大學天子袒而割牲執醬而饋執爵而酳冕而總干

鄭云冕而總干親在舞位

所以教諸侯之弟也如此則周道四達禮樂交通則夫武之遲久不亦宜乎子路鼓瑟孔子聞之謂冉子曰甚也由之不才也夫先王之制音也奏中聲以爲節流入於南不歸於北夫南者生育之鄉北者殺伐之域故君子之音溫柔居中以養生育之氣憂愁之感不加于心也暴厲之動不在于體夫然者乃所謂治安之風也小人之音則不然亢麗微末以象殺伐之氣中和之感不

載於心溫和之動不存于體夫然者乃所以爲亂亡之風昔者舜彈五弦之琴造南風之詩其詩曰南風之薰兮可以解吾民之慍兮南風之時兮可以阜吾民之財兮唯脩此化故其興也勃焉德如泉流至于今王公大人述而弗忘殷紂好爲北鄙之聲其廢也忽焉至於今王公大人舉以爲戒夫舜起布衣積德含和而終以帝紂爲天子荒淫暴亂而終以亡非各所脩之致乎由今也匹夫之徒曾無意于先王之制而習亡國之聲豈能保其六七尺之體哉冉有以告子路子路懼而自悔靜思不食以至骨立夫子曰過而能改其進矣乎孔子學

琴於師襄子十日不進襄子曰可以益矣孔子曰丘未得其數也有間曰已習其數可以益矣孔子曰丘未得其志也有間曰已習其志可以益矣孔子曰丘未得其爲人也有間曰有所穆然深思焉有所怡然高望而遠眺焉曰丘迨得其爲人矣黯而黑頎而長眼如望羊家語眼作曠王肅云視遠奄有四方史記作如王四國非文王其孰能爲此師襄子辟席葉拱而對曰吾子聖人也其傳曰文王操

心清明而神或者昏亂之故有所不知聖人不失其清明故其知如神王肅曰葉拱兩手薄其心

孔子吹律自吹殷後

少連第十六

孔子曰少連大連善居喪三日不怠三月不解其悲哀三年憂東夷之子也子貢問喪子曰敬爲上哀次之瘠爲下

敬非不哀本體敬爾敬與哀非有二心

顏色稱其情戚容稱其服

顏色由情而發非特致其顏色爲僞也戚容一不稱其服則其心之放失也孔子之言皆所以明道心之本有

請問兄弟之喪子曰兄弟之喪則存乎書策矣

是時古書未散亡亦謂功之喪殺矣

子夏問曰凡喪小功巳上虞祔練祥之祭皆沐浴於三年之喪子則盡其情矣孔子曰豈徒祭而巳哉三年之喪身有瘍則浴首有瘡則浴小戴記瘡作創病則飲酒食肉毀瘠而病君子弗爲也毀而死君子謂之無子且祭之沐浴爲齊潔也非爲飾也子貢問曰管仲失於奢晏子失於儉與其俱失也二者孰賢孔子曰管仲鏤簋而朱紘旅樹而反坫山節藻梲賢大夫也而難爲上

鄭云言其僭天子諸侯冠有笄者爲紘紘有纓處兩端上屬下結旅樹門屏也反坫反爵之坫也山節薄

櫨之爲山棁侏儒主畫之爲藻文爾雅疏云山節者
刻柱頭斗拱形如山
晏平仲祀其先人豚肩不揜豆賢大夫也而難爲下君
子上不僭上下不偪下孔子在齊齊大旱春飢景公問
於孔子曰如之何孔子曰凶年則乘駑馬力役不興馳
道不修
王肅云馳道君之行道
祈不幣玉祭祀不懸不作樂祀以下牲此賢君自貶以救
民之禮也子貢觀於蜡孔子曰賜也樂乎對曰一國之
人皆若狂賜未知其樂也

蜡黃衣黑冠而祭息田夫也迎猫迎虎山服草笠饗

農咸醉故曰若狂

孔子曰百日之蜡一日之澤非爾所知也

農百日勤一日息之使蜡而醉之

張而不弛文武弗能也弛而不張文武弗爲也一張一弛文武之道也子夏問曰官於大夫既升於公而反爲之服禮與孔子曰管仲遇盜取二人焉上以爲公臣曰其所與游辟也可人也管仲死桓公使爲之使官於大夫者之爲之服也自管仲始也有君命焉小戴記於是有爾也二字

孔子嘗奉薦而進其親也慤其行也趨趨以數已祭子

貢問曰子之言祭濟濟漆漆然今子之祭無濟濟漆漆何也孔子曰濟濟者容也遠也漆漆者容也自反也容以遠若容以自反也夫何神明之及交夫何濟濟漆漆之有乎

鄭云漆漆讀如朋友切切自反猶言自脩整也陸佃云漆讀如字陸意謂靖歟今方言有之濟濟者閑遠之容漆漆者沉靜不外用之容故曰自反也若猶及也容以遠及容以自反者平居無事之容也非奉薦於神明之容

反饋樂成

祭終徹其所饋而反之樂於是節止進其燕俎此據家語序其禮樂備其百官於是君子致其濟濟漆漆夫何慌惚之有乎夫言豈一端而已夫各有所當也

於是乎燕則濟濟然漆漆然歟孔子平居與祭之時其容不同此道心之變化如四時之錯行

宰我曰吾聞鬼神之名不知其所謂孔子曰人生有氣有魄氣也者神之盛也魄也者鬼之盛也衆生必死死必歸土此之謂鬼魄氣歸天此之謂神合鬼與神教之至也骨肉斃于下陰爲野土其氣發揚于上爲昭明焄

蒿悽愴此百物之精也神之著也因物之精制爲之極明命鬼神以爲黔首則聖人以是爲未足也築爲宮室設爲宗祧以別親疎遠邇教民反古復始不忘其所由生也衆之服自此故聽且速也二端既立報以二禮建設朝事燔燎羶薌見以蕭光以報氣也以教衆反始也薦黍稷羞肝肺首心間以俠甒（俠古洽反　甒音武）加以鬱鬯以報魄也教民相愛反始上下用情禮之至也君子反古復始不忘其所由生是以致其敬發其情竭力從事不敢不盡也此之謂大教

人道大矣通三才貫萬古分而言之有氣有魄合而

言之一也魂氣輕淸其死也復于天體魄則降而復于土天地之分也志曰天地之道其爲物不貳天者吾之淸明非特吾之魂氣歸于天而已地者吾之博厚非特吾之體魄復于地而已人心虛明無體廣大無際天地人物變化萬狀不出吾心量之中其曰範圍天地又曰發育萬物不特聖人如此聖人先覺我心之所同然爾無二道也此道昭然而不可亟語此衆人之前唯曰合鬼與神敎之至也情知魂氣歸天如彼其高體魄歸地如此其下斷斷乎不可合而爲一而今曰合者疑在甚難而明者觀之未始不一也

合之爲言猶爲教誘之漸也人之骨肉斃于下陰爲野土此吾之地其氣發揚于上爲昭明焄蒿悽愴此吾之天百物皆具此地皆有此天天地之精妙名之曰鬼神曰祖曰考焉則於民黔首民也使民知祖考之精神終不泯滅制爲祭祀之禮聖人以是爲未足又築宮室以爲廟設宗祧以序親疏遠近順人心親愛等殺所以教民反念古始追思祖考不忘其所由生也皆因乎人之本心之孝故衆心咸服其聽命從教也速二端謂鬼神早朝祭事有燔燎羶薌蕭光見焉以此報氣氣神也此教衆反始所以通祖考之神

也即人心之清明無體範圍天地發育萬物者也至於薦黍稷羞肝肺首心間以俠甒齊酒加以鬱鬯臭陰所達此以報魄魄鬼也此教民相愛及遠祖考之魄上下用情孝事其親鬼神合一氣魄無二是謂禮之至君子反念古始祖考不忘其所由生是以致敬發情竭力從事不敢不盡此不惟行吾道心之孝而其教民也大矣鄭謂俠甒兩甒也

子曰禮也者理也樂也者節也君子無理不動無節不作不能詩於禮繆不能樂於禮素薄於德於禮虛

由道心而行自有倫理其名曰禮心有說樂播諸八

音未嘗放逸是謂節其名曰樂二者正心之所發正心即道心心不正何以爲禮樂也行禮而樂中心樂而行之則成矣素者徒有質素而未全之稱徒禮而未至於樂則非本心之所自有之禮薄於德而爲禮虛文而已德即道心

子曰制度在禮文爲在禮行之其在人乎子貢越席而對曰敢問夔其窮與子曰古之人與古之人也達於禮而不達於樂謂之素達於樂而不達於禮謂之偏夫夔達於樂而不達於禮是以傳於此名也古之人也子張問政子曰師乎前吾語女乎君子明於禮樂舉而錯之

而已子張復問子曰師爾以爲必鋪几筵升降酌獻酬酢然後謂之禮乎爾以爲必行綴兆興羽籥作鍾鼓然後謂之樂乎言而履之禮也行而樂之樂也君子力此二者以南面而立夫是以天下太平也諸侯朝萬物服體

易曰聖人作而萬物覩人亦曰物萬物謂九州四夷之人不惟其心服從而以身服事致敬而聽命也而百官莫敢不承事矣

德之流行速於置郵而傳命德之感人如神故易曰聖人以神道設敎而天下服矣故先言諸侯萬物後

乃言官

禮之所興衆之所治也禮之所廢衆之所亂也目巧之室則有奧阼

鄭云但用巧目作室不由法度猶有奧阼

席則有上下車則有左右行則有並隨立則有列序古之義也室而無奧阼則亂於堂室矣席而無上下則亂於席次矣車而無左右則亂於車上矣行而無並隨則亂於階塗矣列而無次序則亂於著矣

著明也爾雅中庭之左右謂之位中庭明著故位曰著歟小戴記著作位

昔者明王聖人辨貴賤長幼正男女內外序親疎遠邇

時莫敢相踰越者皆由此塗出也

夫貴賤長幼男女內外親疎遠近非人之所能爲也

皆天道也故天性之所自有也天性中自有三百之

經禮自有三千之曲禮是性至善至正至大

先聖大訓　中

先聖大訓卷第三

明州楊簡輯并註

主言第十七

孔子閒居曾子侍孔子曰參今之君子惟士與大夫之言之聞也其至於君子之言者甚希矣於乎吾主言其不出而死乎哀哉

此取諸大戴記家語曰吾以王言之其不出戶牖而化天下家語多改作翦截就文記者不知道多失聖人本旨記者唯見孔子多言王罕言主故改曰王然孔子之時周室衰微諸侯盛强孔子豈不欲興周知

其難輔多游侯國覿其一遇主者王侯之通稱故曰主言歟此孔子與門人私言其中心故云孔子言此之時衰老道終不行深憫斯民之無以安全之教養之故嘆而哀之自是曾子屢請問主言孔子再不應是主言未發不應先遽告以不出戶牖而化天下之道曾子起曰敢問何謂主言孔子不應曾子懼肅然摳衣下席曰弟子知其不遜也得夫子之間也難是以敢問也孔子不應曾子懼退負序而立孔子曰參女可語明主之道歟曾子曰不敢以爲足也得夫子之間也難是以敢問孔子曰居吾語女道者所以明德也德者所以

尊道也是故非德不尊非道不明
道德非二道者通達之謂至妙不可名姑假道路以
明其無所不通天地人物通此一道人心之善謂之
德此德即道也苟不通達則已雖有德而不自知故
曰道所以明德非德外復有道道外復有德也然人
亦有雖明乎道而已德猶有不善則衆志終未服故
孔子曰知及之仁不能守之雖得之必失之又曰不
在乎善而皆在於凶德雖得之君子所不貴君子行
思可樂德義可尊是以其民畏而愛之則而象之原
壤孔子之故人母死而歌蓋方外之士未必無道而

德之不脩故人咸賤之
雖有國馬不教不服不可以取千里雖有博地衆民不以其道治之不可以霸主
言霸則知孔子亦有志於輔諸侯以霸尊王
是故昔者明主內脩七教外行三至七教脩可以守三至行可以征七教不脩雖守不固三至不行雖征不服是故明主之守也必折衝乎千里之外其征也衽席之上還師是故內脩七教而上不勞外行三至而財不費此之謂明主之道也曾子曰敢問不費不勞可以爲明乎孔子愀然揚麋曰（麋一作眉）參女以明主爲勞乎昔者舜

左禹而右皋陶不下席而天下治夫政之不中君之過
也政之旣中令之不行職事者之罪也
唐虞之時猶有黜幽
明主奚爲其勞也昔者明主關譏而不征市鄽而不稅
稅十取一使民之力歲不過三日入山澤以時有禁而
無征
一作入山澤以時而不禁夫圭田無征
此六者取財之路也明主捨其四者而節其二者明主
焉取其費也曾子曰敢問何謂七教孔子曰上敬老則
下益孝上順齒則下益悌

　下民本有孝弟上有以導之則益興起

上樂施則下益諒

　人性本善本直諒上樂施實心愛民故下實心感服

　無敢飾僞

上親賢則下擇友上好德則下隱慝

　惡慝隱伏皆上感之

上惡貪則下耻爭上强果則下廉耻民皆有別則貞則
正

　上强立果實則下廉耻有別貞正皆强果之類也家
　語作上廉讓則下耻節雖與上文相似齊整而非孔

子當日實語之詳

亦不勞矣

總言上脩德而下自應是不勞

此謂七教七教者治民之本也教定是正矣上者民之表也表正則何物不正是故君先立於仁則大夫忠而士信民敦工璞商慤女憧婦空空七者教之至也七者布諸天下而不窕内諸尋常之室而不塞

孔子於此明七者之即道學者只知七者之爲教不知即道道無精粗無大小無廣狹不可以思不可以執道心常明曰仁仁即忠信之心無二心也孔子於

此破惑者之固蔽窕遠也

是故聖人等之以禮立之以義行之以順而民棄惡也

如灌會子曰弟子則不足道則至矣

前言仁爲教本此言等之以禮則及施教之詳矣孔子曰治國不以禮猶無耜而耕爲禮而不本於義猶耕而弗種禮本於義禮義人心之所自有上之人舉而導之則人心之所有者自明而況又行之以順而不拂乎人性有善而無惡此心本清明無滓因物有遷而動乎意故流入於惡惡非清明性中本有之物也令善心興起則其非本有之惡自然消止矣

孔子曰參姑止又有焉昔者明主之治民有法必别地以州之分屬以治之然後賢民無所隱暴民無所伏使有司日省如時考之（如而通音）歲誘賢焉

賢者靜重無求唯以禮禮之乃就是謂誘

則賢者親不肖者懼使之哀矜寡養孤獨恤貧窮誘孝悌選賢舉能此七者脩則四海之內無刑民矣上之親下也如腹心則下之親上也如保子之見慈母也上下之相親如此然後令則從施則行民懷其德邇者服悅遠者來附然後布指知寸布手知尺舒肘知尋十尋而索百步而堵三百步而里千步而井三井而句烈三句

烈而距

家語三井而埒埒三矩

五十里而封百里而有都邑乃爲畜積衣裘焉處者恤

行者有與亡

自布指知寸以往言由巳以達人即近而知遠雖積至於甚遠皆由是以達之我欲飲食則使人必有飲食我欲衣裘則使人必有衣裘我欲畜積則使人亦有畜積以至於恤行者之有亡則使處者恤之舉此一事而餘可以咸遍矣而其幾自我分屬而治之由近而達之前言其略此及其詳周官職方氏周知邦

國都鄙四夷八蠻七閩九貉伍戎六狄人民與其財用九穀六畜之數要與其利害者即孔子之意也小行人以邦國及萬民利害逆順禮喪凶荒康樂和親安平類而爲五書者亦此意也又遺人有郊里之委積以待賓客有野鄙之委積以待羈旅有縣都之委積以待凶荒者亦此意也凡六官之屬其詳曲不可具述皆所以養之教之古明主之治天下也如此

是以蠻夷諸夏雖衣冠不同言語不合莫不來至朝覲於王故曰無市而民不乏無刑而民不違畢弋田獵之得不以盈宮室也徵斂於百姓非以充府庫也優但以

補不足禮節以損有餘故多信而寡貌其禮可守

爲禮不出於誠則具文而已終於廢

其信可復其跡可履其於信也如四時春秋冬夏其博有萬民也如飢而食渴而飲下土之人信之若夫暑熱凍寒遠若邇非道邇也及其明德也

人信其上如飢必食渴必飲其不疑如此又如暑則遠邇皆熱凍則遠邇皆寒明民信之無遠邇之異遠方非道邇也而民咸信之者明德之所及也

是以兵革不動而威用利不施而親此之謂明主之守也折衝乎千里之外此之謂也

世謂敵之來衝我能折之曰折衝此則不動而威其

折衝也遠矣

曾子曰敢問何謂三至孔子曰至禮不讓而天下治至賞不費而天下之士說至樂無聲而天下之民和明主篤行三至故天下之君可得而知也天下之士可得而臣也天下之民可得而用也曾子曰敢問何謂也孔子曰昔者明主必盡知天下良士之名既知其名又知其數

數謂詳也謂知其德行才藝之詳

既知其數又知其所在明主因天下之爵以尊天下之

士此之謂至禮不讓而天下治

風由道而行皆謂之禮此禮之大不在乎揖讓之間

而天下治矣

因天下之祿以富天下之士此之謂至賞不費而天下之士說天下之士說則天下之名譽興此之謂至樂無聲而天下之民和故曰所謂天下之至仁者能合天下之至親者也所謂天下之至知者能合天下之至和者也所謂天下之至明者能選天下之至良者也此三者咸通然後可以征是故仁者莫大於愛人知者莫大於知賢政者莫大於官賢有土之君脩此三者則四海之

內拱而俟

言有土之君者通稱王侯

然後可以征明王之所征必道之所廢者也彼廢道而不行然後誅其君致其征弔其民而不奪其財也故曰明主之征也猶時雨也至則民說矣是故行施彌博得親彌衆此之謂衽席之上乎還師

行施並如字所行所施彌博則德之感人也彌深故得民之親愛彌衆故師行周還乎天下如在衽席之上言雖彼被征之國其民亦仰我如父母簞食壺漿以迎我師敢有敵我害我者哉苟非明主則人心未

咸服師行他境多懼此害用師者深以爲慮孔子知其情狀故於是有袵席之上還師之言

君子第十八

孔子曰君子之道譬則防與

大戴記作譬小戴記作辟

夫禮之塞亂之所從生也猶防之塞水之所從來也故以舊防爲無用而壞之者必有水敗以舊禮爲無所用而去之者必有亂患故婚姻之禮廢則夫婦之道苦而淫辟之罪多矣鄉飲酒之禮廢則長幼之序失而爭鬬之獄繁矣聘射之禮廢則諸侯之行惡而盈溢之敗起

矣喪祭之禮廢則臣子之恩薄而倍死亡生者衆矣子云貧而樂富而好禮衆而以寧者天下其幾矣

鄭云大族衆家多爲亂

子云夫禮者所以章疑別微以爲民防者也子云天無二日土無二王家無二主尊無二上子云君不與同姓同車與異姓同車不同服子云君子辭貴不辭賤辭富不辭貧則亂益亡子云小人貧斯約富斯驕約斯盜驕斯亂禮者因人之情而爲之節文以爲民坊者也故聖人之制富貴也使民富不足以驕貧不至於約貴不慊於上故亂益亡

鄭云慊恨不滿之貌

子云觴酒豆肉讓而受惡民猶犯齒衽席之上讓而坐下民猶犯貴朝廷之位讓而就賤民猶犯君子云君子貴人而賤已先人而後已則民作讓子云利祿先死者而後生者則民不偝先亡者後存者則民可以託子云有國家者貴人而賤祿則民興讓尚技而賤車則民興藝子云上酌民言則下天上施子云善則稱人過則稱已則民不爭善則稱人過則稱已則怨益亡子云善則稱人過則稱已則民讓善子云善則稱君過則稱已則民作忠子云善則稱親過則稱已則民作孝子曰君子

弛其親之過而敬其美子云睦於父母之黨可謂孝矣子云於父之執可以乘其車不可以衣其衣子云父子不同位子云父母在不稱老言孝不言慈閨門之内戲而不嘆子云長民者朝廷敬老則民作孝子云七日戒三日齊承一人焉以爲尸過之者趨走子云禮之先幣帛也欲民之先事而後祿也子云君子不盡利以遺民子云夫禮坊民所淫章民之别使民無嫌以爲民紀者也子云取妻不取同姓故買妾不知其姓則卜之子云禮非祭男女不交爵子云寡婦之子不有見焉則弗友也子云好德如好色諸侯不下漁色故君子遠色以爲

民紀子云婚禮壻親迎見於舅姑

　爾雅云妻之父爲外舅妻之母爲外姑

舅姑承子以授壻恐事之違也

中庸第十九

孔子曰君子中庸小人反中庸君子之中庸也君子而時中小人之中庸也小人而無忌憚也子曰中庸其至矣乎民鮮久矣

　至矣乎聖人之爲中庸之名也中庸者道之異名人之求道率求諸高遠聖人名之以中則謂不必求諸過高也又名之以庸庸常也平常也易繫辭又曰易

簡而天下之理得矣孔子又曰誰能出不由戶何莫由斯道也舜曰道心知夫心之即道也此心無體質無鄉域忽焉思天至于九霄之上則即至于九霄之上忽焉思地至于九地之下則即至于九地之下其無思也則無畔無際無始無終非內非外既無體質則千萬載之已往猶是也千萬載之未來亦猶是也思非動無思非靜以此事親以此事長上以此事君以此與妻子以此交朋友以此涖官臨民應酬萬務何遠之有捨其內巳之靈而乞靈於彼鉤深於外者冥冥之徒也捨其平常而求奇於高上者甚早者也

時中者無時而不中也亦猶論語時習無時而不習也無時不習卽無時不中是心平平何思何慮起而私意始流於邪是心平平何偏何倚起而私意始倚而著小人不可大受或略窺其無所不通之妙知喜怒哀樂之皆妙遂流而至於無忌憚故孔子曰小人不可大受知其有是患也不思孔子十五而學三十而立四十不惑五十知天命六十耳順七十而從心之所欲不踰矩嗚呼百姓日用此道而知者寡也雖知而行者又寡也

孔子曰道之不行也我知之矣知者過之愚者不及也

道之不明也我知之矣賢者過之不肖者不及也人莫不飲食也鮮能知味也子曰道其不行也夫

至哉聖言其善於明德如此於行當言賢不肖於明當言知愚今也反之苟非洞達大通奚以至此所以洗人心之固礙也曰道曰中庸姑假以啓人心皆所以去人之礙破人之意意破礙去而吾本有清明無思無爲無意無我之妙昭昭矣愚不肖罔然不自明固爲不及賢知又加之意故又過之聖人歷觀自古及今人心不失之不及卽失之過故爲之屢言再嘆而深念之也愚不肖之不及不足多論賢知之過是

當辨明賢知之過皆於清明無體無私無爲之中而
加之意或有此意或有彼意或有內意或有外意或
有難意或有易意或有異意或有同意或有虛意或
有實意或有動意或有靜意或有博意或有約意或
有繁意或有簡意或有精意或有粗意或有古意或
有今意或有可之意或有不可之意或有知之意或
有行之意意態萬狀不可勝窮故孔子每每止絕羣
弟子之意亦不一而足他日記者欲記則不勝其記
故總而記之曰絕四毋意毋必毋固毋我必如此必
不如此固滯而不通行我行坐我坐衣我衣食我食

塊然有我者存凡此皆意中之變態不省中虛牢執血氣堅持意態守焉而不知其非固焉而不省其妄雖賢雖知難以逃此顏子自知其受命之所曰仰之彌高鑽之彌堅瞻之在前忽焉在後雖欲從之末由也已蓋自知欲從之意去道猶遠至於三月不違仁則脫此患矣默覺寂然不動之妙何思何慮自清自明何高何堅無勞鑽仰何今何曩無體無移夫如是故三月而如一日莫究厥始莫窮厥終變化云爲如四時之錯行如日月之代明渾渾融融又如萬象畢見于水鑑之中夫是之謂仁又謂之道謂之中庸此

道可以默識而不可思可以略言而不可指議自覺自信則終日思爲而實無所動未覺未信則雖終日靜默而未嘗少間易曰百姓日用而不知孔子於此曰人莫不飲食也鮮能知味也視聽言動聖人與他人同一明一不明聖人與他人異孔子雖諄誨如此知心通者大難其人終非告語之所及故良久而復歎曰道其不行矣夫或者終疑孔子曰知之者不如好之者好之者不如樂之者是明者不如行者簡將應之曰書不盡言言不盡意孔子則云孔子所謂知者好者皆非言其至者至於此之所謂明則直言其

明道非未至者大明非思至行非爲無爲即無思無思即無爲曰明曰行皆明也非道之實也道尚不可以言而況於明行之間乎於是大通則通三才貫萬古舉形氣名言事交錯之紛紛非同非異非一非二而尚可以置明行之意乎

子曰舜其大知也與舜好問而好察邇言隱惡而揚善執其兩端用其中於民其斯以爲舜乎

世俗以下問於人爲無能無知而舜則好問孔子乃稱其大知舜中心虛無我是以好問世俗率好高而忽近而舜則好察乎近之言知道不必求諸幽遠惟

至近者實甚遠事理一貫而事不可以不戒謹而忽易故有問有察人心本善而無惡起而爲意意斯流於惡舜之治每隱人之惡臨以簡御以寬而惟揚人之善者知其本有之善心興起則外起之惡自不留矣愚不肖之不及爲邪爲惡固舜之所不與其讒說殄行雖高惟足以驚衆而舜亦堅執不容其縱而遏絶之堯之治民正之直之輔之翼之使自得之其以道治天下與舜同

子曰人皆曰予知驅而內諸罟欕陷阱之中而莫之知辟也人皆曰予知擇乎中庸而不能朞月守也子曰回

之爲人也擇乎中庸得一善則拳拳服膺而弗失之矣日用逐逐縱好肆惡皆足以召禍敗取死亡是謂罟擭陷阱擇乎中庸而不能朞月守此語爲日至者設也日至者已至乎道衆人心放意逸頃刻無定而日至者終日未嘗轉移亦可謂萬中無一萬萬中無一矣惟繼以怠惰故不能朞月孔子於此痛誨之顏子好學故三月不違仁此心淸明不動三月而不違夫中庸大矣而曰得一善何也嗚呼惟深入其中者知之等曰知道而知有淺深有偏全德有大小有備不備故顏子之中庸猶爲一善而已宗廟之美百官之

富惟聖人有之如天地之無不持載無不覆幬如四時之錯行如日月之代明萬物並育而不相害道並行而不相悖惟孔子備之中庸之善不可能也人之爲道而遠而此曰拳拳服膺而弗失者何也孔子大聖而曰我學不厭惟知道惟知學之不可已舊習尚深應物易昏孔子曰用力於仁舜命禹曰惟精惟一允執厥中學道每難於精一故戒之勉之拳拳者所以用非思非爲之力惟學道者自知之而未知所以用力者不知也孟子謂勿忘勿助長者此也易所謂默而成之者此也孔子告子張以言忠信行篤敬立

則見其參於前在輿則見其倚於衡者此也忠信無意說之可言篤敬亦無意說之可言孔子所以誨學者至詳明易曉矣而學者肯用其力者寡也故孔子謂顏子死後未聞好學者朱云罟網也擭機檻也陷阱坎也

孔子曰天下國家可均也爵祿可辭也白刃可蹈也中庸不可能也

論語載孔子之言曰中庸之爲德也其至矣乎民鮮久矣及子思所記則曰民鮮能久矣加一能字殊爲失眞已爲起意有意則必有所倚非中庸夫事親從

兄事君事長上蒞官從政日用萬務心思力行無非中庸而曰不可能者何也是心即道故曰道心心無體質無限量神用無方如日月之無所不照而非為也如四時寒暑錯行而非為也如水鑑萬象具有而非為也曰我能則意起矣孔子曰君子之道四丘未能一焉所求乎子以事父未能也所求乎臣以事君未能也所求乎弟以事兄未能也所求乎朋友先施之未能也孔子非偽實心以為未能謙不敢伐人之同心而況於聖人乎故謙為有道務伐無道謙則不立我伐則生於我意我消盡本心常虛曰我能則失

之微起意則失之不起意亦失之道心如日神用獨妙道心如火蚊蚋不可泊止孔子曰吾有知乎哉無知也孔子猶無所知而況於能乎

子路問强子曰南方之强與北方之强與抑而强與而爾也寬柔以教不報無道南方之强也君子居之衽金革死而不厭北方之强也而强者居之

南方陽和之氣北方肅殺之氣先教後刑彼以無道加我我不報之此道也世所罕儷是謂南方之强周禮犀甲兕甲至孔子時有以金爲甲衽衣也左右衽勇於殺人雖已死猶未厭足

故君子和而不流强哉矯中立而不倚强哉矯國有道不變塞焉强哉矯國無道至死不變强哉矯

子路北方之强也而能事孔子有志乎君子之道故誘而進之曰抑而强與旣以寬柔以敎不報無道啓之此又詳明其道子路往往以和則有隨流之失故自以强爲是和則多流今不流豈不甚强矯者勉子路矯而歸此道也有意則必有所倚著惟無意無思無爲斯無倚豈不甚强夫矯非無思無爲用力以矯去倚著之意虛明博照乃矯乃道心之變化易曰變化云爲此非大通者不達此妙子路以窮通爲二故

雖德行多虧而出仕國雖無道而亦仕道心虛明本無窮通之異雖國有道可仕而已德未脩德雖脩而上之人不我用雖義當仕而仕皆不動其心與窮塞之時無變改豈不甚强孔子以季氏無道而不仕於季氏仲弓德行微虧故爲季氏宰而況於子路其不能不動心也固然而況於至死其心畧不變改豈不甚强孔子所言每每導子路矯而歸諸道道心子路所自有一日覺之動靜一致有不學而能之妙

子曰素隱行恠後世有述焉吾弗爲之矣君子遵道而行半塗而廢吾弗能已矣君子依乎中庸遯世不見知

而不悔惟聖者能之

履卦之初曰素履謂窮在下孔子謂之素王亦以道不行無文明之業然孔子之出處無意無必此素隱之意則必於隱處而不出非道也行惟非常舜謂之殄行爲絶異之行足以震驚師衆皆作意爲之非道也高惟驚衆故後世容有述焉而孔子弗爲聖王所禁此謂過之至於遵道而行半塗而廢則又不及孔子亦弗爲進進而弗敢已是故中庸民鮮久矣君子依乎中庸亦猶論語依於仁依猶由也此心自中非外依中言不盡意當通其道舉世不見知惟聖者則

不悔此無宅聖則中虛無我固自有無窮之至樂知不一常一本文於此有君子之道費而隱夫婦之愚可以與知及其至也雖聖人亦有所不知云云詩云鳶飛戾天魚躍于淵言其上下察云云簡深疑皆子思之辭孔子曰心之精神是謂聖初無至不至之分費即隱上即下何必加察此惟覺者心通非告語所可及子思分喜怒哀樂之未發爲中爲大本發而皆中節爲和爲達道夫子未嘗如此分裂曾子謂夫子之道忠恕而子思曰忠恕違道不遠末又特指無聲無臭爲至不知孔子言哀樂相生明目不可見傾耳

不可聞卽喜怒哀樂未嘗不至何必特指無聲臭爲至故此疑皆子思之言豈子思以意會而誤記歟或自爲之歟疑故闕亦深恐誤後學

子曰道不遠人人之爲道而遠人不可以爲道詩云伐柯伐柯其則不遠執柯以伐柯睨而視之猶以爲遠故君子以人治人改而止

至哉聖言破萬世學者心術之蔽可謂切中矣人心卽道學者自以爲遠易曰百姓日用而不知惟其不知故以道爲遠反求道於心外求則爲此心卽道而求諸彼道不俟於爲而求諸爲夫是以愈求愈遠愈

為愈遠此萬世學者之通患也孔子曰心之精神是謂聖易又曰百姓日用矣後復爲棄心而他求棄道而生意意慮紛然作爲雜然而益昏益妄矣是謂日用而不知是終日懷王而告人以窶終日飲食而自謂飢渴也至近而自以爲遠自有而自不認其有吾心清明無體廣大無際神用無方加之意則如雲氣之翳太虛矣如塵之積鑑矣意生爲爲生遠爲之害道也如此爲道如執柯伐柯終於與道爲二然而有過不可不改過改即止無庸他求如有病斯用藥病去則藥可止然而爲過失者此人也治其過失而改

者亦此人也人則一改過乃變化亦無二苟過已改而猶不止則反亂其心孟子亦謂必有事焉而勿正心縱有揠苗耘苗之喻有事耘苗勿正心不可揠苗助長孟子又曰天下之不助苗長者寡矣以爲無益而舍之者不耘苗者也助之長者揠苗者也非徒無益而又害之

子曰君子之道四丘未能一焉所求乎子以事父未能也所求乎臣以事君未能也所求乎弟以事兄未能也所求乎朋友先施之未能也

事父事君事兄先施朋友人皆以爲已能而聖人自

謂未能非眞不能也謙德由中而發實不敢自以爲能也中庸不可能而曰我能者皆已私也非道也孔子曰吾有知乎哉無知也知尚不可有而況於能乎能生於意意生如霧之興矣

庸德之行庸言之謹有所不足不敢不勉有餘不敢盡言顧行行顧言君子胡不慥慥爾

道不外乎庸常特百姓日用而不知孔子自謂爲之不厭爲行也南容三復白圭孔子取焉又曰君子謹言學者多不知中庸即道而求之空虛寂滅故去道愈遠而自道心已明者觀之即日用庸常其行其謹

皆變化云爲乃道心之神用不可度思矧可射思此惟洞達大道者自知自信有餘不敢盡亦慮不可以傳於後言之必可行可行必可言言行相顧人自謂有思有爲實非思非爲皆大道之變化君子胡不即此庸常慥慥而行

君子素其位而行不願乎其外素富貴行乎富貴素貧賤行乎貧賤素夷狄行乎夷狄素患難行乎患難君子無入而不自得焉

素質也本也位者我所居之處也願乎外則爲動心放逸違天言及夷狄則天下事理盡包括矣道一而

已無入而不自得者虛明變化其樂不可言也

在上位不陵下在下位不援上正已而不求於人則無怨上不怨天下不尤人故君子居易以俟命小人行險以徼幸

陵下援上求人怨尤皆動乎意意不動則平易小人設術徼幸至於行險傾危君子反之惟平易安於天命

子曰射有似乎君子失諸正鵠反求諸其身君子之道譬如行遠必自邇譬如登高必自卑詩曰妻子好合如鼓瑟琴兄弟既翕和樂且湛宜爾室家樂爾妻孥子曰

父母其順矣乎

射而不中反求諸已已盡射之道則發無不中矣君子行而不中節亦反求諸已已盡其道則行無不中節矣道不必求諸遠求諸身足矣求諸閨門之內足矣蓋邇者遠之始孔子引妻子好合兄弟和樂曰父母其順矣乎明其道一也

子曰鬼神之爲德其盛矣乎視之而弗見聽之而弗聞體物而不可遺使天下之人齊明盛服以承祭祀洋洋乎如在其上如在其左右詩曰不可度思矧可射思夫微之顯誠之不可揜如此夫

生則爲人死則爲鬼神孔子言鬼神之德如此其盛所以明人心之神其盛德亦若是初無死生之殊初無幽明之閒人心出入無時莫知其鄉心無體質則亦不可見不可聞無體無方之神萬物以此發育四時以此運行非體物而不可遺乎洋洋乎如在其上如在其左右以明有無莫測之妙而人心出入應用之神其有無莫測之妙一致詩曰神之格思不可度思矧可射思人之心神亦然忽焉而視忽焉而聽又忽焉而言忽焉而動莫究厥始莫窮厥終莫執厥中非不可度不可射乎思語助此言鬼神而曰誠者誠

即鬼神誠亦視不見聽不聞體物即誠之顯一以貫
之

子曰舜其大孝也與德爲聖人尊爲天子富有四海之
內宗廟饗之子孫保之

言福祿之盛大以驗其德之大

故大德必得其位必得其祿必得其名必得其壽故天
之生物必因其材而篤焉故栽者培之傾者覆之詩曰
嘉樂君子顯顯令德宜民宜人受祿于天保佑命之自
天申之故大德者必受命

材質也其質善固培之保佑命之宜民宜人即大德

故舜得位得祿得名得壽周公位冢宰名垂萬世孔子稱王萬世祀之名垂無窮

子曰無憂者其唯文王乎以王季爲父以武王爲子父作之子述之

舜禹則不能無憂矣舜父瞽母嚚弟象傲禹之父鯀

孔子無他意

武王纘太王王季文王之緒壹戎衣而有天下身不失天下之顯名尊爲天子富有四海之內宗廟享之子孫保之武王末受命周公成文武之德追王太王王季上祀先公以天子之禮斯禮也達乎諸侯大夫及士庶人

父爲大夫子爲士葬以大夫祭以士父爲士子爲大夫葬以士祭以大夫期之喪達乎大夫三年之喪達乎天子父母之喪無貴賤一也

因言祭之達禮遂及喪之達禮期之喪達乎大夫此據周禮而言未必孔子深以爲然古者不降上下各以其親

子曰武王周公其達孝已乎

文王事殷武王伐之周公誅管蔡達孝之道故通變如此天下後世皆以武王周公爲聖人信其大公無私之誠也

夫孝者善繼人之志善述人之事者也春秋脩其祖廟陳其宗器設其裳衣薦其時食宗廟之禮所以序昭穆也

三昭三穆父爲昭昭則子爲穆穆子爲昭昭則父爲穆穆面南曰昭面北曰穆以太祖居奥面東而坐左昭右穆

序爵所以辨貴賤也序事所以辨賢也

以其賢可任以職事

旅酬下爲上所以逮賤也

旅酬於下下亦得獻於上

燕毛所以序齒也

既祭而燕乃序齒尊老毛髮白位于上踐其位行其禮奏其樂敬其所尊愛其所親事死如事生事亡如事存孝之至也

備盡衆義皆大道之妙用不可度思惟達之者寡

郊社之義所以事上帝也宗廟之禮所以祀乎其先也明乎郊社之禮禘嘗之義治國其如示諸掌乎

郊社之禮禘嘗之義即治國之道一也至易至簡如示諸掌

子曰愚而好自用賤而好自專生乎今之世反古之道如此者烖及其身者也

生乎亂世雖善猶恐不免況反古道乎

非天子不議禮不制度不考文今天下車同軌書同文行同倫

言上下無別

雖有其位苟無其德不敢作禮樂焉

孔子曰古之治天下者必聖人後世無其德則必求盛德之士而作禮樂

雖有其德苟無其位亦不敢作禮樂焉子曰吾說夏禮杞不足徵也吾學殷禮有宋存焉

語云宋不足徵恐傳之差孔子殷人當隱

吾學周禮今用之吾從周王天下有三重焉其寡過矣乎

謂三王

上焉者雖善無徵無徵不信不信民弗從

謂五帝文籍罕存無徵驗

下焉者雖善不尊不尊不信不信民弗從

謂五霸

故君子之道本諸身徵諸庶民

民之所欲天必從之民言可徵

考諸三王而不繆建諸天地而不悖

凡所建立不悖天地

質諸鬼神而無疑百世以俟聖人而不惑質諸鬼神而無疑知天也百世以俟聖人而不惑知人也是故君子動而世爲天下道行而世爲天下法言而世爲天下則遠之則有望近之則不厭詩曰在彼無惡在此無射庶幾夙夜以永終譽君子未有不如此而蚤有譽於天下者也詩云予懷明德不大聲以色子曰聲色之於以化民末也

子曰爲政以德譬如北辰居其所而衆星拱之又曰德之流行速於置郵而傳命又曰君子之德風小人

德草草上之風必偃其繫易曰聖人以神道設教而天下服此心之神無所不通其應也如響蓋三才同此一道舉天下之人同此一心此心即道故曰道心君由道心以行而下民之道心靡不畢應矣斯道之神自然若此禮樂刑政所以行君心之德使禮樂刑政具備而君失其道民亦不化故聲色之可聞見皆末也道德爲本

隱顯第二十

孔子曰君子隱而顯不矜而莊不厲而威不言而信

矜與厲道心所無動乎意則有之吾心虛明意慮不

作唯有自然之莊敬自然之德威雖無所思爲至隱矣而有自然之光自然之文顯著于外故不言而人自信彼中心之放逸者雖諄諄告人曰我善我誠人終不信

子曰君子不失足於人不失色於人不失口於人

君子至於此則純矣以曾子之戰戰兢兢終其身而猶失口於出祖失口於裼裘而弔而況不逮於曾子者乎必進於舜之精一文王之純而後能每每無所失此心神明如日月自無所不照自無所失其有失者皆因乎舊習未之消意欲之或起故本明之或虧

必也又進乎顏子之三月不違仁至於百年如一日

融融純純神光四達靡不照矣

孔子曰事君不下達不尚辭非其人弗自子曰事君欲諫不欲陳

鄭云陳其過於外

詩云心乎愛矣瑕不謂矣中心藏之何日忘之子曰事君難進而易退則位有序

自可循序而進不至無位

易進而難退則亂也故君子三揖而進一辭而退以遠亂也子曰事君三違而不出竟則利祿也子曰事君可

貴可賤可富可貧而不可使爲亂子曰事君軍旅不辟難朝廷不辭賤處其位而不履其事則亂也故君使其臣得志則慎慮而從之否則孰慮而從之終事而退臣之厚也易曰不事王侯高尚其事子曰君子不以辭盡人

彼辭有所隱不可窮盡其言

故天下有道則行有枝葉天下無道則辭有枝葉

言致曲不敢太直而隱

是故君子於有喪者之側不能賻焉則不問其所費於有病者之側不能饋焉則不問其所欲有客不能館則

不問其所舍故君子之接如水小人之接如醴君子淡以成小人甘以壞小雅曰盜言孔甘亂用是餤

鄭註餤進也

子曰君子不以口譽人則民作忠子曰口惠而實不至怨菑及其身是故君子與其有諾責也寧有已怨

鄭註已不許也

子曰君子不以色親人情疏而貌親在小人則穿窬之盜也與子曰情欲信辭欲巧子言之昔三代明王皆事天地之神明無非卜筮之用不敢以其私褻事上帝是故不犯日月不違卜筮卜筮不相襲也

鄭註襲因也大事則卜小事則筮
大事有時日小事無時日有筮外事用剛日內事用柔
日子曰君子敬則用祭器上不瀆於民下不褻於上
已上皆出表記皆稱子所言其可疑者多今錄如前
其害道之甚著人皆可曉知斷非孔子之言者如曰
仁天下之表夫仁不可得而言也仁覺也醫書謂四
體不仁不知覺也孔子欲言仁者之所樂不可得而
言姑取象於山使人默覺而可以表言乎覺非思慮
之所及故門弟子問仁者不一而孔子答之每不同
以仁即人心人心自仁唯動意生過故昏今隨羣弟

子動意生過而啓之使過消則心自明實無可言者不可生微意奚可言表又曰畏罪者强仁仁豈可强爲也又曰仁者右也道者左也仁言覺道言通名殊而實一豈可分仁有用道無爲裂而爲二又曰以德報怨寛身之仁也夫仁不可思不可言不可知而可以寛身言哉以德報怨孔子不取而謂子言之乎誣聖人太甚又曰以怨報怨則民有所懲孔子曰以直報怨聖言奚可改以怨報怨小人之亂也而以誣聖人乎餘不甚明著姑置不備論

入官第二十一

子張問入官於孔子

論語曰子張學干祿蓋鄙之之辭此言入官子張自言故其辭婉孔子答以政從矣其情可睹

孔子曰安身取譽爲難也

子張所以未能入官者譽之不善也安身明其未免於獄

子張曰安身取譽如何孔子曰有善勿專

子張有專善於已之失聖人設教因人而啓之

教不能勿搢

搢進也搢亦進之使入也故通用家語搢作怠者家

語多以疑而輙改勿撍勿强進也

巳過勿發

人既巳有過勿復發之

失言勿踦

王肅云有人失言勿掎角之

不善辭勿遂

人有言辭不善勿遂之遂謂成之也彼辭不善猶未十分明著不可又從而發明之使無隱此意成人之惡也

行事勿留

子張有怠惰稽留之失已上六者皆子張之過故致毀而無譽衆多不樂之則身亦將不得安矣而況於政乎

君子入官自行此六路者則身安譽至而政從矣

六者亦人之通患故泛言君子入官之道特亦默中子張之心過

且夫忿數者獄之所由生也距諫者慮之所以塞也慢易者禮之所以失也怠惰者時之所以後也奢侈者財之所以不足也專者事之所以不成也歷者獄之所由生也君子入官除七路者則身安譽至而政從矣

此篇始畧指六路今切指七路皆使子張求諸巳季康子問從政唯及子路子貢冉求得非子張有前所陳之過失譽故與孔子言不虛施皆有所啓門人問同所答輙異因隨其蔽而啓之故異與子張忿厲繁數故縲絏於獄距諫不受故知處蔽塞遠想子張堂堂之容則慢易距諫往往有之怠惰人之通患堂堂者多專不肯諮謀自任故多失事多不成歷者獄事之經歷戒其凡百於事宜務省約子張以多事致獄辭所經歷故戒之若夫公冶長則無俟乎致戒矣

徵君子南面臨官

因問入官故此始言臨官之道

大城而公治之

家語作臨官大城之中家語多以疑而改作殊未安城者始誠字之訛與孔子誨子張多曰忠信蓋其所少焉

精知而略行之

孔子知子張以太察失民譽故敎之以知察精詳無害唯當略行之行之不可詳

合是忠信考是大倫存是美惡進是利而除是害而無求其報焉而民情可得也

脩巳主於忠信臨民亦當由忠信行之凡萬事悉當由忠信以行之總合盡由忠信其考察唯當及其大倫類不亂辨其美惡大槩而興利除害足矣不必責其詳不必責其報寬裕而民情斯得矣

故臨之無抗民之志勝之無犯民之言

民吾之赤子不可有抗拒之意今以忠信寬裕行之則無抗民之志矣蓋官與民交貢賦征役爭辨鬬訟之間不能一一皆順聽故或有抗民之志卒於民理屈而服是謂勝之勝之而又自矜而有犯民之言則失民情矣今以忠信寬裕行之則無是失矣是皆拯

子張之過也

量之無狡民之辭

民未從服唯大體量度之不復以狡獪之辭取其服

大抵好察者或未得民之情往往或施狡之術此亦

中子張之隱與

養之無擾於時

忿數者急躁往往使民多非其時

愛之勿寬於刑

子張雖忿數至於當刑又或寬縱大抵人欲用事不

失之猛則失之寬

言此則身安譽至而民自得也

言其如此則身安譽至而民心自得矣

故君子南面臨官所見邇故明不可蔽也

家語作蔽大戴作弊邇者遠之始書曰邇可遠在兹孔子所告子張之言皆使子張求諸已是謂邇所見邇則明白易見求諸遠則渺茫難明矣

所求邇故不勞而得也所以治者約故不用衆而譽至也

約亦邇之意求諸已唯治已之過豈不甚約故行不用多端而譽自至矣

法象在内故不遠

周禮曰乃縣治象之法昧者求治於外唯明者知法象在内而不在外民唯從上之心上心不善雖有法象民弗從也

源泉不竭故天下積也

源泉亦在内之意謂吾之道心也心動乎意則爲人欲則有竭則不常唯不動乎意無諸過失是爲道心故常故不竭亦猶源泉不竭則天下積水甚廣且深道心不動乎意故應用不竭此心常一布諸事業無不咸善

而木不寡長短人得其量

而繼辭也又爲之喻也亦猶木材不寡則或短或長人皆得而用之滿足其意量有大小隨其量之所容而滿足之曰得其量不寡猶不竭稱物而施大小多寡輕重人心咸得而悅矣

故治而不亂故六者貫乎心藏乎志

六者六言云爾亦猶孔子閒居五至三無五起其實一也志猶心也貫通也既曰貫乎心又曰藏乎志非有二也暢而明之故重複也今人之常言亦多此類

形乎色發乎聲

言自心志而發誠而非僞

若此則身安而譽至而民自得也故君子南面臨官不治則亂至亂至則爭爭之至又反於亂

前言故治而不亂謂如孔子之言則有道則治而不亂若臨官不治則亂至矣亂至則爭者以行事不合乎民情民不從故辨而爭前言勝之無犯民之言者謂與民辨而勝之也後言民不辨法謂民聽而不爭也爭之至甚將以辨其理直而治之也而民愈不從反亂

是故寬裕以容其民慈愛以優柔之而民自得也已故

躬行者政之始也

前所言皆教子張躬行也政本於躬行不必求諸後

調說者情之道也

和調說諫者人情之道也不可忿數爭辨

善政行易則民不怨

易者平易和樂

言調說則民不辨法

爭辨多因於激言辭調說則民自順聽不復辨矣

仁在身則民顯以佚之也

仁者躬行調說之道顯者民咸譽之尊之故榮顯也

佚者政簡民說不爭辨故佚也

財利之生微矣貪以不得善政必簡矣苟以亂之善言必不聽矣詳以訥之

財利之生微矣憫民之貧也子張奢侈則財不足將貪而取於民曰不得者戒之也善政必簡知子張苟然亂之矣善言民必聽子張必徒詳言而民不聽以子張未明在我之道心而動於人欲求諸外求諸詳也前言奢侈者財之所以不足又言略行之于以知子張奢侈又失之太詳大抵本心未明多有此患家語多好改作乃供己而不節財則財利之生者微矣

貪以不得則善政必簡矣苟以亂之則善言必不聽也詳以納之則規諫日至屢見家語於辭旨稍疑輒以意改作此類甚多

規諫日至煩以不聽矣

規諫日至顧煩躁不聽而遂已矣者遂已之辭言其不復諮問

言之善者在所日聞行之善者在所能爲

勉子張以聽善言行善行以改過

故上者民之儀也有司執政者民之表也邇臣便辟者

[illegible]章臣僕之倫也

便者近便也辟者側也謂近便辟側左右之臣也

故儀不正則民失誓表弊則百姓亂邇臣便辟不正廉而羣臣服污矣

誓戒勑之也上不正則不能誓民雖誓之民亦不從是謂失誓服事也邇臣不正廉則羣臣咸從事乎汙下矣蓋邇治則遠治源清則流清

故不可不慎乎三倫矣故君子脩身反道察說而邇道之服存焉

脩身也反道也察說也是謂三倫脩身言其大略反道言其精至脩身而未反乎道雖善而未至亦未能

以感化下民雖脩身雖反道而不能察言說知人則雖有善道爲小人所障蔽不得下達矣道者人心之所自有此心即道故曰反言其非外也三倫皆在我者爲邇近之道服事也三倫備而邇道之事存矣存謂不失也

是故夫工女必自擇絲麻良士必自擇齎財

齎謂資也

賢君良上必自擇左右始故佚諸取人勞於治事勞於取人佚於治事故君子欲譽則謹其所便

順便適意之處易於迷惑而失

欲名則謹於左右故上者辟如緣木者務高而畏下者滋甚六馬之離必於四面之衢民之離道必於上之佚政也故上者尊嚴而絶百姓者卑賤而神民而愛之則存惡之則亡也亡謂逃去故君子南面臨官貴而不驕富而能恭有本能圖

不驕不侈富恭敬一道也記者不善爲辭而不明白歟抑有闕文歟不驕不侈富恭敬唯有本者能圖之

本者道也

脩業居久而譚

譚者覃字之訛歟日用云爲皆事也業也不驕不侈

富恭敬皆業也脩業居久則誠純浸深廣而及遠矣
情通暢而及乎遠察一而關乎多一物治而萬物不亂
者以身爲本者也
脩身通道也本乎心故曰情一者本也卽身也卽所
謂一物治者也
故君子涖民不可以不知民之性達諸民之情既知其
以生有習然後民特從命也
民生有血氣目視耳聽口之於味鼻之於臭四肢之
於安佚有喜有怒有哀有懼有愛有惡有欲有習於
善習於惡習於俗習於學有習於正有習於怪有習

於富貴有習於貧賤紛紜萬狀不可殫述必咸知其
性情順以導之故民從命也特有甚義
故世舉則民親之
謂舉世之民親之之言辭有如此者
政均則民無怨故君子涖民不臨以高不道以遠不責
民之所不能今臨之明王之成功則民嚴而不迎也
子張堂堂故孔子告之以恭敬以不驕戒其尊嚴而
絶此又曰不臨以高遠者邇之反前屢言邇此又曰
不道以遠子張不寛周衰世亂俗壞遽欲責民如明
王已成功之時不以漸圖之故民嚴憚而不迎承也

迎順也

道以數年之業則民疾

數年而後可成之業今遽導之使即成則民疾怨

疾則辟矣

疾其上則亂其心邪辟矣

故古者冕而前旒所以蔽明也紘紞塞耳所以弇聰也

故水至清則無魚人至察則無徒故枉而直之使自得

之優而柔之使自求之揆而度之使自索之

民枉矣固當直之然未可遽絕其枉唯當隨其所枉

而直之使民自得之優而柔之優裕也寬也柔者不

加之以嚴也臨官者固當揆度人情事理必使民自

索之索猶求也書曰御衆以寬

民有小罪必以其善以赦其過

既有罪雖小亦不可徒赦也必以其有善補其過而

赦之

如死使之生其善也

如殺人罪當死然其情有出於誤殺偶然而非其本

情者則不可置之死是謂有過是亦小罪其有如此

類則甚善也善猶美也

是以上下親而不離故惠者政之始也政不正則不可

教也不習則民不可使也

子張嚴而不惠故孔子告以惠子張於脩身反道有未至焉其於政則有不正不正則民不服不可教矣

民情不相親不相習則難使

故君子欲言之見信也者莫若先虛其內也欲政之速行也者莫若以身先之也欲民之速服也者莫若以道御之

言之不見信於民由立已私而不虛也虛其內而後能脩身以先民是謂道

故不先以身雖行必鄰矣

說文備行難也引易曰以往遴備音吝

不以道御之雖服必强矣故非忠信則無可以取親於百姓矣外內不相應則無可以取信者矣四者治民之統也

此言四言亦猶前言六者言雖有四其道實一欲暢而明之故重復而言之子張堂堂用志多外故外內不相應故多過尤故未得道故民多不信服

定公問郊第二十二

定公問於孔子曰古之帝王必郊祀其祖以配天何也孔子對曰萬物本於天人本乎祖郊之祭也大報本反

始也故以配上帝天垂象聖人則之郊所以明天道也公曰寡人聞郊而莫同何也孔子曰郊之祭也迎長日之至也

冬至而日漸長

大報天而主日配以月

祭義亦云郊之祭大報天而主日配以月郊特牲唯言郊之祭大報天而主日不言配以月

故周之始郊其月以日至其日用上辛至於啓蟄之月則又祈穀于上帝此二者天子之禮也魯無冬至大郊之事降殺於天子是以不同也公曰其言郊何也孔子

曰兆丘於南所以就陽位也於郊故謂之郊焉曰其牲
器何如孔子曰上帝之牛角繭栗必在滌三月
在者觀察也滌者洗濯之
后稷之牛唯具
有牛足以具禮斯已矣不必繭栗也具猶備也今人
有曰備禮足矣亦有降殺之意
所以別事天神與人鬼也牲用騂尚赤也
周禮牧人職云凡陽祀用騂牲毛之陰祀用黝牲毛
之望祀各以其方之色牲毛之郊陽祀尚赤故用騂
用犢貴誠也掃地而祭於其質也器用陶匏以象天地

之性也萬物無可稱之者故因其自然之體也

誠者如斯而已一無所知犢似之質猶誠也不文之謂也古者質而已矣陶亦質以匏瓜爲器亦質而又因其自然而非人爲之器於埽地而祭已明其質故於此不復再言而發其自然之旨自然猶質也天地之性道之異名也此郊天而弁言地者因以明天地無二性也曰誠曰質曰自然一也皆所以明道也夫道一而已矣人之所以違道者以失其本然誠實之性而起意也起意則支則離則變詐則浮外趨文而失其質君子之文質彬彬者由質而生文非逐外也

起乎意則作則爲非自然也不起乎意雖視聽言動如日月之照臨如四時之錯行如水鑑中之萬象交錯而非思也非爲也是謂自然又謂之誠謂之質天以此健行地以此發生日月以此明四時以此行故亦謂之天地之性三才同此一道君以此尊臣以此卑父以此慈子以此孝夫婦以此別朋友以此信一也今將以祭天而不以天道行之安能格天陽位尚赤蓋因古始

公曰天子之郊其禮儀可得聞乎孔子對曰臣聞天子卜郊則受命于祖廟而作龜於禰宮尊祖親考之義也

卜之日王親立于澤宮以聽誓命受教諫之義也

射義云天子將祭必先習射於澤澤者所以擇士也已射於澤而后射於射宮射中者得與於祭不中者不得與於祭

既卜獻命庫門之內所以誠百官也

小戴記郊特牲不言定公孔子問答無此既卜之文誠作戒戒百官也之下又曰大廟之命戒百姓也孔疏云有司獻王所以命百官之事百姓王之親屬孔子不言射以擇士豈略之耶抑孔不欲以中不中擇士耶孔子嘗曰射不主皮爲力不同科古之道也孔

于於禮亦有所變有所略孔子之時周衰王政不行

故孔子得以申其本志以明道與

將郊則天子皮弁以聽報示民嚴上也

郊特牲將郊作祭之日

郊之日喪者不敢哭凶服者不入國門氾掃清路行者畢止弗命而民聽敬之至也

郊特牲無郊之日三字掃作埽清作反無行者畢止四字而有鄉爲田燭四字鄭云田首爲燭聽下有上字無敬之至四字

天子大裘以黼之裼裘象天乘素車貴其質也旂十有

二旒龍章而設以日月所以法天也既至泰壇王脫裘
矣服衮以臨燔柴戴冕藻十有二旒則天數也
郊特牲作王被衮以象天無天子大裘以黼之七字
而繼曰戴冕璪十有二旒則天數也乗素車貴其質
也旂十有二旒龍章而設日月以象天也天垂象聖
人則之郊所以明天道也無既至泰壇王脫裘矣服
衮以臨燔柴之文按周官司服王之吉服祀昊天上
帝則服大裘而冕祭五帝亦如之享先王則衮冕夫
周官周公所作之書道明義詳非他人所能為而與
此所記孔子之言不合何耶燔柴正所以祀上帝而

不以大裘至泰壇而脫裘服袞竊有疑焉詳考家語諸書所記至疑阻則輒以意改作以大戴記參驗則家語多人改爲今唯存疑以俟聖哲王肅注云大裘爲黼文也簡觀以黼之之文知大裘本無黼然則黼之者謂裳黼者白與黑之文西白北黑西北乾之次其明天道歟大裘無文正合天道而王肅曰大裘其有象天之文殊未安

臣聞之誦詩三百不足以一獻大獻之禮不足以大饗大饗之禮不足以大旅大旅具矣不足以饗帝是以君子無敢輕議於禮也

自誦詩以下亦見於禮器首孔子曰夫道一而已矣而等級有若是不同者何也道則一而人自不一人心即道故曰道心因物有遷起而爲意始蔽其本心所蔽寡者則於道所失亦寡所蔽多者則於道所失亦多故衆人不如賢人小賢不如大賢大賢不如聖人鬼神若是不同唯道同而後可祭人君之道未與上帝同則亦安能饗上帝祭義曰惟聖人爲能饗帝孝子爲能饗親是亦孔子之旨孔子自言我祭則受福蓋自知其道大無所不通故知必受福

孔子曰禮之所以象五行也其義四時也故喪禮有舉焉有恩有理有節有權取之人情也恩者仁也理者義也節者禮也權者知也仁義禮知人道具矣其恩厚者其服重故爲父母斬衰三年以恩制者也門內之治恩掩義門外之治義掩恩

小戴記載諸喪服四制無孔子曰作義斷恩

資於事父以事君而敬同貴貴尊尊義之大也故爲君亦斬衰三年以義制者也三日而食三月而沐期而練毀不滅性不以死傷生也喪不過三年苴衰不補墳墓不脩除服之日鼓素琴示民有終也凡此以節制者也

資於事父以事母而愛同天無二日國無二君家無二尊以一治之故父在爲母齊衰朞者見無二尊也百官備百物具不言而事行者扶而起言而後事行者杖而起身自執事而後行者面垢而已此以權制者也親始死三日不怠三月不懈朞悲哀（哀或作號）三年憂哀之殺也聖人因殺以制節也

喪服四制於百官備之上有曰杖者何也爵也三日授子杖五日授大夫杖七日授士杖或曰擔主或曰

喪服篇而喪大記曰君之喪三日子大人杖五日旣殯授大夫世婦杖大夫之喪三日之朝旣殯主人主

婦老皆杖士之喪二日而殯三日之朝主人杖婦人皆杖由是觀之則與四制及喪服異禮四制及喪服其衰世之禮歟二篇皆無孔子曰非孔子言歟孔子曰杖而起者輔病也而曰爵者非人子之情也

顏淵死魯定公弔焉使人訪於孔子孔子對曰凡在封內皆臣子也禮君弔其臣升自東階向尸而哭其恩賜之施不有筭也公西華問曰大夫以罪免其葬也如之何孔子曰大夫廢其事終身不仕死則葬之以士禮老而致仕者死則從其列子罕問曰始死之設重也何爲孔子曰重主道也殷主綴重焉周人徹重焉

祔而作主殷練而祔神之依重也久矣故雖作主而綴重周卒哭而祔神之依重也未久故作主而遂徹重神即依主不患其猶戀重也

問喪朝子曰喪之朝也順死者之孝心故至於祖考廟而後行殷朝而殯於祖周朝而遂葬子路問曰魯大夫練而杖禮與孔子曰吾不知也子路出謂子貢曰吾以爲夫子無所不知夫子亦有所不知也子貢曰子所問何哉子路言之子貢曰止吾將爲子問之止子路以待遂趨而庭曰練而杖禮與孔子曰非禮也子貢出謂子路曰子謂夫子而弗知之乎子問非也禮居是邦則不非其

大夫叔孫武叔之母死既小斂舉尸者出戶武叔從之出戶乃袒投其冠而括髮子路嘆之而問孔子孔子曰是禮也子路曰將小斂則變服今乃出戶而夫子以爲知禮何也子曰由女問非也君子不舉人以質事齊晏桓子卒平仲麤衰斬苴絰帶杖菅屨食粥居倚廬寢苫枕草其老曰非大夫喪父之禮也

當時大夫廢禮者多老習見以爲常故謂平仲非大夫喪父之禮

晏子曰唯卿大夫

其意謂唯卿大夫故當如此盡禮無禮何以爲卿大

夫而其言婉而隱

曾子以問孔子子曰晏平仲可謂能遠害矣不以己之是較人之非遜辭以避咎義也夫季平子卒將以君之璵璠斂贈以珠玉孔子初爲中都宰聞之歷級而救焉曰送死而以寶玉是猶暴尸於中原也其示民以姦利之端而有害於死者安用之且孝子不順情以危親忠臣不兆姦以陷君乃止孔子之弟子琴張與宗魯友衛齊豹見宗魯於公子孟縶孟縶以爲參乘焉及齊豹將殺孟縶告宗魯使行宗魯曰吾由子而事之今聞難而逃是僭子也

僣差也使子言差失

子行事乎吾將死之以周事子而歸死於公孟其可也

齊氏用戈擊公孟宗魯以背蔽之斷肱中公孟皆死琴張聞宗魯死將往弔之孔子曰齊豹之盜而孟縶之賊也

於齊豹之盜宗魯實爲孟縶之賊罪其不忠告公孟雖以背蔽而死之實通謀共殺之故曰賊公孟郎縶

女何弔焉君子不食姦

宗魯自言公孟雖不善以利故不能去是吾過也

不受亂不爲利疚於回

家語疚作病夫齊豹之殺公孟是回邪也宗魯聞其謀而不忠告公孟是又回邪也大體在回邪之中尚何謀利謀害為哉疚病害也

不以回待人

知公孟不善而不諫知齊豹之不善而以事周之皆待人以回邪不救

不蓋不義

齊豹欲孟縶奪司寇與鄄有役則反之無則取之不能去而為亂是不義宗魯蓋之不諫豹又不告公孟知公孟不善不諫而蓋之既已事公孟而與齊豹通

誅而共殺之是大不義又葢覆之不明告

不犯非禮女何弔焉琴張乃止曾昭公夫人吳孟子卒不赴于諸侯孔子既致仕而往弔焉適于季氏不絰孔子投絰而不拜子游問禮與孔子曰主人未成服則弔者不絰焉禮也孔子在衛司徒敬子卒夫子弔焉主人不哀夫子哭不盡聲而退蘧伯玉請曰衛鄙俗不習喪禮煩吾子辱相焉孔子許之掘中霤而浴毀竈而綴足襲於牀及葬毀宗而躐行出于大門及墓男子西面婦人東面既封而歸

本於是有殷道也孔子行之簡謂非孔子之志故不

敢書孔子不私於殷

子游問曰君子行禮不求變俗夫子變之矣孔子曰非此之謂也喪事則從其質而已矣

禮非自外至人心之所自有也喪事從其質者生乎人之哀也綴足欲令不僻戾也毀宗躐行者已飾柩設披屬引毀宗則寬便專於死者祭猶廢之則宗可毀也所毀其宗廟之牆垣歟周衰有婦人從男子皆西向之俗時禮四十待盈坎則主人不待封之既而歸孔子葬母雖曰先反然已既封矣以既封故謂門人曰汝來何遲也

季桓子之喪康子練而無衰子游問於孔子曰既練服可以除衰乎孔子曰無衰衣者不以見賓何以除焉郕人以同母異父之昆弟死將爲之服因顏克而問禮於孔子曰繼父同居者則異父昆弟從爲之服不同居繼父且猶不服況其子乎子路問曰臧武仲率師與邾人戰于狐駘遇敗焉師人多喪而無罰古之道然與孔子曰謀人之軍師敗則死之謀人之邦邑危則亡之古之正也其君在焉者有詔則無討

問康子疾第二十四

孔子適季氏康子晝居內寢孔子問其所疾康子出見

之言終孔子退子貢問曰季孫不疾而問其疾禮與孔子曰禮君子不有大故則不宿於外非致齊也非疾也則不晝處於內是故夜居外雖弔之可也晝居於內雖問其疾可也衛公使其大夫求婚於季氏桓子問禮於孔子子曰同姓爲宗有合族之義故繫之以姓而弗別綴之以食而弗殊雖百世婚姻不得通周道然也桓子曰魯衛之先雖寡兄弟

寡者謙辭也王侯自稱孤寡不穀

今已絕遠矣可乎孔子曰固非禮也夫上治祖禰以尊尊之下治子孫以親親之旁治昆弟所以敦睦也此先

王不易之教也有若問曰國君之於同姓如之何孔子曰皆有宗道焉故雖國君之尊猶百世不廢其親所以崇愛也雖族人之親而不敢戚君所以謙也

戚親也不敢親者君自卑謙而尊君不敢盡如其親也

公父文伯之母季康子之從祖母康子往焉側身而與之言曰皆不踰閾

婦人不可專故立門之側國語則作闠閾也音蔿慮康子不知禮或踰門限故曰皆不踰閾肅情於此往往不敢如此言恐忤康子然皆者彼此之辭矧敬言

之宜無怨

文伯祭其祖悼子康子與焉進俎而不授

王肅云進俎康子而不親授

徹俎而不與燕宗老不具則不繹

王肅云不具不在也繹又祭也

繹不盡飫而退

國語韋昭解曰立曰飫坐曰宴繹畢而飲不盡飫而退王肅曰飫厭神其義未安

孔子聞之曰男女之別禮之大經公父氏之婦動中德[illegible]度於禮矣季康子朝服以縞曾子問於孔子曰禮乎

子曰諸侯皮弁以告朔然後服之以視朝若此禮者也
皮弁色素其服亦素孔子隱之恐傷康子諸侯服以
視朝則卿大夫朝服不可以縞明矣云若此禮者爲
辭甚婉矣

孔子爲大司寇國廄焚子退朝而之火所鄉人有自爲火來者則拜之士一大夫再子貢曰敢問何也子曰其來者亦相弔之道也吾爲有司故拜之孔子在宋見桓魋自爲石椁三年而不成工匠皆病夫子愀然曰若是其靡也死不如速朽之愈冉子僕曰禮凶事不豫此何謂也乎夫子曰既死而議謚謚定而卜葬既葬而立廟

皆臣子之事非所豫屬也況自爲之哉南宮敬叔以富得罪於定公奔衛衛侯請復之載其寶以朝夫子聞之曰若是其貨也喪不如速貧之愈子游侍曰敢問何謂如此孔子曰富而不好禮殃也敬叔以富喪矣而又弗改吾懼其將有後患也敬叔聞之驟如孔氏而後循禮施散焉孔子適季孫季孫之宰謁曰君使求假於田將與之乎季孫未言孔子曰吾聞之君取於臣謂之取與於臣謂之賜臣取於君謂之假與於君謂之獻季孫色然悟曰吾誠未達此義遂命其宰曰自今以往君有取

一切不得復言假也

子產第二十五

子游問曰夫子極言子產之惠也可得聞乎孔子曰惠在愛民而已矣子游曰愛民謂之德教何翅施惠哉

子游在孔門猶未知愛與德教之異

子曰夫子產猶衆人之母也能食之弗能教也子游曰其事可言乎子曰子產以所乘之車濟冬涉是愛而無教也

遵道而行則無非德教子產愛民如此知其未得道故知其無德教況使庶人而用大夫之車非正是教之爲不正也

公父文伯退朝朝其母其母方績文伯曰以歜之家而
主猶績懼干季孫之怒也其以歜爲不能事主乎其母
嘆曰魯其亡乎使童子備官而未之聞邪而爾也見洪範居吾
語女昔聖王之處民也擇瘠土而處之勞其民而用之
故長王天下夫民勞則思思則善心生佚則淫淫則忘
善忘善則惡心生沃土之民不材淫也瘠土之民莫不
嚮義勞也是故天子大采朝日
周禮典瑞王搢大圭執鎮圭繅藉五采五就以朝日
與三公九卿祖識地德
易曰德合為制故曰食德從其氣類也此宜曰天

德而曰地德何也天地之德一也知天而不知地則不特不知地亦不知天矣故此特曰地德祖者本也徇末者不足以識地德孔子曰古之治天下者必聖人三公論道經邦燮理陰陽其朝日也所以行順天之禮使民之敬也苟不知天地日月一貫之妙徒日朝其至陽之精則實不知朝日之道亦不識天地之德也

日中考政與百官之政事師尹惟旅牧相宣序民事

旅衆也師尹則甚衆矣謂考政亦有下關師尹之事牧州牧也相凡輔相之官也其職亦大凡卿大夫任

其職者爲相嫩以其大故復異其辭

少采夕月

韋昭曰少采其三采也

與大史司載糾虔天刑

月食脩刑刑陰類太史掌六典掌法掌則凡辨法者攷焉不信者刑之凡邦國都鄙及萬民之有約劑者藏焉以貳六官之所登若約劑亂則辟法不信者刑之司載謂司盟盟載之官周官司盟掌盟載之法邦國有疑會同則掌其盟約之載凡民之有約劑者其貳在司盟有獄訟者則使之盟詛司約掌邦國及萬民

之約劑治神之約爲上治民之約次之治地之約次
之治功之約次之治器之約次之治摯之約次之凡
大約劑書於宗彝小約劑書於丹圖若有訟者則珥
而辟藏其不信者服墨刑若大亂則六官辟藏其不
信者殺鄭康成註云珥讀曰衈謂殺雞取血釁其戶
司約司盟總謂之司載

日入監九御使潔奉禘郊之粢盛

九御卽九嬪周禮九嬪凡祭祀贊玉齍世婦帥女官
而濯概爲齍盛然則九嬪使世婦以下爲之歟概許
旣反取也一曰拭也

而後即安諸侯朝脩天子之業命晝考其國職夕省其典刑夜儆百工使無慆淫而後即安卿大夫朝考其職晝講其庶政夕序其業夜庀其家事而後即安士朝而受業晝而講貫夕而習復夜而計過無憾而後即安自庶人以下明而動晦而休無日不怠王后親織玄紞

說云紞冠之垂前後者韋昭謂紞所以縣瑱當耳者

王肅云紞冠垂者

公侯之夫人加之以紘綖

韋昭曰冕曰紘紘纓之無緌者也從下而上綖冕上

卿之內子爲大帶

韋云卿之適妻曰內子大帶緇帶也

命婦成祭服

韋云命婦大夫之妻也祭服玄衣纁裳

列士之妻加之以朝服

韋云列士元士也朝服天子之士皮弁素積諸侯之士玄端委貌司服士之服自皮弁而下

自庶士以下皆衣其夫社而賦事烝而獻功男女效績愆則有辟古之制也君子勞心小人勞力先王之訓也自上以下誰敢淫心舍力今我寡也爾又在下位朝夕

處事猶恐忘先人之業況有怠惰其何以避辟吾冀而朝夕脩我曰必無廢先人爾今曰胡不自安以是承君之官余懼穆伯之絶祀也孔子聞之曰弟子志之季氏之婦不淫矣國語作仲尼郯子朝魯昭公與之宴昭子問焉曰少皡氏以鳥名官何故也郯子曰吾祖也我知之昔者黃帝氏以雲紀故爲雲師而雲名炎帝氏以火紀故爲火師而火名共工氏以水紀故爲水師而水名大皡氏以龍紀故爲龍師而龍名我高祖少皡摯之立也鳳鳥適至故紀於鳥爲鳥師而鳥名鳳鳥氏歷正也杜預云鳳鳥知玄鳥氏司分者也杜云玄鳥燕也以伯趙氏司至

者也杜云伯趙伯勞也以夏至鳴冬至止青鳥氏司啓者也青鳥鶬鴳也以立春鳴立夏止丹鳥氏司閉者也杜云丹鳥鷩雉也以立秋來立冬去上皆歷正之屬官祝鳩氏司徒也

爾雅釋某氏引此鳲鳩氏司徒鳲鳩卽鵻其夫不者故爲司徒也郭璞云今鵓鳩詩曰翩翩者鵻毛傳云鵻夫不也一宿之鳥陸璣云今小鳩也幽州人或謂之鶻鵃梁宋之閒謂之佳楊州亦然杜云祝鳩鶻鳩也鶻鳩孝故爲司徒主敎民

雎鳩氏司馬也

鷙而有別故爲司馬主兵兵法嚴而有別詩雎鳩在

河洲

鳲鳩氏司空也

爾雅鳲鳩鴶鵴郭璞謂布穀非也杜云鳲鳩平均司
空平水土

爽鳩氏司寇也

杜云爽鳩鷹也鷙故爲司寇謂鷹能遠視取小物甚
精故曰爽歟用刑宜明

鶻鳩氏司事也

杜云鶻鳩鶻鵰也春來冬去故爲司事爾雅鶌鳩鶻
鵰郭云多聲似山鵲而小短尾青黑色簡謂鶻音始

長而緩終急音似觳觫事必緩審無失卒不可不敏
爾雅邢疏謂舊說及廣雅皆云班鳩也非某見班鳩
色褐頸班非青黑又不爲小
五鳩鳩民者也五雉爲五工正
爾雅雉南方曰𠷎東方曰鶅北方曰鵗西方曰鷷杜
預并取爾雅伊洛而南素質五采皆備成章曰翬爲
五雉
利器用正度量夷民者也九扈爲九農正
爾雅春扈鳻鶞夏扈竊玄秋扈竊藍冬扈竊黃桑扈
竊脂棘扈竊丹行扈唶唶宵扈嘖嘖郭云諸扈皆因

其毛聲色以爲名竊藍青色杜預以此八鳸并上鳸
鴳爲九鳸鳸作扈郭謂諸鳸皆因其毛色聲音以爲
名謂竊藍青色而注竊脂又謂之青雀邢疏云諸儒
說竊脂皆謂盜人脂膏下云竊玄竊黃者豈復盜竊
玄黃乎案下篇釋獸云虎竊毛謂之虦猫魋如小熊
竊毛而黃竊毛皆謂淺毛竊即古之淺字但此鳥其
色不純竊玄淺黑也竊藍淺青也竊黃淺黃也四色
皆具則竊脂淺白也爾雅鷯鶉老鳸鴳也舍人李巡
孫炎郭氏皆斷老上屬鳸下屬唯樊光斷鷯鶉爲句
以老下屬賈逵云春鳸分五相五土之宜趣民耕種

者也夏扈竊玄趣民耘苗者也秋扈竊藍趣民收斂者也冬扈竊黃趣民蓋藏者也棘扈竊丹爲果驅鳥者也行扈唶唶晝爲民驅鳥者也宵扈嘖嘖夜爲農驅獸者也桑扈竊脂爲蠶驅雀者也老扈鷃鷃趣民收麥令不得晏起者也舍人樊光注爾雅其言亦與賈同夫農官相五土之宜非每春爲之者賈此言未安邢疏以郭杜皆不用賈說故盡謂賈說爲非又太過亦不詳觀賈旨郭杜以疑故不載其說未必全非之簡謂竊者淺音之輕急者爾亦猶忌者居音之重輕音之重者止又截音節則音曾

邑民無淫者也自顓頊以来不能紀遠乃紀於近為民師而命以民事則不能故也孔子聞之見於郯子而學之

攷史記及左傳是年孔子年二十七蓋以世家言孔子七十三而終年表魯襄公二十二年孔子生推之世攷孔子家語終記則謂孔子終而言七十二矣審如終記則孔子於是年二十六而杜預謂年二十八

既而告人曰吾聞之天子失官學在四夷猶信晉治兵于邾南甲車四十乘遂合諸侯于平丘及盟子產爭承曰昔天子班貢輕重以列列尊貢重周之制也卑而貢

重者甸服也鄭伯男也而使從公侯之貢杜云言鄭在甸服外懼弗給也敢以爲請諸侯靖兵好以爲事行理之命杜云行理使人通聘問者也無月不至貢之無藝小國有闕所以得罪也諸侯脩盟存小國也貢獻無極亡可待也存亡之制將在今矣自日中爭至于昏晉人許之既盟子太叔咎之曰諸侯若討其可瀆乎子産曰晉政多門貳偷之不暇何暇討國不競亦陵何國之爲

詩云無競維人競强意也以强者好爭競故世以競爲强此亦强立無懦云爾

孔子謂子産於是行也足以爲國基矣詩曰樂只君子

邦家之基子產君子之求樂者也且曰合諸侯藝貢事禮也

子產不苟於承貢而爭懼國不給而亡不亡則樂矣子產求是樂也孔子因是言晉合諸侯制貢事於王禮也時晉奉王人劉子爲會

齊景公第二十六

齊景公田于沛（杜預云沛澤名）招虞人以弓不進公使執之辭曰昔我先君之田也旃以招大夫弓以招士皮冠以招虞人臣不見皮冠故不敢進乃舍之

孟子及孔子家語皆作招虞人以旌不至惟左氏傳

旌作弓簡思齊景公雖未爲賢然能用晏子能釋虞人則亦未爲甚昏何至以大夫之招招虞人左氏傳春秋乃據諸國史而孟子家語或得之世傳而失實邪嘗詳驗家語所記多失實而孟子言禹排淮泗而注之江與禹貢不同亦非實

孔子聞之曰善哉守道不如守官君子韙之

觀書當觀其旨夫道一而已矣守官卽守道而夫子別而言之何也道有善其大體者有隨事而言者此隨事而言君命召卽往此道也然齊景公先失其道使虞人遂從其失道之招是上下相與爲亂故孔子

取虞人之不往

晉魏獻子爲政魏舒分祁氏之田以爲七縣鄔祁平陵梗陽塗水馬首盂分羊舌氏之田以爲三縣銅鞮平陽楊氏司馬彌牟爲鄔大夫太原鄔縣賈辛爲祁大夫太原祁縣司馬烏爲平陵大夫魏戊爲梗陽大夫戊魏舒庶子梗陽在太原晉陽縣南知徐吾爲塗水大夫塗水太原榆次縣韓固爲馬首大夫孟丙爲盂大夫太原盂縣樂霄爲銅鞮大夫上黨銅鞮縣趙朝爲平陽大夫僚安爲楊氏大夫平陽楊氏縣謂賈辛司馬烏爲有力於王室辛烏帥師納敬王故舉之謂知徐吾趙朝韓固魏戊餘子之不失職能守業者也非適子其四人者皆受縣而後見於魏子以賢舉也

賈辛將適其縣見於魏子魏子曰辛來昔叔向適鄭鬷蔑鬷子紅反惡惡貌醜欲觀叔向從使之收器者而往立於堂下一言而善叔向將飲酒聞之曰必鬷明也下執其手以上曰昔賈大夫惡娶妻而美三年不言不笑御以如皐射雉獲之其妻始笑而言賈大夫曰才之不可以已我不能射女遂不言不笑夫今子少不颺子若無言吾幾失子矣言之不可以已也如是遂如故知今女有力於王室吾是以舉女行乎敬之哉毋墮乃力孔子聞魏子之舉也以爲義曰近不失親遠不失舉可謂義矣又聞其命賈辛也以爲忠詩曰永言配命自求多福忠也

魏子之舉也義其命也忠其長有後於晉國乎晉趙鞅荀寅帥師城汝濱遂賦晉國一鼓鐵以鑄刑鼎著范宣子所為刑書焉孔子曰晉其亡乎失其度矣夫晉國將守唐叔之所受法度以經緯其民卿大夫以序守之民是以能尊其貴貴是以能守其業貴賤不愆所謂度也文公是以作執秩之官為被廬之法以為盟主今棄是度也而為刑鼎民在鼎矣何以尊貴貴何業之守貴賤無序何以為國且夫宣子之刑夷之蒐也晉國之亂制也若之何以為法

被廬之法既正矣而又易之非正則亂矣趙盾雖有

善而未盡正道故紛亂

中都宰第二十七

孔子初仕爲中都宰制爲養生送死之節長幼異食强弱異任男女别塗路無拾遺器不雕僞爲四寸之棺五寸之槨因丘陵爲墳不封不樹行之一年而四方之諸侯則焉定公謂孔子曰學子此法以治魯國何如孔子對曰雖天下可乎何但魯國而已哉於是二年定公以爲司空乃别五土之性

周官大司徒辨五地之物生一曰山林二曰川澤三曰丘陵四曰墳衍五曰原隰

而物各得其所生之宜先時季氏葬昭公于墓道之南至是孔子溝而合諸墓焉謂季桓子曰貶君以彰己罪非禮也今合之所以掩夫子之不臣

貶君者季平子至是已卒六年矣季氏益衰政在陽虎

由司空爲司寇設法而不用無姦民定公與齊景公會于夾谷地名孔子攝相事曰臣聞有文事者必有武備有武事者必有文備古者諸侯出疆必具官以從請具左右司馬定公從之至會所爲壇位土階三等以遇禮相見犂彌言於齊侯曰孔丘知禮而無勇若使萊人以兵

劫魯侯必得志焉齊侯從之使萊人以兵鼓譟劫定公

孔子歷階而進以公退曰士兵之

王肅曰雷鼓曰譟史記孔子歷階而進不盡一等舉袂而言無以公退士以兵之之文此據家語所謂以兵之者以兵禦之歟

吾兩君爲好裔夷之俘敢以兵亂之非齊君所以命諸侯也裔不謀夏夷不亂華俘不干盟兵不偪好於神爲不祥於德爲愆義於人爲失禮君必不然齊侯心怍麾而辟之家語辟作避將盟齊人加於載書曰齊師出境而不以甲車三十乘從我者有如此盟孔子使茲無還揖對

曰而不反我汶陽之田吾以共命者亦如之齊侯將設享禮孔子謂梁丘據曰齊魯之故吾子何不聞焉事既成矣而又享之是勤執事也且犧象不出門嘉樂不野合享而既具是棄禮也若其不具用秕稗也用秕稗君辱棄禮名惡子盍圖之夫享所以昭德也不昭不如其已乃不果享齊侯歸責其羣臣曰魯以君子之道輔其君而子獨以夷狄之道敎寡人使得罪於魯爲之奈何有司進曰君子有過則謝以質小人有過則謝以文君若惲之則謝以質於是齊侯乃歸鄆讙龜陰之田孔子言於定公曰家不藏甲大夫無百雉之城

王肅曰高丈長丈曰堵三堵曰雉杜預同又云雉長三丈

古之制也今三家過制請皆損之乃使季氏宰仲由墮三都於是叔孫州仇帥師墮郈

侯犯以郈叛叔孫州仇仲孫何忌再圍郈左傳云武叔懿子圍郈弗克秋二子及齊師復圍郈弗克至是墮郈孔子蓋因其情

季孫斯仲孫何忌帥師墮費

史記及家語皆云公山弗擾或作不狃叔孫輒率費人襲魯孔子以公與季孫叔孫孟孫入于季氏宮登

武子之臺費人及臺側孔子命申句須樂頎勒士衆下伐之費人北遂隳費而論語公山弗擾以費畔召子欲往與此事情矛盾史記載公山不狃以費畔召子時夫子未為中都宰

將墮成公斂處父謂孟孫墮成齊人必至於北門且成孟氏之保障也無成是無孟氏也子偽不知我將不墮公圍成弗克初魯有沈猶氏者常朝飲其羊以詐市人有公慎氏者妻淫不制有慎潰氏者奢侈踰法鬻六畜者飾之以儲價及孔子之為政也則沈猶氏不敢朝飲其羊公慎氏出其妻慎潰氏越境而徙三月則鬻牛

馬者不儲價賣羔豚者不加飾男女行者別於塗塗不

拾遺男忠信女貞順四方客至於邑者不求有司皆如

歸焉

先聖大訓卷第三終

明州楊簡輯并註

始誅第二十八

孔子爲魯司寇於是此疑有闕文史記曰與聞國政朝政七日而誅亂政大夫少正卯戮之于兩觀之下尸於朝三日子貢進曰夫少正卯魯之聞人也今夫子爲政而始誅之或者爲失乎孔子曰居吾語女以其故天下有大惡者五而竊盜不與焉一曰心逆而險二曰行辟而堅三曰言僞而辯四曰記醜而博醜者不善之類五曰順非而澤

其和順之貌亦有光澤之可觀而非也非謂非道似

是而實非

此五者有一於人則不免君子之誅而少正卯兼有之其居處足以撮徒成黨其談說足以飾褒榮衆其強禦足以反是獨立此乃人之姦雄有不可以不除夫殷湯誅尹諧文王誅潘正周公誅管蔡太公誅華士管仲誅付乙子産誅史何凡此七子皆異世而同誅者以七子異世而同惡故不可赦也詩云憂心悄悄慍于羣小小人成羣斯足憂矣孔子為魯大司寇有父子訟者夫子同狴執之狴邊迷反　狴獄牢三月不別其父請止夫子赦之季孫聞之不說曰司寇欺余曩告余曰國家必先以孝余

今殺一不孝以教民孝不亦可乎而又赦之何哉冉有以告孔子子喟然嘆曰嗚呼上失其道而殺其下非理也不教以孝而聽其獄是殺不辜也三軍大敗不可斬也獄犴不治不可刑也

子路片言可以折獄者以子路信義足以感人心人不敢欺故片言而囚即以誠對然則獄犴之不治當反求諸己己之德禮猶有闕不可唯以刑加之也

何者上教之不行罪不在民故也夫慢令謹誅賊也徵歛無時暴也不試責成虐也政無此三者然後刑可即也書云義刑義殺勿庸以即汝心惟曰未有遜事言必

教而後刑也

尚書康誥曰用其義刑義殺勿庸以次汝封乃汝盡遜曰時敘惟曰未有遜事卽猶次也王肅注家語云卽就也刑殺當以義勿用以就汝心之所安當謹自謂未有順事且陳道以德服之以無刑殺而後爲順是家語作順事簡考家語多差誤

既陳道德以先服之而猶不可尚賢以勸之又不可卽廢之又不可而後以威憚之若是三年而百姓正矣其有邪民不從化者然後持之以刑則民咸知罪矣詩云天子是毗俾民不迷毗輔也俾使也是以威厲而不試刑錯而

不用今世則不然亂其教繁其刑使民迷惑而陷焉又從而制之故刑彌繁而盜不勝也夫三尺之限空車不能登者何哉峻故也百仞之山重載陟焉何哉陵遲故也其後遲緩而不急峻今世俗之陵遲久矣雖有刑法民能勿踰乎

言上失其道禮樂刑政廢壞人心流放之久

五刑第二十九

冉有問曰古者三皇五帝不用五刑信乎孔子曰聖人之設防貴其不犯也制五刑而不用所以爲至治也凡民之爲姦邪竊盜靡法妄行者大戴記盛德篇不言冉有孔子問答其間有大

略同者靡作止生於不足不足生於無度無度則小者偷惰大戴記作墮大者侈靡各不知節是以上有制度則民知所止民知所止則不犯故雖有姦邪賊盜靡法妄行之獄而無陷刑之民不孝者生於不仁不仁者生於喪祭之禮不明喪祭之禮所以教仁愛也能致仁愛則服喪思慕祭祀不懈人子饋養之道喪祭之禮明則民孝矣

內則篇首曰後王命冢宰降德于衆兆民繼言子事父母饋養之禮甚詳蓋施禮於民使民遵行孔子曰所重民食喪祭喪祭禮之大者饋養之禮乃其同類故此并及饋養之禮皆使民遵行

故雖有不孝之獄而無陷刑之民弑上者生於不義義所以別貴賤明尊卑也貴賤有別尊卑有序則民莫不尊上而敬長朝覲之禮所以明義也義明則民不犯故雖有弑上之獄而無陷刑之民鬭變者生於相陵（大戴記變作辨）相陵生於長幼無序而遺敬讓鄉飲酒之禮所以明長幼之序而崇敬讓也長幼必序民懷敬讓故雖有鬭變之獄而無陷刑之民淫亂者生於男女無別男女無別則夫婦失義婚禮聘享所以別男女明夫婦之義也男女既別夫婦既明故雖有淫亂之獄而無陷刑之民此五者刑罰之所從生各有源焉不豫塞其源而輒繩

之以刑是謂爲民設穽而陷之也刑罰之源生於嗜欲不節夫禮度者所以禦民之嗜慾而明好惡順天道也禮度既陳五教畢脩而民猶或未化尚必明其法典以申固之其犯姦邪靡法妄行之獄者則飭制量之度有犯不孝之獄者則飭喪祭之禮

其飭人子饋養之禮不言可知矣

有犯弑上之獄者則飭朝覲之禮有犯鬭變之獄者大戴記變皆作辨則飭鄉飲酒之禮有犯淫亂之獄者則飭昏聘之禮三皇五帝之所以化民者如此雖有五刑不用不亦可乎孔子曰大罪有五而殺人爲下逆天地者罪及

五世誣文武者罪及四世逆人倫者罪及三世謗鬼神者罪及二世手殺人者罪止其身故曰大罪有五而殺人爲下矣

鬼神人之所尊敬今也敢謀之非一世之積也故幷罪其父至於逆人倫則其罪又大故罪及三世逆人倫之罪雖大然其間或其在上者之不德以致逆亂至於文王武王聖人大君天下之所同尊同敬而忽有妄言誣之者故罪及四世至於天地人心之所尊敬又過於文武矣敢逆焉其惡益大其積習必益久而後至於此故罪及五世自身之外餘所及者當有

等差文王罪人不孥以此知餘所及者有等差

冉有問曰先王制法使刑不上於大夫禮不下於庶人然則大夫犯罪不可以加刑庶人之行事不可以治於禮乎孔子曰不然凡治君子以禮御其心所以屬之以廉恥之節也故古之大夫其有不廉坐汙穢而退放之者不謂之不廉汙穢則曰簠簋不飭有坐淫亂男女無別不謂之淫亂男女無別則曰帷幙不脩也有坐罔上不忠者不謂之罔上不忠則曰臣節未著有坐罷軟不勝任者不謂之罷軟不勝任則曰下官不職有坐干國之紀者不謂之干國之紀則曰行事不請此五者大夫

既自定有罪名矣而猶不忍斥然正以呼之也既而爲之諱所以媿恥之是故大夫之罪其在五刑之域者聞而譴發則白冠氂纓盤水加劍造乎闕而自請罪君不使有司執縛牽掣而加之也其有大罪者聞命則北面再拜跪而自裁君不使人捽引而刑殺之也曰子大夫自取之耳吾遇子有禮矣是以刑不上大夫而大夫亦不失其罪者教使然也所謂禮不下庶人者以庶人遽其事而不能充禮故不責之以備禮也冉有跪然免席曰言則美矣求未之聞退而記之

仲弓第三十

仲弓問曰雍聞至刑無所用政至政無所用刑至刑無所用政桀紂之世是也至政無所用刑成康之世是也信乎孔子曰聖人之治必刑政相參焉太上以德教民而以禮齊之其次以政導民以刑禁之刑不刑也疑不下有闕文化之而弗變導之而弗從傷義以敗俗於是乎用刑矣顓五刑必即天論

顓剸也剸裁制也以剸記音古書多此類以女爲汝以士爲事以搢爲縉以尤爲郵以宥爲又王制云凡制五刑必即天論鄭康成注云論或爲倫簡觀下言必原父子之親立君臣之義以權之見依人倫以

權度定刑之意而未及乎天凡制五刑之道當即天
心以論之有毫毛不與上天同則其制刑也必有差
此用刑之大要豈論字之誤歟
行刑罰則輕無赦
王制云凡作刑罰輕無赦刑罰雖盡心致愼至於無
疑情必不可不刑必不可不罰則罪雖輕不可赦若
至是而又赦則爲不善者無所懲矣
刑侀也侀成也壹成而不可更故君子盡心焉仲弓曰
古之聽訟尤罰麗於事不以其心可得聞乎
王肅云尤過也麗附也王制尤作郵亦猶劓作顗尤

罰罪之小者事狀明白即加罰焉不必更原其心以罰輕可略也若大罪則必原其心此古意歟

孔子曰凡聽五刑之訟必原父子之情立君臣之義以權之意論輕重之序慎測淺深之量以別之悉其聰明正其忠愛以盡之

本心之正自有忠愛王制正作致

大司寇正刑明辟以察獄獄必三訊焉有指無簡則不聽也

王制指作旨訟辭必書諸簡無諸簡而空以口陳旨意不麗於事事狀不明白則不聽也

附從輕赦從重疑獄則泛與衆共之作汎　疑則赦之

皆以小大之比成之

王制云必察小大之比以成之鄭康成云已行故事

曰比

是故爵人必於朝與衆共之刑人必於市與衆棄之古

者公家不畜刑人大夫弗養也士遇之途弗與之言屏

諸四方唯其所之弗及與政

與以也下文執左道與亂政者殺亦以作與記音者

之訛

弗欲生之也仲弓曰聽獄獄之成成何官孔子曰成獄

成於吏吏以獄之成告於正
王肅云吏獄官吏正獄官正王制云成獄辭史成告
於正正聽之
正既聽之乃告大司寇聽之乃奉于王王命三公卿士
參聽棘木之下
外朝左九棘孤卿大夫位焉右九棘公侯伯子男位
焉面三槐三公位焉
然後乃以獄之成疑于王王三宥之以聽命而制刑焉
所以重之也
王制云正以獄成告于大司寇大司寇聽之棘木之

下大司寇以獄之成告于王王命三公參聽之三公
以獄之成告於王王三又然後制刑周官鄉士辨其
獄訟異其死刑之罪而要之旬而職聽於朝司寇聽
之斷其獄弊其訟于朝羣士司刑皆在各麗其法以
議獄獄訟訟成士師受中協日刑殺肆之三日若欲
免之則王會其期遂士則要之二旬而職聽于朝云
云就郊而刑殺之各於其遂肆之三日若欲免之則
王令三公會其期縣士則要之三旬而職聽于朝云
云各就其縣肆之三日若欲免之則王命六卿會其
期夫自吏與正與大司寇與三公卿士節節聽其辭

節節得其成至于再奉于王而猶以疑爲言其恤刑之誠篤至如此

仲弓曰其禁何禁孔子曰巧言破律遁名改作執左道與亂政者殺

與以也王制云析言破律遁名改作執左道與亂政者殺

作淫聲造異服設奇伎奇器以蕩上心者殺行僞而堅言詐而辯學非而博順非而澤以惑衆者殺假於鬼神時日卜筮以疑衆者殺此四誅者不以聽

此四罪非殺人也而必殺者何也其在後世習亂之

又滔滔者天下皆是又甚於衰周之時則固難於殺若夫古者大治禮樂刑政備具君民皆安於正而忽有此四罪則不可不殺矣夫民皆安於正而忽有亂之使君民皆失其正開大亂之門豈容不殺所謂非正者言其大體爲邪衆人之心本正本善今也使惑焉疑焉則其非正也可知矣王肅云不聽棘木之下仲弓曰其禁盡於此而已孔子曰此其急者其餘禁者十有四焉命服命車不粥於市

粥賣也車服君所命而粥之是不敬也

珪璋璧琮不粥於市

寶玉世所貴用以祀神用於盛禮不可輕粥於市

宗廟之器不粥於市義同上兵車旍旗不粥於市

大夫猶不藏甲此非臣民用器或國工惰其事而取之亦不可

犧牲秬鬯不粥於市

非臣民所可用者固不可粥於市雖古大夫得用索牛士得用羊庶人用狗雞皆當自牧養致誠不可取諸市

戎器兵車不粥於市義見上用器不中度不粥於市布帛精麤不中數廣狹不中量不粥於市

不中度數此敗亂之門端不可長

文錦珠玉之器雕飾靡麗不粥於市

啓人侈靡之心故禁之

衣服飲食不粥於市

衣服飲食所當自造若取諸市長其怠荒茍亂

果實不時不粥於市五木不中伐不粥於市鳥獸魚鼈

不中殺不粥於市

果實不時不惟不利於人或生疾而失其正是人心失正之一苟開其端則寖滋不已王制木上無五字然今匠者猶有五木之稱意謂柱桁梁楣桷之屬局

禮仲冬斬陽木仲夏斬陰木伐不以時亦失正周禮
四時之仲月始田乃取鳥獸春獻鼈蜃秋獻龜魚其
取之非時及殺之不以其道者皆謂之不中殺不中
殺不仁足以起人不仁之心故禁之巳上皆治古之
法後世習亂之久未嘗過而問焉書曰惟皇上帝降
衷于下民若有恒性克綏厥猷惟后志曰放勳曰勞
之來之匡之直之輔之翼之使自得之又從而振德
之大禹謨之三事曰正德利用厚生惟和和合三者
蓋寓正德於利用厚生之中卽民之所日用而敎之
以正也自漢以來君臣皆不知治道嘗如此皆苟道

也故人心不善天下多亂國祚不永積習久固士大夫遂不復知有古者治民之道其視四誅十四禁一不知其故往往謂迂闊不切於事矣

凡執此禁以齊衆者不赦過也其罰既輕故不赦過以防人心

樂山第三十一

孔子曰知者樂水仁者樂山知者動仁者靜知者樂仁者壽他日子張問曰仁者何樂山乎子曰夫山者巋然高子張曰高則何樂爾子曰夫山草木殖焉鳥獸蕃焉財用出焉直而無私焉興吐風雲以通乎天地之間陰

陽和合雨露之澤萬物以成百姓咸饗此仁者之所以
樂乎山也
此章見孔叢子孔子曰未知焉得仁今欲言仁當先
言知明乎知則明乎仁矣明乎樂水則明乎樂山矣
不明乎道不足以爲知知者之所樂孔子不能言之
將以啓誘學者不得已惟曰水知學者必未悟其旨
故又曰動而其所以爲動之旨孔子又不能詳言惟
曰樂而止參是三者亦明自可通矣然而自孔子以
來學者能通之者有幾顔子能通之故視聽言動三
月惟一一者何也如水焉流行不息而水無思也無

爲也無思無爲而視聽言動四達惟一是謂動中之妙非如木如石頑無動用故特曰動彼陷於虛空之穽沉於止靜之滓者何足以知道何足以爲知知尚無之何足以言仁人心自仁有蔽焉故不仁人心即道故書曰道心此心虛明實無一物昏者立我生私故窒塞而不虛故不明無我無私虛明無際視聽言動如四時之錯行如日月之代明是道也思則失之爲則失之故甚難於言雖孔子亦難於言然旣曰樂水矣而又曰樂山者何也山之草木生焉鳥獸蕃焉財用出焉直而無私焉興吐風雲以通乎天地之間

陰陽和而雨露降澤潤萬物百姓咸饗此亦水之無思無爲而流行不息澤潤萬物之道也惟知者初明乎道舊習尚未盡釋日與萬物交舊習忽動則亦不能不隨以暫動故猶未及乎仁者之靜故又取山以爲喻山亦非徒靜而無用惟以別知者之猶未至靜非謂水自有水之道山自有山之道也非謂動自有動之道靜自有靜之道也道一而已人自有淺深之殊道一而已孔子姑別其動靜之殊惟知者而後知此惟入其中者而後可以語此顏子則知此矣日月至者則知此矣未至者必不信孔子斯言爲日至已

上者發爲萬世之至乎道者發嗚呼至矣子張之問
夫子惟答曰夫山者巋然高嗚呼至矣可謂至語實
語直以盡告子張之語而子張不領也然則何謂巋
然高高者高也巋然者巋然也惟難於解釋孔子曰
天有四時春夏秋冬無非教也知此則知巋然高矣
孔子又曰地載神氣神氣風霆風霆流形庶物露生
無非教也知此則知巋然高矣孔子又曰哀樂相生
是故正明目而視之不可得而見也傾耳而聽之不
可得而聞也知此則知巋然高矣聖言如此明告而
學者猶莫之解者非孔子之秘其說也學者以思爲

之心觀之故不解也不立我不起意生私則本無可疑者矣及子張再問夫子不得已雖言之頗詳往往學者亦不能不疑唯知者則不疑矣如何而植如何而蕃如何而出如何而興吐如何而和合又如何而成此無說也無思也無爲也是謂直而無私文謂之忠信忠信無思也無爲也思之則不忠信矣爲之則不忠信矣則私矣則不直矣世以疾之頑不知覺爲不仁然則知覺爲知常覺常明爲仁常覺常明何思何慮如水如山如月如日又如鑑萬象畢照虛明寂然又如四時變化雖然而無所思焉無所爲焉草木

以此而植鳥獸以此而蕃財用以此而出風雲以此而興吐而通乎天地之間陰陽以此和合雨露之澤以此降萬物以此成百姓以此饗故曰百姓日用而不知嗚呼至哉

孔子亟稱於水曰水哉水哉

孔子之旨備見前釋孟子曰何取乎水哉源泉混混不舍晝夜盈科而後進放乎四海有本者如是是取之爾此孟子之旨爾非孔子之旨也孔子之旨無本末非動靜不可以口說宣唯曰水哉水哉終不能詳言其故孔子大聖而猶不能言而孟子乃能言之乎

孟子深信本心之善而未大通也孔子亦嘗言水矣曰以其不息徧與諸生而不爲也嗚呼至矣如此言水則無間然矣

孔子觀東流之水子貢問曰君子見大水必觀焉何也子曰以其不息且徧與諸生而不爲也夫水似乎德其流也卑下倨居不必循其理此似義浩浩乎無屈盡之期此似道流行赴百仞之嵠而不懼此似勇至量必平之此似法盛而不求槩此似正綽約微達此似察發源必東此似志以出以入萬物就以化潔此似化

君子之觀之非徒觀其徧與諸生而不爲又思其流

不必循其理又思其無屈盡之期又思其赴百仞之
蹊而不懼又思其至量必平之又思其盛而不求概
又思其綽然微達又思其發原必東似志萬物就以
化潔似化也使觀必徧思亦勞矣而孔子云云如右
者何也此心清明何思何慮有叩斯應衆妙必形至
妙無彼此清明非動靜知其不息徧與諸生而不爲
則知之矣義道勇法正察志化皆人爲之名至妙不
可以言而盡學者多執道以爲大體之全名以其餘
爲枝葉則失之矣是妙無精粗無本末無偏全致本
末偏全之說者皆意也非妙也不息徧與諸生而不

爲水之妙也水何待於聖人言其妙聖人將即水以明人人皆有此不息應酬萬物而不爲之妙孔子曰心之精神是謂聖百姓日用此不息不爲之妙而不自知也故繼曰夫水似乎德人日用云爲或謂之義或謂之道或曰勇或曰法曰正曰察曰志曰化雖曰用不息如日月之光無思無爲而萬物畢照

子思問曰物有形類事有眞僞必審之奚由子曰由乎心心之精神是謂聖推數究理不以物疑周其所察聖人難諸

心無體質德本虛明如日月照臨如水鑑燭物不必

勞神自能推見自能究知若馳神於彼周悉致察雖
聖人猶難何則勞動則昏孔子曰不逆詐不億不信
而自能先覺在彼之詐者爲善也孔子所以明人人
自有本心之神至於逆詐億不信則反昏矣

孔子曰操則存舍則亡出入無時莫知其鄉惟心之謂
與

孔子非貴操而賤舍後學不達遂謂常操者爲聖人
不觀夫出入無時孔子亦未嘗貴入而賤出辭旨坦
然孔子哭顏淵至於慟矣而不自知謂之操存可乎
負手曳杖莞爾而笑謂之操存可乎變化云爲如四

時之錯行如日月之代明感而遂通而亦未始不寂然也心者天下之所同然操之則在舍之則無忽然而出又忽焉而入卒莫知其鄉域人心之神如此惟昏惟蔽自迷自亂一日而覺本神本明無勞外求學者不知愈操愈失操無所益舍無所損貴操賤舍斯失之矣孔子曰心之精神是謂聖孟子曰仁人心也孟子又深言正心之爲害曰必有事焉而勿正心言乎心無不正無俟乎復正復加正之之意是猶未明本心之善人之所以爲不善者非其心之罪也一昏而動於意則差矣孔子惟戒學者以毋意未嘗戒學

者以無心此心無我惟有至神雖以孔子之聖猶不能自知其鄉而況於他人乎今或獨取操存則有其鄉矣不能如四時之變化矣孔子何以曰吾有知乎哉無知也貴操賤舍是猶未離乎意孟子所以必有事焉者改過也芸苗也非正其心也此心之靈豈容微置其意孟子此論有所自來蓋傳之子思子思傳之曾子曾子傳孔子者然孟子前曰苟得其養無物不長苟失其養無物不消而遂繼以孔子操存舍亡之言則孟子猶不能無蔽心無體質不可以消長言有消有長未脫乎意始小而終大始弱而後强者非

心之有小大强弱也此心虚明無方無體尚不可以大言矧可以小小言尚不可以强言矧可以弱言始梏乎意故小故弱所梏旣釋故强故大如日月本明雲氣蔽之故昏日月之本明未嘗失也如鏡積塵故昏而鏡之本明不息及塵漸去則漸明大去則大明非始明小而後明大也明則一特塵積之去後多寡前後之不同爾孟子猶未覺此心之神本不可以小大消長言也故誤認孔子操之旨每每以存心操心爲言雖知勿正心之理而又不能無蔽於此學者未至於大通故有若是差雜

孔子曰知我者其惟春秋乎罪我者其惟春秋乎又曰其義則丘竊取之矣孔子曰吾志在春秋行在孝經

孔子因魯春秋筆削成書凡以明道而已矣不知道者觀春秋自天子以下皆致其貶又可恕者不恕可貶者不貶是爲罪其知道者謂孔子之作春秋豈得已而不已孔子之時周道大衰道久不明於天下以是爲非以非爲是似是而非似非而是私意橫生異端並作臣弑君子弑父天下大亂孔子不得已作春秋大明其道深明乎疑似之間取天下後世之私意盡去之不留毫髮許挽天下後世人心盡歸諸道蓋

大道人心之所自有人心卽道故書曰道心動乎意而失其正爲昏爲亂春秋不作則天下後世盡胥而爲夷狄禽獸矣自子路好義著於天下而猶曰名不必正亂父子之大倫而况於他乎春秋之義一而已矣明此以南面則堯之所以爲君也明此以北面則舜之所以爲臣也以此而爲父則父父以此而爲子則子子以此而爲夫則夫夫以此而爲婦則婦婦禮樂刑政衆善萬行如四時之錯行如日月之代明而無二道也其曰竊取之者謙辭也非取之外也取之心也此道人心之所自有而天地萬物盡在其中者

人皆昏而孔子獨明則孔子不得不明其道以開人心是義之所不可已是天命孔子作春秋孔子不得而違也春秋之義唯得道者能知之唯得大道備盛德而後能盡知之其餘則知其略而已孔子之志即孔子之行孝經即春秋而孔子必別而言之者以春秋之貶削迹疑於嚴或者不達則流於嚴將寖失本心所自有慈愛恭敬也故曰行在孝經

孔子曰我欲託之空言不如載之行事之深切著明也

此旨其謂作春秋乎

孔子曰道二仁與不仁而已矣孔子曰仁不可爲衆也

孟子曰國君好仁天下無敵謂仁不可以衆敵有孺子歌曰滄浪之水清兮可以濯我纓滄浪之水濁兮可以濯我足孔子曰小子聽之清斯濯纓濁斯濯足矣自取之也孔子曰唐虞禪夏后殷周繼其義一也

孔子曰今大道既隱天下爲家各親其親各子其子而此謂其義一者何也禹未嘗不薦益於天及其後天下朝覲訟獄者不之益而之啓曰吾君之子也謳歌者不謳歌益而謳歌啓曰吾君之子也啓在當時往往固辭辭不獲而後嗣位則啓之繼即唐虞之禪也至于有扈氏不服啓不遜於有德不辭于益而往

伐戰于甘孔子於此亦不與啓其作書序著其情焉湯未必不以與伊尹伊尹以太甲悔過而復君之伊尹義當立太甲則商之繼即唐虞之禪也自餘不能讓于有德繼世少肖生民被其禍則與唐虞之義不同矣

萬章問於孟子曰或謂孔子於衛主癰疽於齊主侍人瘠環有諸乎孟子曰否不然也好事者爲之也於衛主顏讎由彌子之妻與子路之妻兄弟也彌子謂子路曰孔子主我衛卿可得也子路以告孔子孔子曰有命孔子不悅於魯衛遭宋桓司馬將要而殺之微服而過宋是時

孔子當阨主司城貞子爲陳侯周臣孔子去魯曰遲遲吾行也去齊滰淅而行今孟子滰作接說文云孟子曰夫子去齊滰淅而行滰其兩反浚乾漬米也字亦有作摱者接誤　孟子曰去魯遲遲去父母之道也去齊滰淅去他國之道也孔子嘗爲委吏矣曰會計當而已矣嘗爲乘田矣曰牛羊茁壯長而已矣孔子曰舜其至孝矣乎五十而慕

衆人雖孝至年長大則心放逸寖異乎幼稚之時矣舜年五十而其戀慕父母之心一無以異於幼稚之時嗚呼至矣此精一無二之心即道心文王之德之純者此也孔子不知老之將至者此也孔

子夫孝天之經地之義者此也

孟子曰孔子爲魯司寇不用從而祭膰肉不至不稅冕而行不知者以爲爲肉也其知者以爲爲無禮也乃孔子則欲以微罪行不欲爲苟去君子之所爲衆人固不識也

論語曰齊人歸女樂季桓子受之三日不朝孔子行

史記謂魯定公十四年孔子年五十六由大司寇攝行相事誅魯大夫亂政者少正卯與聞國政三月粥羔豚者弗飾賈男女行者別於塗塗不拾遺四方之客至乎邑者不求有司齊人聞而懼曰孔子爲政必

霸霸則吾地近焉爲先幷矣犂鉏請曰先當沮之於是選國中女子好者八十人皆衣文衣而舞康樂文馬三十駟遺魯君陳女樂馬於魯城南高門外季桓子微服往觀再三將受乃語魯君爲周道游往觀終日怠於政事子路曰夫子可以行矣觀此則孔子之行乃因季桓子受女樂人謂孔子爲苟去故因膰肉不至不脫冕而行則魯國之罪微孔子非苟去孟子之言當矣

孔子曰過我門而不入我室我不憾焉者其惟鄉原乎鄉原德之賊也

孟子謂鄉原之言曰何以是嘐嘐也言不顧行行不顧言則曰古之人古之人行何爲踽踽涼涼生斯世也爲斯世也善斯可矣閹然媚於世也者是鄉原也孟子曰非之無舉也刺之無刺也同乎流俗合乎汚世居之似忠信行之似廉潔衆皆悅之自以爲是而不可與入堯舜之道故曰德之賊也張大光曰神女賦愿字作平聲則鄉原爲鄉愿古音蓋通

曾子謂子襄曰子好勇乎吾嘗聞大勇於夫子矣自反而不縮雖褐寬博吾不惴焉自反而縮雖千萬人吾往矣

縮直也惴恐之也以威加人也禮曰古者冠縮縫今
也衡縫

千乘第三十二

公曰千乘之國受命於天子通其四疆教其書社循其
灌廟建其主設其四佐列其五官處其朝市爲仁如何
周通四疆皆所統治周禮詳於比閭族黨之制書社
者其黨有庠術有序之謂乎學校政之大者皆致其
教祀廟首灌鬯宗廟祭祀禮之大者灌廟其當時之
常談乎既循其禮而行之卿大夫謂之主建而立之
設四佐列五官面朝後市政治之大略舉矣不知如

何而爲仁也

子曰不仁國不化公曰何如之謂仁子曰不淫於色

人心未始不仁動而生意意欲亂其清明故不仁魯

君之大蔽在色故云

子曰良久而又言故再書子曰立妃設如太廟然乃中治中治不相

陵不相陵斯所嬪⿺辶童音童⿺辶童則事上靜靜斯潔信在中朝

大夫必愼以恭出會謀事必敬以愼言長幼小大必中

度此國家之所以崇也

立妃設⿰骨俞如大廟然則有敬愛而無淫縱則中治中

猶內也無淫則無妬忌無妬忌則不相陵犯不相陵

犯則庶嬪迴遹退聽則事君上不以色而静静則潔
潔不亂事理之勢由中以達外其在中朝信其果能
敬愛静正而潔則大夫必慎必敬長幼小大必中度
蓋有源必有流有諸中必有諸外君不惑於色則德
性昭明賢否自辨小人自退聽君子益敬益慎諸侯
有出會之事或使大夫出會有所謀事必敬而慎言
言不慎則致禍速敗故及於慎言大禹謨曰后克艱
厥后臣克艱厥臣政乃乂黎民敏德治亂安危在慎
不慎敬不敬而已人有長幼事有小大言無不治矣

國治則尊崇

立子設如宗社宗社先示威威明顯見辨爵集德是以
毋弟官子咸有臣志莫敢援於外
孔子既言立妃中治以答爲仁之問矣而又及乎立
子設喻如宗廟社稷且曰先示其威者何也孔子灼
見魯國之勢在君弱臣强故因言立妃遂及立子令
之世子卽他日之君宜及今爲之所何者凡威勢當
以漸致不可亟成宗社之尊嚴蓋人情事理之自然
未嘗用威而人自尊敬畏服魯政在三家魯君微弱
爲日久矣而況於世子乎必其衰索沮喪無復有威
明之可畏孔子之治國如良醫之治病治其本源扶

其尤弱之處故設宗社示威之喻周官諸子之職國有道大事則帥國子而致於大子唯所用之若有兵甲之事則授之車甲合其卒伍置其有司以軍法治之此理王世子之事然諸侯之世子宜畧同魯雖失正而虚文未盡廢故孔子因致其事助使辨爵爵當其德集其有德之人集其有德之事德人心之所共服則母弟官子咸臣服之莫敢援於外母弟者世子之諸弟官子者羣臣之子時魯多强臣力足以援其子若世子有德足以服其官子之心則官子莫敢援於外自世子言之則爲外置有司則有爵矣故言辨

爵孝經世保爵祿則大夫士皆稱爵

大夫中婦私謁不行此所以使五官治執政者也夫政以教百姓百姓齊以嘉善故蠱佞不生此之謂良民國有道則民昌此國家之所以大遂也

子之所以辨爵集德固惟無私而後能而君之欲以興邦而振衰亦本於無私夫人心之所以服者公也所以不服者私也大夫中婦私謁皆不行則公矣公者道也未有由道而國不治民不化者也是時魯國公室既衰私謁又行故益衰人心益不服故國益不振聖人醫國灼見受病之處在此故因言立子而及

此令欲振衰起弱但私謁不行則五官治矣執事正矣五官言其大執事言其小政正通言正卽治卽無私正本於君心達於五官執事以及於百姓教百姓以正百姓同歸於善嘉循善也蠱佞不生是謂良民國有道不特民良而已民咸歸之故昌盛國家大遂

蓋根本於不受私謁而已

鄉設如大門大門顯美小大尊卑中度開明閉幽內祿出災以順天道近者閑焉遠者稽焉君發禁宰受而行之以時通乎地散布於小理天之災祥地寶豐省及民共享其祿共任其災此國家之所以和也

爲國之務莫如善任大臣故言譬設喻如大門大門必顯美喻德不顯美則無以爲卿矣其小大其高卑咸中法度則爲大門矣微意喻魯卿太强太大太尊不敢明言故託諸喻託諸隱庶諸卿聞之或有感動而改過遷善也門開則明閉則暗喻君臣之情開通無疑閒則善不通和則生患三家根固不可去況因君失政三家寖專非一人之罪今爲魯計爲當通和不可疑阻此則爲魯之道也道不可以一端而盡唯不用己私則在道一無己私與天同則在道故曰天道由此而行則福祿至災害去故曰內祿出災以順

天道人物皆由門出入故因喻焉閑習也卿順天道誠實無僞近者習知而信之無疑遠者則觀而效焉君發禁令宰受而行之王朝謂之冢宰侯國止稱宰歟上卿也君令臣行天道也務農重穀政之大者欲教民必先富之家給人足而後可使爲善地者地政也謂農穀也農時最不可失故言時禮樂刑政其事多矣此則達乎地者略舉大政不復悉言小理者治之小事言大政既舉散布于小理無不得理天災行則地實寡省天祥至則地實豐多有祥則與民共饗其祿有災則與民共受其災憂樂與民同之不自豐

而不恤下則上下和矣不和則禍將及之矣此公室
與三家之所同患也
國有四輔輔卿也卿設如四體毋易事毋假名毋重食
凡事尚賢進能使知事爵不世能官之不愆凡民戴名
以能食力以時成以事立此所以使民讓也民咸孝弟
而安讓此所以怨省而亂不作也此國之所以長也
孔子言卿甚詳者魯之政在卿使卿聞言省過而改
也再設喻如四體卿爲君之四體則當君臣如一身
無輕易其事以政在三家季氏尤專勢强故肆志輕
易其事其名則臣其實不臣有假名無眞實也性本

善庶聞聖言而心感動也重其祿食吝於養士此當時實事故孔子致戒是時三家能尚賢進能則國治家亦安使知爵稱其事當其德官人不以世能則官之無有愆忒未有不能而獲爵者爵不當事是之謂愆此亦有以默感三家世襲之心使知愧也能亦賢能之總稱四民名不同能亦異觀其戴士之名則知能士之事戴農工商之名則能農工商之事時是也以是各食其力必責其事之成立事不成立則食不給矣困窮矣自上及下皆不可怠於事皆不可有名而無實卿假名則卿無其實矣凡爵不稱其事則爵

者無其實無其實者怠於政事也無怠無荒之謂道怠荒則失道未有無道而能治者未有無道而不亂者民皆不亂於事而食足食足則善心易與所以可使遜讓孝弟民本有孝心凍餒迫之或不能安而或失之今食足則安乎讓矣自上而達乎下皆由乎道安乎善則怨尤寡省禍亂不作此國之所以長久也國長久則臣民皆被其福季孫失之故困於家臣

下無用則國家富上有義則國家治長有禮則民不爭立有神則國家敬兼而愛之則民無怨心以爲無命則民不偷昔者先王立此六者而樹之德此國家所以茂

也

權歸君上下無專用則國家富矣時公室之政在季氏季氏之政又在陽虎皆下者用事故國家貧治國家之道不可以私盡去其私意唯義之徒則無不治矣禮者敬而已矣位有尊卑貴賤心無不敬禮者義之達於文爲制度者而已矣無私意也民安於禮義故無爭時魯之君臣失禮義多矣故國家不治民好爭立神而敬事之諸侯祭社稷祭境內之山川祭五祀祭宗廟上僭禮敬則其下皆敬矣時魯豈不祀神必不敬故及之歟時魯國之民分矣必不能兼而愛

之又其視國之民與鄰國之民天下之民有異矣必不能兼而愛之義雖有遠近親疎之不同而泛愛則同也仁者兼愛故民無怨天下無敵時無兼愛之心故民有怨心時魯公室衰弱往往公以爲命偷安怠惰不復進德脩業季氏衰弱往往季孫亦以爲命不可推移偷安怠惰不復進德脩業上之人偷怠民亦化之皆偷惰當時魯國情狀可考而知也國家之不治皆上之人自取之從孔子之言固可復治而復興也此六者皆當時魯國之切務而曰本之先王者治國理民之道古今之所同也備而列之雖不勝其多

舉其切於時之六者謂先王之所立可也此六者皆所以樹德也

設其四佐而官之司徒典春以教民之不則時不若不全

時上疑闕不字民有不循典則者教之春農事方興最不可失時患其不時也故教之患其雖教之而有不順令也若順也又患其雖順令而猶有不全盡也故皆教之

成長幼老疾孤寡以時通于四疆

長幼老病孤寡六者或任其勞或輕其任或助其事

或安其所或補其所不足使慈幼養老寛疾恤孤寡各有以成之宜之四疆之內通如一家周禮大司徒令五家爲比使之相保五比爲閭使之相愛四閭爲族使之相葬五族爲黨使之相救五黨爲州使之相賙施其法于邦國

有閡而不通有煩而不治則民不樂生不利衣食閡者閉也閉而不相通融四疆之內境土廣民多或煩亂而不治則民不樂生衣食將闕矣比鄰以上皆有長宰分治

凡民之藏貯以及山川之神明加于民者發國功謀齊

戒必敬會時必節日曆巫祝執伎以守官俟命而作祈王年禱民命及畜穀蜚征庶虞草

民之藏貯及山川皆有神明凡神明之加于民者國皆祀之發作也國作其祀事功事也謀思慮也事功必思慮乃成齊戒以祀必敬與祀事者其人不一故必會祀必有其時其時其禮皆不踰節日曆之官審祀日之甲子巫祝之官所以接神各執伎能以守官俟命而行禮祈王年愛上之誠也禱民命及六畜九穀庶虞羣蟲之害稼者皆所憂虞故曰虞乎蜚飛也[illegible]不飛而唯能征行者草者稂莠之類皆害之畜穀

欲其不蕃愛民之至其詳盡如此

方春三月緩施（施用刑）生育（刑則緩之唯有生育之事）動作百物於時

有事享于皇祖皇考朝孤子八人以成春事

方春天地生育萬物陽氣發動人事當順之亦致凡生育之事動作百物朝孤子必有以惠撫之必八人者八木之成數春屬木亦順之也前言成長幼老疾孤寡則四疆之內孤子必不止於八人其惠恤之則均其朝其人以應天數則其體異其八人得非大夫士之孤子歟天地人同此一氣宜和順而無乖且人一身之內不容有二氣必和同無乖違而後無疾而

安平據此則諸侯四時皆有廟祭而禮又曰諸侯禴則不禘禘則不嘗嘗則不烝烝則四時唯有二祭按周禮春祭曰祠夏曰禴秋曰嘗冬曰烝則禴不禘禘不嘗之禮異代之禮歟諸侯五廟而此曰皇祖者曾高而上總稱祖歟

司馬司夏以教士車甲凡士執伎論功脩四衞强股肱質射御才武聰慧治衆長卒可以爲儀綴於國出可以爲率誘於軍旅四方諸侯之遊士國中賢餘秀興閲焉方夏三月養長秀蕃庶物於時有事享于皇祖皇考爵士之有慶者七人以成夏事

自五家爲伍而上皆有長士率之教士則率伍從之矣士各執伎司馬論其功蓋次第論之司馬總之四疆之內凡民皆軍伍也皆所以衛吾國也脩其教具故曰脩四衛質者驗其實也既教閱之則或射或御伎能咸可覩矣既閱習之則才武聰慧其能治衆長卒之才可覩其可以爲儀表於國出可以爲將率能導誘軍旅者皆有其質狀可驗矣於是四方諸侯之游士及國中之賢者及其餘秀士皆可以興起考閱焉其賢士可施慶賞者爵其七人成數所以順天地長養蕃物之氣

司寇司秋以聽獄論治民之煩亂執權變

叔向曰先王議事以制不爲刑辟然則古者非如今

皆有定法故曰執權變謂隨情定罪

民中凡民之不刑萌本以安或萌作崩安作要非間作起不敬以欺惑憧愚作於財賄六畜五穀曰盜誘居室家有君子曰義子女專曰媄鐒媄者妖媚也鐒音飾飾也謂女專貞而美飾也五兵及木石曰賊以中情出小曰間大曰講利辭以亂屬曰讒以財投長曰貸凡犯天子之禁陳刑制辟以追罔民之不率上教者

民人之中凡民之不法者其萌不言之本初未至於

甚自不覺其非安而行之及其久也縱也閒或作起
不敬至於欺惑憧愚憧亦愚愿柔順之謂音童作於
財賄畜穀之閒曰盜謂欺惑之而潛取之又有誘引
居室家之良男女當時孔子對語之次盡情詳說曰
彼自居室家之中有君子曰義子謂循義理之子有
專貞之女曰媄餝謂美而飾而爲賊者誘導之取子
之財取女之色其甚者有脅取之以五兵傷之懼之
或以本以石傷之懼之强取其財色此大惡名之曰
賊記言者雖詳記當時孔子所言而記者不善於屬
文辭旨不明白難遽解然審觀則辭情已著矣又有

內情偏愛小者特出之謂表之是謂間大謂右其小者使加諸大者不順也又有日日講習憸利之辭以亂屬類天下事理自有倫類之常而憸人以利口巧辭故亂之是謂讒舜曰朕聖讒說殄行震驚朕師者謂此也易曰正辭者正此等之辭也舜命禹納言者慮其或有此等利口亂正之言辭也又有以財與人而取其長息者投與也長去聲謂之貸右舉其大略

凡犯天子之禁則司寇陳刑制辟追罔民之不幸上教者罔民非民也常民不如此故謂犯禁者爲罔民故追而治之

夫是故一家三夫道行三人飲食哀樂平無獄

自司徒敎民典則治其農政民足衣食司馬教士與賢司寇又治其不刑之民大略舉矣故言其居家也大略得三夫之地其養之也有餘其出而行于道路其行三人有別而不亂飲食哀樂養生送死安平而無獄井田之法曰夫三爲屋一夫百畝寛以計之故大略一家三夫道路男子由右婦人由左車從中央其無車則人亦行焉男近右女近左故曰三人歟四則亂矣

方秋三月收斂以時於時有事嘗新于皇祖皇考食農

夫九人以成秋事
農夫多矣唯食九人者自近而始自長而輸次之歟抑皆食之取九人異其禮以順金氣歟九者金之成數秋屬金故數用九以順天地之氣

司空司冬以制度制地事準揆山林規表衍沃畜水行衰灌浸以節四時之事治地遠近以任民力以節民食太古食壯之食攻老之事
井地溝洫皆有制度水之可畜者畜之可行者行之畜水行水必觀地勢先揆度大體兼用平準之法以審定高下以規模其大略表其平衍水勢所注沃之

地畜水而行之行於衰下磽瘠之地以待浸灌之用度四時所用水而節之不妄開塞治地遠近以便民居而任其力言不以大水阻隔司空治溝洫與司徒治井田稼穡之事相關通矣司空司冬故司水伯禹作司空故治水冬則禾稼盡納宜於此時制節民食民食或不能自節則必有以節之愚者不計後縱口腹之欲則後饑餓故上之人必制其節先王之慮之其詳至於此太古亦非三皇五帝之世具見下文

公曰功事不少而餱糧不多乎子曰太古之民秀長以壽者食也在今之民羸醜以背者事也

背者脇腹枯瘠腸臟隱然露見故或謂背人子腸或
作胔月令掩骨埋胔疾智反凡事從肉者爲月而云
人子腸者疵雌二音以義推之當通月令鄭注云肉
腐
太古無游民食節事時民各安其居樂其官或作宮室者非服
事信上上下交信地移民在今之世上治不平民治不
和百姓不安其居不樂其官老疾用財壯狡用力於茲
民游薄事貪食於茲民憂
古者雖攻老之事然而無游民雖食壯之食然而食
亦有節不貪食後世雖老疾用財壯狡用力窮民之

力也而有游民不肯盡心服事而薄於事躬不得食壯之食而上亦不節之故貪食大抵治得其道則每事皆善治失其道則每事皆不善古者任民以事有時非如後世使民不以時使民數數則民不得安其居古者雖服役於官而樂之者以使民有時民咸信其上也民雖有移地而居而不之他國民猶在國中古者殷書爲成男成女名屬升于公門此以氣食得節作事得時民勸有功夏服君事不及暍（暍音謁熱也）冬服君事不及凍是故年穀不成天之饑饉道無殣者在今之世男女屬散名不升于公門此以氣食不節作事不時

天之饑饉於時委民不得以疾死

古者有子生閭史書爲二其一藏諸閭府其一獻諸州史州史獻諸州伯州伯命藏諸州府男女皆書名屬屬謂某之子某閭某州此書甚盛故曰殷書敷殷盛也此以氣食得節作事三十而娶國中自七十以及六十野自六十以及六十有五皆征之食人四鬴或三鬴士不貳羨截庶人耆老不徒食民皆有時而不妄故民相勸勉服事故事功成夏服君事不及暍暍大暑也冬服君事不及凍凍大寒也其恤民如此是故雖年穀不成饑饉而亦道無殣者今男女之生其

屬散而而不收名不升于公門是故幼壯老之氣食皆失其節政失節則皆亂作事不時使民無時及饑饉則盡委弃其民不加恤民不得以疾死而餓死

是故立民之居必於中國之休地因寒暑之和六畜育焉五穀宜焉辨輕重制剛柔和五味以節食時事東辟之民曰夷精以僥至于大遠有不火食者矣（僥堅堯反徤也）南辟之民曰蠻信以朴至于大遠有不火食者矣西辟之民曰戎勁以剛至于大遠有不火食者矣北辟之民曰狄肥以戾至于大遠有不火食者矣及中國之民曰五方之民咸有安居和味咸有實用利器知通之信令之

及量地度居邑有城郭立朝市地以度邑以度民以觀安危距封後利先慮乆固依固可守爲奥可乆

孔子因言古者遂及王者之事因發明君人者之本職愛民之至治其民如一家教養之如子古之王者至于四方之大遠不火食者亦養之教之而況於國中之民乎周官職方氏掌邦國都鄙四夷八蠻七閩九貊五戎六狄之人民與其財用九穀六畜之數要周知其利害使同貫利合方氏掌通天下之財利除其怨惡同其好善訓方氏誦四方之傳道布而訓四方而觀新物小行人以萬民之利害爲一書其禮俗

政事教治刑禁之逆順爲一書其悖逆暴亂作慝猶犯令者爲一書其札喪凶荒厄貧爲一書其康樂和親安平爲一書古王者之教養其民如此故其立民之居必於中國休美之地因寒暑之和周官大司徒辟其多暑多寒之地求地中陰陽之所和而物阜安乃建王國焉職方氏云豫州其畜宜六擾皆宜其穀五種皆宜其在四方亦各擇其國中之休地中國國中也詩曰中林林中也中逵逵中也就彼偏方亦有寒暑之和其六畜五穀雖不皆宜亦就其所宜之地居其民辨其民俗之尤重於此或輕於彼民性之剛者

制之使毋過以暴柔者使之安立所以教訓和調其僥勁剛戾凡不正之性不特此又和其五味以養其氣無傷其生食皆有節使不至乏絕其役之也以時辟偏也四方皆其偏地故曰辟至于大遠有不火食者咸教養之使五方之民咸有安居和味咸有實用利器實用其玉帛皮革衣服之類乎利器其釜鼎槃盂几席之類乎以知慮周通之思其遠近大小無所不盡以信令之言所令民咸信之至于衰世則雖令之下不信矣又量地度居邑有城郭立朝市量地之廣狹可建國邑多寡可以居民多寡若地少民多地

多民少皆失其宜又觀其安乎危乎至于封建之後果利乎距至也必先慮其可久可固其固可守爲邑必深奧山水之深處皆謂之奧今爲邑奧果可久乎嗚呼古王者其慮民如此其詳其審無所不盡及後世大槩私其已而已其民之安不安治不治視之亦薄乎云爾任其自安自危自生自死建國居民乃周官大司徒之職孔子因公問古者之事遂及大體而漢博士乃悉歸之司空蓋觀此篇辭旨之不詳審故也

能節四時之事霜露時降方冬三月草木落庶虞藏五

穀必入于倉於時有事蒸于皇祖皇考息國老六人以
成冬事
節四時之事王朝則六官咸有之侯國則四輔咸有
之四輔雖分司四時而合事聯治宰相關通各有四
節之節此則合司空司徒之事因復終言司空司冬
之事老之當息者何止六人以六人行禮以順應天
地之氣爾一二三四五爲五行生數六七八九十爲
五行成數天一生水地六成之地二生火天七成之
天三生木地八成之地四生金天九成之天五生土
地十成之六人外當息皆息

夫人民咸知孤寡之必不末也

　司徒成其孤寡是以孤寡爲先不末之也

咸知有大功之必進等也

　司馬爵士所謂大功蓋由德性而發諸事者也不由乎德雖偶有功不可以言大功雖偶有大功唯當厚賜或漸進等而教之必不可以爲大夫

咸知用勞力之必以時息也

　老則息又役之有時

推而內之水火人也弗之顧矣而況有强敵在前有君長正之者乎公曰善哉

後世亦知有恤孤寡之爲善而恤之者矣而詔善徒掛墻壁後世亦有有大功而進者矣而不能以皆然或爲小人所擭所誣而無德無功者受上賞故雖賞功而人不信或偃息在床或不已于行勞者不得息而不勞者無時而不息下不信其上唯怨其上此其根源由人君不改過遷善故昏而不明賢不肖不分不肖者進賢者退而政亂政亂則民怨矣

四代第三十三

公曰四代之政刑論其明者可以爲法乎子曰何哉四代之政刑皆可法也（四代虞夏殷周）公曰以我行之其可乎子

曰否不可臣願君之立知而以觀聞也

知者心有知也公雖聞四代政刑而未嘗深入其心則安能行故願先立知而以觀所聞

四代之政刑君若用之則緩急將有所不節不節君將約之約之卒將棄法棄法是無以爲國家也

今未立知而遽用之則緩急將不能節節遵其法不能節則將約之約之少也略行之不能多行之也不能多行之則卒於將棄其法此蓋由不深入其心

公曰巧匠輔繩而斲胡爲其棄法也公猶自謂巧匠也

子曰心之末度習之朱狎此以數踰而棄法也狎熟

夫規矩準繩

鈞衡此昔者先王之所以爲天下也小以及大近以知遠今日行之可以知古可以察今其此耶水火金木土穀此謂六府廢一不可進一不可民並用之今日行之可以知古可以察今其此耶昔夏商之未興也伯夷謂此三帝之眇

大抵人之常情泛聞不知心知而況公生長深宮汨汨袞袞雖習聞四代政刑如水沃石爾心實未知今公欲行之故孔子欲公先立知自其眇少甚易知之事使公心親之心知之規矩準繩鈞衡先王所以爲天下也故著曰同律度量衡語曰謹權量小者用此

大者亦用此不惟在近有此雖甚遠必知其有此此甚易知者今日行規矩準繩鈞衡可以知古必如此可以知今必如此此四代之政耶六府廢一進一不可民並用之此亦四代之政今日行之可以知古如此知今亦如此此有虞氏之政伯夷嘗言此眇少之政乃三帝之政三帝其堯舜及古帝歟謂者言論也雖三帝猶謹此眇少之政此雖甚易之甚眇少孔子知公實未之知

公曰長國治民恒幹論政之大體以教民辨歷大道以時地性興民之陽德以教民事上服周室之典以順事

天子脩政勤禮以交諸侯大節無廢小眇其後乎子曰否不可後也

長國君國也恒常也公謂君國治民者常幹治辨論政之大體以教民歷歷辨明其大道又以時治其地性稼穡作民之陽德五穀益氣氣屬陽血屬陰故大宗伯以天產作陰德以地產作陽德民事農事也孟子謂播百穀爲民事公曰吾又上服周室之典以順事天子脩政勤禮以交諸侯大節無廢小眇者其可後乎夫公言似有理而孔子確然以爲不可何也德必務實必切乎心實知實行乃克有成徒務大體而

無實德實心何以立政令欲使公切實切心以自其眇少至易者啓之則公心始樂從而實德興矣

詩云東有開明大東毛詩東有啓明西有長庚謂天欲明時東方有大星於時雞三號以興庶虞動蜚征庶虞衆蟲也釋見千乘篇作嗇民執功百草咸淳地傾水流之

雞鳴而衆蟲興動嗇民咸作而執功事百草咸淳百穀長育淳和穊秀不害稼地傾水流之脩治溝洫也孔子此言蚕作之事則足以感公不怠惰之心言農事則使公知稼穡之艱難不怠惰知稼穡之艱難皆善心也善心即道心孔子知道故自其甚易者啓之

是以天子盛服朝日于東堂以教敬示威于天下也威嚴

也是以祭祀昭有神明燕食昭有慈愛宗廟之事昭有義率禮朝廷昭有五官無廢甲冑之戒昭果毅以聽天子曰崩諸侯曰薨大夫曰卒士曰不祿庶人曰死昭哀哀愛無失節是以父慈子孝兄愛弟敬此昔先王之所先施於民也君而後此則爲國家失本矣

凡孔子自上所言皆甚易知甚易行皆公巳行時公心未深知其爲四代之政也公心實忽之以爲眇小而別圖其大者似大而實虛未有實德唯聖人知道甚明明知事有大小道無大小故即公所巳知巳行

者發明之惟欲切公心言天子盛服朝日于東堂以教敬公之敬心興矣祭祀昭明其有神明也甚易知也燕禮昭慈愛公所自知也宗廟之事明其義當如是也朝廷之上有五官焉甚昭明也甚易知也甲胄武備公亦已自知其不可廢其戒備所以明果毅戒有司謹備以聽命已上皆公之所已知已行忽繼之以崩薨卒死亦以警公消公之意欲放恣死者人之所哀天屬人之所愛生則愛之死則哀之哀愛無失節則父慈子孝兄愛弟敬此先王所先施於民者而公之所務者皆不及此以爲耿小而後之故孔子謂

之失本嗚呼節公所已知已行者啓之非孔子孰能灼知其道在此

公曰善哉

已上皆公已知行雖有未盡亦甚易知易行故曰善

子察教我也

公旣喜其易知易行故又欲孔子察教我察詳切也

子曰鄉也君之言善就國之節也就或作執君先眇而後善中備以君之言可以知古可以察今奐然而興民壹始

善啓導人主者率因人主之所已知已行者道之則易故孔子曰鄉也君之所言自善乃成就其國之事

節也但君今先自眇小者行之而後善也其中却備用君之言可以知古者亦如此察今亦當如此公切心立知其自眇小實履而行之然後備行君鄉之言由實心實德而發則奂然興民道心一由此以始奂然油然也詩云泮奂爾游矣音換一者齊也皆也

公曰是非吾言也吾一聞於師也子吁焉其色曰嘻君行道矣公曰道耶子曰道也

公聞夫子稱美鄉所言之善乃曰是非吾言也乃一聞之於師者孔子於是吁焉有吁歎之狀其色動焉卒作嘻音蓋敬歎之至也曰君今行道矣公駭焉不

自知其爲道也問孔子曰此爲道耶孔子對曰此道也嗚呼至哉非孔子孰能發明人主之道心如此此耶自有載籍以來未見有發明大道如此之平易明白者他書載聖人之言多矣道雖無二而言因事發唯此明白簡易爲甚此篇載書大戴記以所記不精擇久不行于世簡編散亡傳訛承誤滋甚遂使大聖人之言明道之深切平易者不行于世無以開萬世之明道豈心外之物哉人心卽道故舜曰道心孔子曰心之精神是謂聖心無體質清明無際畔變化云爲無非大道唯因物遷動起而爲意始昏始亂始失本

有之道道無實體意起而爲不善始失之然無賴天

下之人心無非道者唯人不自知不自信且人不敢

自矜推善於師亦多有之而人自不以爲道也何獨

此凡人苟不爲不善則人人心皆道也人人皆能事

親尊上皆有敬有愛苟不以私意亂之則道心人人

所同也人人皆可以爲堯舜禹湯文武周公孔子而

人不自信也嗚呼安得孔子斯言行于世哉

公曰吾未能知人未能取人子曰君何爲不觀器視才

公曰視可明乎言觀其才疑於難明子曰可以表儀可以即其表儀觀之公

曰願學之子曰平原大藪瞻其草之高豐茂者必有怪

鳥獸居之且草可財也如艾而夷之其地必宜五穀高山多林必有怪虎豹蕃孕焉深淵大川必有蛟龍焉民亦如之君察之此可以見器見才矣公曰吾猶未也猶未

解 子曰羣然戚然頤然睪然踖然柱然抽然首然僉然湛然淵淵然淑淑然齊齊然節節然穆穆然皇皇然見才色脩聲不視聞怪物怪命不改志舌不更氣君見之舉也得之取也有事事也事必與食食必與位無相越踰昔虞舜天德嗣堯取相十有六人如此公曰嘻美哉子道廣矣曰由徑徑吾恐惛而不能用也何以哉

表外也即其外之儀狀可以知其中矣且平原大藪

見其草之高豐茂則知其中必有怪鳥獸焉怪異也喻人之大才必有異於衆也且草高茂可取之爲財用如芟艾而夷之則其地必宜五穀此皆卽其外儀之異知其財之美卽其高山多林知其中必有怪物虎豹蕃孕焉怪物虎豹亦喻人之大才觀其淵之深川之大知其中必有蛟龍民人也人才如之可以卽外而知中孔子告公以觀器視才之法可謂甚要亦易曉而公猶未曉解故孔子又詳言人才之狀曰羣然者衆人羣然從遂隨之也威然者道德之威人自尊憚之也願養雍容和緩畢然如目視之精明有光

也英華之發於外者自光明也蹜然敬之至也如柱然安止不動也柚然者應萬變如輪軸之圓轉不窮也如首然自是與羣衆不同有類異之狀也僉然者衆論皆與之歸之也如水之澄湛不動淵深難窺見淑淑者善美之至也齊齊然有道之容自有此整整之妙也節節者衆善變化之不一而一一中節也不亂也穆穆然和靜也皇皇然有高大之德容而非子張之堂堂也嗚呼道心中虛何思何慮而光華外著自有若是累言難盡之妙然公道心終未明孔子又慮其或未解又指事實告之曰見才美之色與聲音

之備長者皆聲色之異者衆人皆覩而此人不覩異物怪命衆無不震駭者而此人不動不改其甚人驚駭甚者舌氣爲之變更今舌氣亦略不更改如上所陳詳矣備矣君見此人即舉之得之即取用之若有事使任其事既任以事必與之食以公有重以食與人之失故云也既與之食必與之位以公任焉有疑貳不决之失也又謂無令他人與越之欲其任之專也簡詳觀此視才之才唯孔子足以當之孔子雖不敢謂天下無人然孔子亦自知罕出已右矣而孔子言之者亦天下後世之公言也亦羣才皆可以此法

參驗之全者大才不全者亦中才公聞孔子之言詳明漸解其旨歎曰美哉子道廣矣又曰由此路以觀人頗覺有其徑路可由而務疑也故曰徑徑又曰恐不能用何以哉

公曰請問圖德何尚子曰聖知之華也

聖者無所不通之謂謂之知之華

知仁之實也

知至於仁而後爲實孔子曰知及之仁不能守之雖得之必失之

仁信之器也

仁之爲德大矣然不過忠信而已矣當時蓋曰所謂

仁者卽不欺罔之信是也卽此物也非有高奇也記

者其文辭微失真爾嗚呼非聖人孰能發明仁道乎

易如此

信義之重也

此誠信之中義爲重公舍義從利者多矣故云

義利之本也委利生孽

人之所以棄義而從利者謂義無利也不知義乃利

之本也初雖似未利而利實由義而生故曰本人之

義者人心皆與之鬼神與之天與之而人之棄義從

利者人心皆不與之鬼神不與之多生災孽然則棄
義者是委棄其利而生災孽
公曰嘻言之至也
孔子言之明白利害甚著故公喜而嘆
道天地以民輔之聖人何尚子曰有天德有地德有人
德此謂三德三德率行乃有陰陽陽曰德陰曰刑
孔子信義之論其明道也著矣公猶未覺雖歎服其
言之至而實不得於心故又別問嗚呼夫道即信義
而已矣天地亦即信義之道矣公既未達而又問道
天地以民輔之孔子亦隨順答之公謂道者天地也

又治民事以輔之聖人於此三者何尚孔子灼知公未知三十一貫之道姑隨公心而曰三德以事迹觀之誠可言三而孔子不敢有所取舍而勉公率行公誠躬行則入道矣既導公以行又致陰陽之說庶公漸知天地之陰陽乃在公躬行中矣聖人之循循善誘如此

公曰善哉再聞此矣

曰再聞則知公未達達則通矣

陽德何出子曰陽德出禮禮出刑刑出慮慮則節事於近而揚聲於遠

禮者德性之節文違禮則入刑刑者所以約人歸諸禮於是漸啓公一貫之道刑不可以不愼故出慮慮刑則事有節而不妄仁聲遠聞公之所大關者思慮也前言立知其旨同故此因言刑又及於慮又詳言之善且有聲聞

公曰善哉載事何以

公知思慮之爲要矣又問欲載之於事則何以

子曰德以監位

當以德監察在位之臣必曰德者明不可他求也

位以充局局以觀功功以養民民於此乎上

事各有局局設官不一充足其事局各有事功事功

雖各局不同同於養民夫君臣同心悉力皆注乎養

民則民之所以感其上也當如何上尚通猶君之也

記是篇者不善屬辭

公曰祿不可後乎

公本重於與士祿食因聖言啓導故本心漸明

子曰食爲味味爲氣氣爲志

言味養氣氣養志明羣臣之志所以成事功祿不可

後也

發志爲言發言定名名以出信信載義而行之祿不可

後也

言公發志爲言命某人居是位職位職有名名於是乎定矣既命以是位而不與之祿是不信是非義故後

總結曰祿不可後

公曰所謂民與天地相參者何謂也

古多有是言孔子前言三德亦不異之

子曰天道以視地道以履人道以稽廢一曰失統恐不長饗國公愀然其色

天道所視者是也地道所履者是也人道皆可稽覈也是三者廢一則曰失統失其大體也失其大體而

國有不亡者幸也夫孔子前之所言於公者皆甚乎易而此忽致其嚴使公愀然者何也非嚴也以實告公亦欲切公心切於心庶乎恐懼而思所以入道公之所蔽在循循汨汨無所思慮故不知道也然所謂視者何也履者何也稽者又何也夫道一而已矣而三言者隨人之常情而言也有一不盡焉雖謂之不知道可也故曰失統此言通徹上下知道雖有淺深苟未至於全有一之廢其失統則均孔子之言何獨啓公所以啓天下後世之心也公昏愚疑未足語此然道無淺深雖自開闢以來千無一萬無一倍萬無

一至於知全者又何止於萬萬無一也且自孔子以來知道之全者有幾然而不離乎所視也不離乎所履也不離乎所稽也不離乎前所謂信所謂義也天之所以覆者在是地之所以載者在是人之所以君君臣臣父父子子兄兄弟弟夫夫婦婦者在是禮樂刑政皆在是而不離乎所視所履所稽則甚近矣唯知道者乃知

子曰君藏玉惟慎用之

孔子見公愀然切心矣故又順導之謂此綂乃自在君胸中喻以藏玉特未自知未自信爾君旣自有玉

今惟當慎用其玉人心即道故舜曰道心孔子曰心之精神是謂聖人心自神自明唯放逸而昏故入於不善若信此心之即道而縱欲亦非道

雖敬慎而勿

至哉聖言孔子之啓告曾君盡言無餘至於此曰公之肅愚而即告之以聖人之大道者以人皆有道心初無淺深唯當去人之蔽不可增人之蔽使公敬慎則足以防公放逸然因是有寶愛其玉人心則又失之蓋寶愛則心有所留止之意孔子毋每止絕學者之固毋每止絕學者之我記者總書曰絕四者此也

民亦如之執事無貸五官有差喜無並愛卑無加尊淺無測深小無招大此謂楣機楣機賓薦不蒙昔舜徵薦此道於堯堯親用之不亂上下

民亦如之者民亦雖當敬而不可私愛也孔子非謂民不可愛也以公有姑息愛之不以其道故也言無定法唯以啓蔽執事無貸虞載德篇曰民亦無貸以公嘗有過於愛而貸其所不可貸者故救其蔽也道無精粗事理無二也所以繼言於藏玉之次者此也五官才德有等差而公待之一無等差則國何由治故戒以喜無並愛公又以卑而加尊愛其膚淺之才

而使謀測其深以小而使招致其大機者枅音之訛

而字亦訛歟榍大枅小喻大才居大任小才居小任

薦進也若如賓客之並進無擇無別顧不昏蒙乎徵

證也言而證驗於往事也徵薦此道於堯堯親用之

不亂上下其謂誅四凶歟

公曰請問民徵

前言羣臣徵驗之事故公於此因問民徵

子曰無以爲也難行

夫公已德未明尚未能知人而欲遽求民之治甚難

矣

公曰願學之幾必能子曰貪於味不讓妨於政願富不久妨於政慕寵假貴妨於政治民惡衆妨於政爲父不慈妨於政爲子不孝妨於政大縱耳目妨於政好色失志妨於政好見小利妨於政變從無節撓弱不立妨於政剛毅犯神妨於政鬼神過節妨於政幼勿與衆克勿與比依勿與謀放勿與遊徹勿與事臣聞之弗薦非事君也君聞之弗用以亂厥德

右所條皆公之過也願富而不久者無固志也慕大者之寵已欲假貴大之勢而不能自求多福既曰治民而又惡衆往往於民衆聚之時亂不樂不孝於其

考廟墓見之歟或於言笑間見之歟失志者荒淫而昏亂歟多變以從人而無節守含巳從人何害公則昏愚有所聞卽變以從後有聞又變以從而不復審詳輕變而無撙節大抵撓弱不立旣剛毅犯鬼神又有過節以奉鬼神之事任意妄作之狀可覩矣幼弱者勿與以衆以公嘗使幼弱臨衆也公又嘗親比小人之好勝克者所與謀者皆係從公意之人所與游者多放逸之徒君聞之而弗用則君自亂厥德

臣將薦其簡者蓋人有可知者焉貌色聲衆有美焉必有美質在其中者矣貌色聲衆有惡焉必有惡質在其

中者矣此者伯夷之所以後出也

孔子前言知人之道甚詳公既未深解故此又進其簡要之說觀其貌色聲於衆人中覺其獨有美焉則知其中必有美質於衆人中覺其有惡焉則知其中必有惡質伯夷前言三帝之眇後亦言此觀人之法

子曰伯夷曰建國建政脩國脩政

此亦引伯夷之言爲獻謂欲建國則必建政欲脩國則必脩政言必用心建脩不可無爲而止伯夷以此進之於舜孔子今乃進之於公雖聖愚不同而伯夷之言亦正中公之病公之所蔽在乎未立乎知未切

乎心未親用心脩爲孔子前既累言此復中其意意謂不可泛泛悠悠卽當用心脩建

公曰善哉

虞戴德第三十四

公曰昔有虞戴德何以深慮何及高舉安取

公聞有虞氏之盛德曰戴者尊其德歟當時之常言歟抑傳流訛誤歟公問有虞之德何以深慮而得此高舉而不可及也安取此此問知公未得

子曰君已聞之唯丘無以更也君之聞如未成也

公之所蔽在乎泛聞而未切用心不在乎他故不復

他言徒支離公心然亦非欺公公之未知卽孔子之知卽有虞之德此唯知道者信此故曰丘亦無以更也如而也特公雖聞而未成也未成者由公未切用其心也

黃帝慕循之曰明法乎天明明施教于民行此以上明于天化也物必起是故民命而弗改也

夫公方已爲問曰安取而未知也而孔子旣因而是之曰丘無以更又曰黃帝亦慕循乎此嗚呼非孔子深明乎大道何思何慮疑信一致正實無餘之妙則何以及此又舉黃帝之言曰明法于天明明施教于

民孔子釋之曰行此以上明于天化也此謂卽君之所聞也卽天之明也卽所施之教也黃帝所謂法于天明者甚明而無疑也施教于民者亦甚明而無疑也所以無疑者不動乎思爲融融怡怡自不見天人之有二也君君臣臣父父子子兄兄弟弟夫夫婦婦卽此道也天之所以運化無窮者卽此也孔子又謂凡物必由是而起天地萬物誠無二道也是故民咸聽命而弗改也所以咸聽命而弗改者以民心之所同然者卽此道也公雖未達孔子就以啓之人心自靈庶其或通也當時孔子對語甚明白坦夷故公卽

曉曰善哉以記者不善屬辭故人每患其難曉

公曰善哉以天教與民可以班乎子曰可哉雖可而弗由此以上知所以行斧鉞也

公既聞以天道教民之言問民與天可以班齊乎子曰可哉民雖可與天齊而弗由此以上知天道不循天道妄行逆施所以致有司之行斧鉞也道雖一苟失之則爲無道甚則獲大罪言此所以防小人無忌憚之中庸也

父之於子天也君之於臣天也有子不事父有臣不事君是非反天而到行耶故有子不事父不順有臣不事

君必反順天作刑

孔子於此益明道之即天又明不事父不事君之反天又明反天之必刃則公之天性庶乎漸明人欲庶乎漸釋矣因言作刑亦必順天用刑而不同於天心必私必濫

地生庶物是故聖人之教于民也率天如祖地能用民德是以高舉不過天深慮不過地質知而好仁能用民力此三帝之禮

四代篇三帝或作三常此三帝亦三常之誤歟

明而名不蹇明上晁與闕一禮字禮失則壞名失則惛

孔子節節明人事即天道於是又言地生庶物明地亦此道也當時對語之辭必不止於此情狀必甚明白記者不善屬辭不能盡寫之辭或忘脫致辭旨不甚明白如而通用前屢見之率天而祖地非天地有二道也能用民德即天地之道也有二道則無以爲三才矣卒即祖即用也高舉不過天深慮不過地彼淺者好論六合之外不知道無内外遠近也故不必求諸遠外但所知質實而好仁仁非有異道即知之常不惛也如此則能用民力受命而無遺者以由道而行十一而稅役不過三日故民樂之也此即古者

三帝之禮明而名聞不蹇滯卽播行于四方矣禮失則壞矣名失則惛矣惟惛故名失卽其無名知其必惛

是故上古不諱正天明也天子之官四通正地事也天子御珽諸侯御荼大夫服笏正民德也斂此三者而一舉之戴天履地以順民事

上古不諱能受羣臣之諫此正天明也言卽天淸明之道也天子之官四達分職雖多皆地事也地道臣道也周禮典瑞王搢大圭玉藻云天子搢珽方正於天下也諸侯荼前詘之狀似之故以爲名歟君子比

德於王方正之道屈遜之道竹笏正節之道皆所以正民之德也合此三者而一總舉之曰戴天履地無他所爲一以順民事而已民事皆正德也前唯言德慮或又曰事公既知以天道教民天人班齊之大略孔子又每明三才一貫之道於是又一歸諸民事者慮公求之遠也

天子告朔於諸侯率天道而敬行之以示威於天下也諸侯內貢於天子率名數地實也是以不至必誅諸侯相見卿爲分以教士畢行使仁守會朝于天子天子以歲二月爲壇于東郊建五色設五兵具五味陳六律品

奏五聲聽明教置離抗大侯規鵠豎物九卿佐三公三公佐天子天子踐位諸侯各以其屬就位乃升諸侯諸侯之教士教士執弓挾矢揖讓而升履物以射其地心端色容正時以教伎時有慶以地不時有讓以地天下之有道也有天子存國之有道也君得其正家之不亂也有仁父存是故聖人之教于民也以其近而見者稽其遠而明者天事曰明地事曰昌人事曰比兩以慶違此三者謂之愚民愚民曰姦姦必誅是以天下平而國家治民亦無貸居小不約居大則治衆則集寡則繆祀則得福以征則服此唯官民之上德也

天子告朔於諸侯率循天道而敬行之以示威嚴而不可違者亦此道也諸侯內貢于天子率循名籍以教其地實者亦此道也不至必誅亦此道也諸侯卿爲分分何卿守何卿行以其所教之士畢行使仁者守國守國至重必選仁者凡此亦皆道也其朝會于天子天子以歲二月爲壇于東郊建五色設五兵具五味陳六律品奏五聲聽明教者亦此道也離偶也易曰離麗也禮曰離坐離立者謂偶坐偶立也天子六偶諸侯四偶置立離偶抗張大侯鵠爲規圓之形竪立其物九卿佐三公三公佐天子天子踐位諸侯

各以其屬就位乃升諸侯及諸侯之教士教士執弓挾矢揖讓而升履物以射心端色容正時以教其伎皆此道也時是也時是音近而記者或不同歟時者禮容無失中多也故有慶以地不時者不是也謂禮容失不中也故有讓以地謂削之也謂諸侯不能教士也大射所以習禮樂觀德行也廢禮樂無德行亂之道也故先王謹之嚴之夫天下之有道也以其有天子存故也天子有道故天下服之君之天子無道則天下叛之不以爲君國之有道也以其有國君存故也君有道一國皆服之君之會謂之無君可也孔

子爲之隱唯泛言之又轉其辭曰君得其政家之不亂以有仁父此三者亦皆道也遠而明者天也聖人之教民近而可見即近而可以稽遠道無二故也在天則曰在上清明在地則曰生物而蕃昌在人則曰比兩者偶也慶者禮容無失而中多有慶也前言射故因此以爲言他事之正者亦猶是也天下無二正也無二道也三者一也違此三者是違道也是謂愚民愚則姦皆邪道也故必誅誅其反道者也誅姦則正矣是以天下平而國家治民亦無貸四代篇亦曰執事無貸以公縱姦貸其所不可貸者有害治道故

每言之也無貧姦則正則爲由道而行道無大小故無所不利故居小不約人咸歸之居大則治居衆則衆心咸集居寡則人心輯睦繆睦也祀則受福征則服以其得道故無所往而不利也此官民之上德也官猶君之也唯者語助歟抑即爲字歟

公曰三代之相授必更制典物道乎子曰否猷德或作猶保保惛乎前以小繼大變民示也

公泛言道乎不切故子曰否非謂非道也道之在人曰猷又曰德創業大政既保安斯民也又更制典物以保安之故曰保保雖曰人心咸服其間豈無異物

布于天下於人心疑貳未定之時新令既布有不得不遵從者一從則定矣此定亂保民之至慮以前者之惛聖人以小國而統大統故更制典物所以變民視也示卽視

公曰善哉子之察教我也

感孔子教我之察盡

子曰丘於君唯無言言必盡於他人則否公曰教他人則如之何子曰否丘則不能

君父至情豈他人比子曰否者言不與君同也於他人情輕故不能盡告

昔商老彭及仲傀傀姑回反政之教大夫官之教士技之教庶人

謂於蒐田寓軍政教之武事技藝

揚則抑抑則揚綴以德行不任以言

三者教之雖不同而教之以中則同揚則太過故必抑之抑則不及故必揚之皆使無失中蓋中爲德行不中皆人欲綴者不斷絶之謂也抑之揚之所以綴其德行使不斷絶未嘗專任言以教民

任庶人以言猶以夏后氏之衲懐袍褐也行不越境

人惟可以德教不可專以言教苟專以言人必不從

故任庶人以言猶用夏后氏之時腐壞袍褐也服此以行不越境即破敗矣喻其不可行之甚也耐者腐字之訛歟懷者壞字之訛歟

公曰善哉我則問政子事教我

公謂我則問政子乃事事教我公猶未知道無二也烈事與政爲二

子曰君問已參黃帝之制制之大禮也

孔子知公猶未明又舉初問以啓之初問即黃帝慕循之道言公已聞之是爲大禮不必他求也

公曰先聖之道斯爲美乎子曰斯爲美雖有美者必偏

屬於斯昭天之福迎之以祥作地之穡制之以昌與民之德守之以長公曰善哉

公問先聖之道獨此爲美乎孔子曰此爲美餘雖有美者必偏爾亦統屬於此嗚呼聖言正矣雖昏庸如公孔子亦未嘗淺薄之卽其初問方疑未決之際而遂稱善之大善之蓋孔子深明道無疑信無思慮故因以就之道本無偏全公旣未洞達尚分彼此故孔子告以他美皆偏皆統屬於此則彼此亦一矣夫公問尚疑而孔子卽謂之黃帝之道餘皆偏者正以道無二故也道無偏全因公裂彼此故始曰統屬於此

以一之孔子言孝卽曰夫孝天之經地之義言禮卽曰禮本於大一分而爲天地名稱雖殊而實一孔子於此方尊稱公問不必他求故餘所稱皆偏無不可者最不可執一執一定之說不可推移者皆牿於名不知實者也孔子亦嘗曰五聲六律十二管還相爲宮五色六章十二衣還相爲本五色六章十二衣還相爲質明乎此則物物皆本事事皆質本末偏全之名始因人而言初無二也孔子於此又贊歎斯道之美謂斯道可以昭天之福卽有祥之可迎可以作地之穡百穀蕃昌者斯實制之作之可以典民之德曰

守之以長者以人情多勤始而怠終況公則尤甚前言願富而不久變從無節則公之情狀可覩矣故卒勉之夫孔子每言公每稱善者以公心曉悉無疑也而自千乘篇四代篇及此虞戴德篇皆取諸大戴所記者辭旨多不明白人難遽解使當時孔子之言如此則安能曉公公每稱善簡攷大戴所記他篇與家語同者知戴記不失眞無剪截就文失旨之患家語則甚有之由是觀之則自千乘篇以來多不明白者乃記者不善屬辭而其本語則存今靜思之則大旨未嘗不明著簡於是反喜斯記之不失本眞也

誥志第三十五

公曰誥志無荒以會民義齊戒必敬會時必節犧牲必全齊盛必絜上下禋祀外內無失節其可以省怨遠災乎子曰丘未知其可以省怨也公曰然則何以事神子曰以禮會時夫民見其禮則上下不援不援則樂樂斯無憂此以怨省而亂不作也夫禮會其四時四孟四季五牲五穀順至必時其節丘未知其可以遠災也

誥者所以告諭臣民之典令志者所以記錄庶事之書志公謂誥志無荒興舉改察以會民義謂凡政事之合義當施行者又齊戒必敬凡四時以禮而會不

失其節犧牲全而無虧齊盛必精潔上下禋祀與凡外內無失節可以省怨遠災乎而孔子曰丘未知其可以省怨何也公之言大略亦善而其情則未有實德失其本矣何以省怨怨不寡省則災可遠乎孔子不以公言禮義之事全非唯公之行禮未能使民見其禮而上下不援無援上之心則士民安分而無貪則樂樂則無憂此實德非公之所能也此則省怨止亂之道夫禮會其四時或四孟或四季五牲五穀順奉而至必時其節違此未爲遠災之道也

公曰然則爲此何以子曰知仁合則天地成天地成則

庶物時庶物時則民財儆

庶物時物也儆謂聚歟或作歛疑似歟似敘也次敘皆足歟

民財儆以時作時作則節事節事以動衆則有極有極以使民則勸勸則有功有功則無怨無怨則嗣世久世久唯聖人是故政以勝衆非以陵衆衆以勝事非以傷事事以靖民非以徼民徼或作儌故地廣而民衆非以為灾長之祿也

知者知道徒知未為盡道孔子曰知及之仁不能守之雖得之必失之道無二而人有盡不盡故世有仁

知之名孔子因世有二名故曰合知仁則道無不盡矣天地由此此道而成三才同此道人失其道則乖戾之氣感觸天地故陰陽寒暑失節而庶物不得時令知仁合常覺常清明不乖戾乎天地之氣則庶物皆得時而民財足民財足而後可使以時作之則事節而不妄節事以勤衆則有極極循法則之謂有極以使民則民樂從更相勸勉則有功有功則民無怨無怨民則國君嗣世久傳世之久者爲聖人唯者爲之訛歟抑唯者語助歟故政以任衆勝任也非以陵衆衆以任事非傷事其有用衆而敗事者不得衆故也

國之有事皆所以安靖其民非徽其民而忽之勞之也故有廣土衆民非爲灾也所以長其祿也長去聲令俗語盛有也欲使民見禮而上下不援其本乃在於知仁合知仁合則天地猶成而況於人乎

丘聞周太史曰政不率天不由人則凡事易壞而難成

知仁合即天之道

虞史伯夷曰明孟也幽幼也

明音萌萌孟音徽轉而實同明其同類也天清明地幽陰即人事之孟幼雌雄

明幽雌雄也孟雄 幼雌雌雄迭興而順至正之統也日歸于

西起明于東月歸于東起明于西

道至近至易至簡人事即天道曾君蹤至昏庸孔子每啓之以大道以道即事事即道不必深求而遠索天下事物非孟即幼非雄即雌陰陽迭與互作而順則無非至正之統如日月互與天人無二而人自疑

虞夏之歷正建于孟春於時冰泮發蟄百草權輿瑞雉無釋物乃歲俱

權輿始也百草春始發生當時有瑞雉無釋不散去也虞夏之時每春皆有瑞雉物乃俱豐歲歲皆如此

生于東矢順四時卒于冬方於時雞三號卒明載于青

色撫十二月節卒于丑日月成歲歷再閏以順天道此謂虞汁月

月令孟春之月天子駕蒼龍載青旂仲季月同孟夏則駕赤騮載赤旂仲季月之季曰中央土駕黃騮載黃旂秋三月駕白駱載白旂冬三月駕鐵驪載玄旂

歷五歲再閏汁音協此謂有虞氏協時月典歟

天曰作明曰與維天是戴地曰作昌曰與維地是事人曰作樂曰與維民是嬉民之動能不遠厥事民之悲色

悲者妃之訛歟亦猶明孟幽幼

不遠厥德此謂表表裏裏時合物之所生而蕃昌之道

如此
人曰天之作爲此明者以其日與無日則天無由而
明人曰地之所以作昌萬物者又豈非以日之陽氣
無陽氣則物無由昌所謂人者其日用凡以作樂而
已皆求樂也其所以得作其樂者亦以有日也無日
則純於暗夜何樂之能作凡非憂者皆樂也嬉嬉無
憂即樂也孔子言及此極其平近人所甚忽而實道
也自言虞夏歷自孟春冰泮發蟄百草權輿瑞雉無
釋物乃歲俱又泛言生于東卒于冬又言虞汁月之
制雞三號天卒明帝乃載青色順春氣其撫順十二

月之天氣咸有節文終於丑月於是成歳其無窮之
閏皆再閏也皆所以順成天道又縱言及於日之功
言天以日而明又繼言人維天是戴言地得日而昌
又繼言人維地是事謂稼穡之事孔子泛言雜言多
不切之事其後總曰道如此嗚呼非聖人孰能發明
大道坦夷平常不秘如此其間言民之動能不遠厥
事民之妃色不遠厥德又曰時合物之所生而蕃昌
之謂此等爲道常情猶以爲然至於三言曰與則全
無謂無義也而亦總謂之道嗚呼此正足以明大道
之實孔子曰天下何思何慮又曰吾有知乎哉無知

也禹安女止者正謂不作于意也禹曰予何言予思日孜孜爾隨山決川暨益稷播奏庶食懋遷有無爾而皋陶曰師爾昌言者知日用常行之正皆道也謂事爲表謂德爲裏猶因公未明姑隨俗而爲言卒總之曰道如此無二道則表裏一矣此亦洪範會極歸極之謂也事不一故曰表表德亦不一稱故曰裏裏

天生物地養物物備與而日用常節曰聖人主祭於天曰天子天子崩步于四川伐于四山卒葬曰帝天作仁地作富人作治樂治不倦財富時節是故聖人嗣則治文王治以俟時湯治以伐亂禹治以移衆衆服以立天

下堯貴以樂治時舉舜舜治以德使力在國統民如恕在家撫官而因安之勿變勸之勿沮民咸廢惡如進良上撫善而行罰百姓盡於仁而遂安之此古之明制之治天下也仁者爲聖貴次力次美次射御次

孔子前既泛言雜言以明平常一貫之道總曰道如此猶縱言未已又曰天生物萬物資始於天地養物生而長養之物備興而時用之撙節有常是謂聖人然則聖人之道亦平夷無難矣其主祭于天則曰天子天子崩則步于四川伐于四山以供喪葬曰四者謂四方之川之山也卒於葬則曰帝此皆適意泛言

及此益以明平常無非道天者道之大體其曰作仁也宜地作富則以百穀貨財也出焉故云人羣居天地之間則所作宜治不宜亂樂於爲治而不倦財雖富而用之有時有節乃聖人之道是故聖人嗣則治文王治以俟時以三分天下其二分已歸餘猶未盡歸故服事殷非謂獨一節爲合於道而他非道也孔子縱言偶及於俟時湯治以伐亂非謂獨伐亂一節爲合於道而他非道也姑舉其大事爾禹治以移衆以衆乃舜之衆後移於禹禹能使衆服故立于天下爲王堯雖貴爲天子而樂於治時舉舜舜治德以使

民之力使禹治水孔子又告公曰在國統民而恕在家撫官而因夫人世婦之屬皆官也因其常安之勿變其以公變從無節故因云歟勸之勿阻人情樂勸而惡阻如此則民咸廢惡而進於善良矣如而也撫善而行罰罰惡也以公好縱姦故言此行罰歟如此則百姓盡化於仁而永遂安寧矣古之明制古之治天下者如此仁者爲聖人最上其次凡善而未仁者止可以言美其末則射御伎藝此則次序不可亂所以誘公於神聖歟人雖昏其心忽明則可以盡釋其舊習以人性本善本與堯舜禹湯文王同故也

故古治天下者必聖人（謂天子）聖人有國則日月不食星辰不勃海不運河不滿溢川澤不竭山不崩解陵不弛川洛不處深淵不涸龍至不閉鳳降亡翼鷙獸亡攫爪鳥亡距蜂蠆不螫嬰兒蟁蝱不食夭駒洛出服河出圖自上世以來莫不降仁國家之昌國家之臧信仁是故不賞不罰如民咸盡力車不建戈遠邇咸服亂使來往地賓畢極（此賓其海濱之濱歟）無怨無惡率惟懿德此無空禮無空名賢人竝（竝疑無字）憂殘以時省舉良良舉善善恤民使仁曰斆仁賓

推本人生之初羣居乎天地之間未有君長人皆有

欲欲而不得則爭爭而不已則相與聽命於長上之
公平者此五家爲比比有長之因也所至皆有長及
羣長之不能相統一則又推其賢者相與尊之而聽
命自此等而上之於是乎有國君而其疆埸之事會
禮之節又不能無爭必至相侵相伐不已於是求平
於大國之君其德之足以服諸國之君者而聽命焉
是爲天子則古之治天下必聖人乃人情事勢之所
必至又推本混沌未判之初一氣而已及重濁者下
凝輕清者上浮浮陽凝陰陰陽之氣交而人物生焉
故三才之氣常相感通人事亂乖戾之氣達于上下

故曰月星辰山川草木鳥獸亦乖戾惟聖人有國斯國統天下而言則日月不食星辰不勃海不運河不滿溢川澤不竭山不崩解陵不弛弛圮也川洛不處處止也壅而止也深淵不涸龍至不閉藏而常見鳳降而亡其翼飛鷙獸亡攫取之殺爪鳥亡距蜂蠆不螫嬰兒蚤蝱不食夭駒洛出服馬也用爲車之服歟河出馬圖今淮曰淮河漢曰襄河則洛宜爲洛河孔子兼言河洛也以祥瑞貴重之以爲服馬不以爲旁驂歟其曰洛出龜書者緯書爾未可變字嗚呼此道之通達神靈感化至於此而衰世之說謂日月食乃

曆數之前定不本諸君德不思唐虞及夏初將二百年不聞日食雖曆家之所共服唐一行之精筭一行亦謂有非籌筭之所及者然筭亦多中者君德不正乖戾之氣所通此衰世之常故也本朝乾德三年二月朔司天監言日當食不食仁聖之君人尊之謂自天而降詩云湯降不遲昌盛也臧善也人心感其上之仁故仁德所感化不賞不罰而民咸盡力無違命如而也車不建戈遠邇咸服戈兵生於不服亂繼也使者相繼往來畢盡也極盡地濱海隅無有怨惡率皆懿德無有不善所致禮敬非虛禮乃誠實之禮其

稱名曰仁曰聖非空爲此名乃實有此德是時皆賢人在位無憂其殘毒也自鷙獸猶亡攫爪鳥猶亡距而況於人乎是時以時省察與舉良善重言之者明良善之不一也則恤民則使仁言所任使者仁人也不止於小善而已凡四方之賓來敎於王庭者亦皆仁人也日日日也古者萬國矧聖人在上宜其仁賓之多也

先聖大訓 下 終

先聖大訓卷第五

明州楊簡輯并註

小辨第三十六

公曰寡人欲學小辨以觀於政其可乎子曰否不可社稷之主愛日日不可得學不可以小辨是故昔者先王學齊大道以觀於政天子學樂辨風制禮以行政諸侯學禮辨官政以行事以尊事天子大夫學德別義矜行以事君士學順辨言以遂志庶人聽長辨禁農以行力如此猶恐不濟奈何其小辨乎

孔子進言於公多矣公終不明故此又欲學小辨以

觀政意謂孔子之言大難行其餘人辨論雖不如孔子之大意以爲可行故欲學之疑而問於孔子曰否不可社稷之主愛曰惜陰謂業業脩德學禮豈遑學小辨乎不可學不可以小辨記者再書曰以孔子默然良久乃有是言故再書曰周書立政篇再書周公曰者亦以默然良久也於是知當日孔子聞公言痛念公心之不明故爲之默然者良久也愛曰之言亦痛切矣公之不明如此孔子亦不棄絕復啓之曰先王學齊大道以觀於政齊一也孔子曰君子學道則愛人小人學道則易使子游因弦歌而舉以爲證

是孔子以樂爲道也子又曰成於樂此言大道而亦曰樂孟子亦曰樂則生矣生則惡可已也蓋人心即道故舜曰道心起而爲意始有思爲始流於邪樂者中正之音故足以感人中正之道心孔子曰移風易俗莫善於樂周禮大師教六詩曰風曰賦曰比曰興曰雅曰頌風者詩之始言風則賦比興雅頌盡包之矣辨詩良難唯聖人能辨之孔子曰人而不爲周南召南其猶正墻面而立也與詩之道無所不通如此先儒之爲詩者不勝其紀而不正墻面者不多見然後知辨詩亦良難矣辨風即辨詩也詩即樂知樂即

知道禮者此道此道道之節文達諸事謂之政政者正也諸侯所學者此禮也所辨者此政也所行者此事也以尊事天子者亦此事也此道也大夫所學者此德所別者此義所矜持者此行士所學者此順所辨古言以遂好善之志者此言此志也庶人聽其長之命辨其禁令者此禁也農以行力此力也何則道一而已不容有二也二則邪矣失正矣學小辨者則離道矣

公曰不辨則何以爲政

意謂彼雖小亦辨明是非可否也不辨明何以爲政

子曰辨而不小

君子非無辨惟不小爾

夫小辨破言小言破義小義破道道小不通通道必簡

公謂小辨亦有義亦有道故欲學之孔子於是明言

小辨之破言破義破道道小則必不通必有礙通道

則必簡易公不知其簡易故心謂難

是故循弦以觀於樂足以辨風矣爾雅以觀於古足以辨言矣傳言以象反舌皆至可謂簡矣夫道不簡則不行不行則不樂夫十棋之變由不可既也而況天下之言乎

甚矣夫正音之妙也中正和平至樂油然而生生不知其所始亦不知其所成舉弦則金石絲竹匏土革木之音同矣六詩之正即此正也即此和平之妙也道心之明者知之矣至易也至簡也古言多矣邇近乎雅正之言則言可辨矣爾邇也夫傳言皆以象其所欲言者然天下之象無窮故天下之言亦無窮然反舌不言則天下之事理言象皆到而無餘蘊至到也到無所到人之常言曰至曰到因以爲言明其極也不假一言豈不甚簡唯由是而行謂之道唯由是道而行則通而無阻無所不通故樂不由是簡易之

道則必有碍而不行之處至於不行則不樂矣樂無二樂油然有樂於中而非邪即道即天子所學之樂即禮即政即德義即順豈不至一而簡夫十棋之變猶不可盡而況天下之言乎明不得簡易之道必不能盡通而無阻

曰微子之言吾一樂辨言子曰辨言之樂不若治政之樂辨言之樂不下席治政之樂皇於四海夫政善則民說民說則歸之如流水親之如父母諸侯初人而後臣之安用辨言

甚矣夫辨言之足以惑亂人心敗亡國家也蓋小辨

之言似有理而實非似有利而實害自三代之衰以來士大夫不陷乎是者有幾漢唐略定而多亂國祚亦短此非孔子善於開陳於公必樂於辨言孔子如此善言明白公如此開悟公猶終於不明而況於無孔子辨明則天下後世無開明之日矣孔子之時所謂小辨者特未知道爾猶不至如秦漢以來士大夫多妄論也自唐以來滋甚夫小辨之言至於使人主聽之而樂豈不爲大害哉小辨之說其權術之說乎近利之說乎似是而實非之說乎權術近利而實非正乎不正乎不正則民說乎不說乎正則民說說歸之

如流水親之如父母諸侯初入以鄰國之禮至其後心說其德自然臣服之夫四海之民咸歸之親之如流水如父母諸侯比肩而卒臣之豈權術小辨所能致哉

公曰然則吾何學而可子曰行禮樂而力忠信其君其習可乎公曰多與我言忠信而不可以入患

公謂多有與我言忠信者而公思忠信不可以入患難當患難勢須變詐乃免故疑而問

子曰毋既乃不明忠信之備而又倦其居則不可有明忠信之備而又能行之則可立待也君朝而行忠信百

官承事忠滿於中而發於外刑於民而放於四海天下其孰能患之公曰請學忠信之備

孔子謂慮忠信之不可入患者既不明忠信之患備又倦於居忠信故忠信不可得而有諸已若明忠信之患而備之又能行之則可立待也立待其效也下所言者其效也如此則何患之有

子曰惟社稷之主實知忠信若丘也綴學之徒安知忠信公曰非吾子問之而焉也焉聞之也子三辭將對公曰彊避子曰彊侍丘聞大道不隱丘言之君發之於朝行之於國一國之人莫不知何一之彊避

夫忠信者不欺詐誠實而已人之所共知豈有孔子而不知矧國君請問宜即以對而曰唯社稷之主實知忠信丘綴學之徒安知忠信公三問而子三辭何也忠信即大道而忠信不過不詐僞誠實而無他慮公忽之而不知其爲大道故不可輕言首曰唯社稷之主實知忠信亦欲公知忠信在已也及將對公極其敬曰必避席以聽彊剛也堅必之辭也子曰必侍公側必不敢失臣禮言大道不隱丘言之者明忠信即大道常人雖知忠信之爲不僞而不知不僞之即大道也孔子故云大道不隱又云君發忠信於朝行之

於國一國莫不知君之忠信何一之彊避因公彊避之言而及此謂人皆知公忠信則公皆不得而避雖欲避一人亦不得也

丘聞之忠有九知知忠必知中知中必知恕知恕必知外知外必知德知德必知政知政必知官知官必知事知事必知患知患必知備若動而無備患而弗知死亡而弗知安與知忠信安謂之知忠信內思必曰知中中以應實曰知恕內恕外度曰知外外內參意曰知德以德衆政曰知政正義辨方曰知官官治物則曰知事事戒不虞曰知備毋患曰樂樂義曰終

獨曰忠者明忠信無二道忠本無可言而敘陳九知何也方明其爲大道當詳其言以著其大忠者中心也其中若何欲公內思而知之中本無物忠亦無說强名曰道變化四發發而爲恕中實以應是謂知恕由恕而達外度無慾是謂知外參其齊之訛歟古齊爲壹內外意齊融明齊一是謂知德德政和柔曰知政德義溥正官各有方曰知官官治事物物各有則曰知事事戒不虞曰知備有備無患曰樂所樂者義非樂乎私言至於此則終盡無復可言者矣初曰九知終益其二曰樂曰終嗚呼聖言適意而言亦破定

見示無定言

用兵第三十七

公曰用兵者其猶不祥乎（由猶）子曰胡爲其不祥也聖人之用兵也以禁殘止暴於天下也及後世貪者之用兵也以刈百姓危國家也公曰古之用兵何世安起子曰傷害之生久矣與民皆生公曰蚩尤作兵與子曰否蚩尤庶人之貪者也及利無義不顧厥親以喪厥身蚩尤惛慾而無厭者也何器之能作蜂蠆挾螫而生見害

蚩尤如蜂蠆螫人故生而見害於人

而校以衞厥身者也

校者以木爲欄格也所以爲衞也言蚩尤不能如校以衞其身

人之生有喜怒故兵之作與民皆生（怒甚則用兵刃）聖人利用而彌之（彌弭通用弭止也聖人用兵利民而用之終於弭止也）亂人興之喪厥身

詩云魚在在藻厥志在餌（逸詩此喻亂人用兵志在於利）鮮民之生不如死之久矣（小雅蓼莪大戴注云困於兵革之詩）校德不塞嗣武孫武子（此亦逸詩歟人）聖人愛百姓而憂海內及後世之人思其德必稱其人故今之道堯舜禹湯文武者猶威致王今若存（猶猷也威德威也以道德致王業今思之若其人之存不亡）

夫民思其德必稱其人朝夕祝之聲聞皇天上神歆焉故永其世而豐其年也夏桀商紂羸暴於天下暴極不辜殺戮無罪不祥于天天不祥之粒食之民布散厥親孟子所謂父子不相見兄弟妻子離散者此也疎遠國老幼色是與而暴慢是親讒貸處穀貸慝音同字訛穀祿也法言法行處辟

小人得祿君子罹刑亂世之常

殀替天道天道正道也凡正道廢棄之逆亂四時乖亂之氣感通四時禮樂不行而幼風是御任用幼少曆失制政荒官怠故曆失制攝提失方

天官書曰大角者天王帝廷其兩旁各有三星鼎足名

之曰攝提攝提者直斗杓所指以建時節因曆失閏

致攝提失方

鄹大無紀

大戴記注云邦字誤爲鄹鄹樓尚書云史記曆書太史公曰重黎二官咸廢厥職而閏餘乖次孟陬殄滅攝提無紀鄹大疑卽孟陬陬音鄹

不告朔於諸侯玉瑞不行

祭祀朝聘軍旅與諸大禮皆用玉瑞今政亂故不行

諸侯力政不朝於天子征政通用六蠻四夷交伐於中國

此言蠻夷之數與周職方八蠻不合者蠻夷種落離

合分併增損不同此言夏商之季大略爾明堂位曰九夷者此篇後所作多妄周衰東夷有九論語子欲居九夷爾雅同後儒多依用之

於是降之災水旱臻焉霜雪大薄

雪交飛大相薄古者太平不然歟薄或作滿

甘露不降百草殨黃殨音烟俚語謂色㪚不鮮曰殨惡五穀不升民多夭疾六畜餼胔大戴記注云瘠字誤而爲餼月令掩骼埋胔凡字從肉者皆作月疾智反或曰胔人子腸又疵雌二音此太上之不論不議也

此在太古上世之所不論不議也意謂此大亂之世不足論議

殀傷厥身（不以壽死曰殀）失墜天下夫天下（此下字疑衍）之報殃於無德者必與其民公懼焉曰在民上者可以無懼乎哉

少間第三十八

公曰今日少間我請言情於子子愀然變色遷席而辭曰君不可以言情於臣臣請言情於君君則不可公曰師之而不言情焉其私不同（與其私不同乎一本私作和）子曰否臣事君而不言情於君則不臣君而言情於臣則不君有臣而不臣猶可有君而不君民無錯手足

曰否者以公未達子之意也曰民無所錯手足則子之情益白矣初公以少間而欲言情於子雖未言其

情巳可知矣魯君念念之所不樂者三家强而巳矣

夫子知其不可言言則生禍故愀然變色遷席而辭

云云公猶未達夫君臣通情何不可之有而公令所

言之情則不可言爾子亦不敢如此言而隱其辭

公曰吾度其上下感或作感非通之

公於是乎知子之情矣公謂吾度上下感通其情而

順行之

權其輕重居之

公又謂吾權其事宜輕重不幸然也

准民之色目既見之

魯人咸不平三家之陵公室見諸言色吾見之
鼓民之聲耳既聞之
此事久不平鼓動民聲謂言也
動民之德心既和之
公謂民不平三家之心德心也既和同
通民之欲兼而一之
民既欲去三家一心無二
愛民親賢而教不能民庶說乎
公謂吾又撫愛其民又親任賢才雖有不能亦可教
之如此庶幾民說乎公雖情露而辭亦隱矣

子曰說則說矣可以爲家不可以爲國

大旨不以公言爲然魯失政久矣孔子曰祿之去公室五世矣政在於家如此久一旦欲取之甚難致禍必矣

公曰可以爲家胡爲不可以爲國國之民家之民也子曰國之民誠家之民也然其名異不可同也同名同食曰同等

今君之名與三家之名不同也君與三家各爲食是不同食也同食同名曰同等此語無他意唯言今家國不同爾

唯不同等民以知極

子於是因以明不同等之禮禮有差等民以知極極

則也明魯無君臣之等而辭婉

故天子昭有神於天地之間以示威於天下也

威者嚴敬之謂天子尊事有神則下亦尊事其上此

等威不同之道也

諸侯脩禮於封內以事天子大夫脩官守職以事其君

士脩四衞執伎論力以聽乎大夫四疆之衞庶人仰視天文

俯視地理力時使以聽乎父母

觀風雲以知雨暘觀星象以知時節之類孝經言庶

人之孝曰因天之道視地之肥磽高下土色之類竭
力以時聽父母使令以時
此唯不同等民以可治也
上言各有等民安於義分明矣無等難治
公曰善哉上與下不同乎
公豈不知上下之不同此言亦感三家之無君無等
亦漸知子曰可以爲家不可爲國之情也
子曰將以時同時不同
時是通同子曰公意將以謂是同乎是不同乎
上謂之閑下謂之多疾

閑者防閑禍患欲公之慎密勿言也若在下者言之
則多疾患謂禍即至皆隱辭以見其情
君時同於民布政也民時同於君服聽也上下相報而
終於施
君若是同於民唯布政於民則同也民若是同於君
唯服事聽命於君則同也其餘則不同矣此亦隱辭
以明不同之意以明前言可以爲家不可以爲國不
同之說因布政服聽而曰上下相報亦微寓上施不
以其道則下亦無道報之之意終於施者施惠也此
惟惠順上下相安斯無禍公誠能用孔子之言道德

四達則諸侯皆來臣而況於三家乎
大猶已成發其小者遠猶已成發其近者將行重器先其輕者先清而後濁者天地也
道之在人者爲猶猶豫不急躁者有道故曰猶後人欲別其爲道故作猶犬卽歹也大道已成而後可以發其小者小者小事道德及遠方而後可以發其近者將行重器喻將大有爲成大業也先其輕者亦猶小者近者輕而易舉者又譬之天清而上地濁而下清輕濁重上猶先下猶後也皆所以重復申言治三家之爲大事重事不可忽也

天政曰正地政曰生人政曰辨苟本正則華英必得其節以秀孚矣此官民之道也

孔子於是告公以本道因上言天地而曰天政曰正者此道也地政曰生者此道也地生萬物故曰生非與天有二道也人政曰辨以其有尊卑長幼男女之辨凡事物皆有倫理之辨故正曰治三才無二正也無二道也言天地則道易明人與天地爲一則得道矣國君苟明此道則有本矣無放無逸則不失正矣苟本正則華英自發節節自秀孚矣此官民之道也官民言大體不指三家本正則凡百自治自無患

公曰善哉請少復進焉子曰昔堯取人以狀舜取人以色禹取人以言湯取人以聲文王取人以度此四代五王之取人以治天下如此

●上言本其次取狀貌顔色聲非言笑歌號哭吁俞噫嘻之類度者有禮度當時皆有其事非專以此取人也人心發見于此數者偶於其一而得之故傳于後世唯聖知聖唯賢知賢得之於心難以語人

公曰嘻善之不同也子曰何謂其不同也公曰同乎子曰同公曰人狀可知乎子曰不可知也公曰五王取人各有以舉之胡爲人之不可知也子曰五王取人比而

視相而望五王取人各以已焉是以同狀

比近也近而視相而望則稍遠視之五王之觀人不以術也此心清明自能照燭清明者五王之已也清明則同

公曰以子相人何如子曰否丘則不能五王取人丘也傳聞之以委於君丘則否能委猶獻也謂傳其所聞而言於君丘不能自言也亦又不能

謂不特不能言亦又不能取人也是皆謙辭也自謂能則不遜矣況言能則公將以某人某人問言之則生禍不言則爲隱公欲取人則求諸已足矣子前言

本正者取人之道也此言五王取人各以己者即本也心明自能知人

公曰我聞子之言始蒙矣子曰由君居之成於純胡爲其蒙也

前孔子謂君之所聞丘無以更則君但居之足矣居之久而成於純一則清明不蒙矣居非其道必不能純伊尹曰善無常主協于克一

雖古之治天下者豈生於異州哉昔虞舜以天德嗣堯一本此闕二字布功散德制禮朔方幽都來服南撫交趾出入日月莫不率俾俾使也聽使役西王母來獻其白琯粒食之民

昭然明示

民昭然明見舜之功德禮制四方遐遠莫不幸俾西王母來獻白琯漢明帝時於舜廟下得玉琯一

民明教通于四海

教行乎民民皆曉悉周縣治教之象又每讀法又布而訓四方亦此道也後世民不知上教故冒法犯刑者多

海外肅慎北發渠搜玄羌來服

玄或作氐後同前既言出入日月莫不幸俾而此又言肅慎北發渠搜玄羌者前未及此諸國故此復言

之此夫子對君之言異乎後世文士之言大戴記注云北發北狄地名其地土迅足塵

舜崩有禹代興禹卒受命乃遷邑姚姓于陳作物配天脩德使力民明教通于四海海之外肅慎北發渠搜氐羌來服禹崩十有七世有末孫桀即位桀不率先王之明德乃荒耽于酒淫佚于樂德昏政亂作宮室高臺汙池土察說文察覆也從宀其土室歟以民為虐粒食之民惛焉幾亡幾近死亡乃有商履代興履循禮法以觀天子天子不說則嫌於死成湯卒受天命不忍天下粒食之民刈戮不得以疾死故乃放移夏桀散亡其佐乃遷姒姓于杞

湯循禮法以觀示天子覬其感化桀乃不說則湯嫌

近於死桀有殺湯之勢湯不忍民之刈戮故放桀

發厥明德順民天心民心卽天心啇地稼穡與稼穡正道也作物配天

制典慈民物事物湯所作事物合乎天心咸合諸侯作八政命於總章

大戴記注云洪範所云是也服禹功以脩舜緒爲副于天粒食之民

昭然明視民明教通于四海海之外肅愼北發渠搜氐

羌來服成湯卒崩殷德小破二十有二世有武丁卽位

開先祖之府取其明法以爲君臣上下之節殷民更服

近者說遠者至粒食之民昭然明視武丁卒崩殷德大

破九世有末孫紂卽位

自湯至武丁總二十二世自武丁至紂九世自湯至紂通三十世外丙仲壬在其中書序云成湯既沒太甲元年書序雖出孔壁中其孔氏所爲非孔子所爲歟禮記亦出壁中多非孔子之言此少間篇見大戴禮記大戴記多不善屬辭本多乃字乃記者不善屬辭故也今削之

紂不率先王之明德乃上祖夏桀行荒耽于酒淫泆於樂德昏政亂作宮室高臺汙池土察以爲民虐粒食之民忽然幾亡乃有周昌霸諸侯以佐之紂不說諸侯之聽於周昌則嫌於死乃退伐崇許魏以客事天子文王

率受天命作物配天制無用無用猶無益也制制之使不作書曰不作無益行

三明

康誥曰文王庸庸祗祗威威顯民庸用也可用者必用之謂用才能可敬者必敬之謂敬賢其有不善者必威之威其所可威此三者顯于民民明知之信之故咸遷善遠罪

親親尚賢民明教通于四海海之外肅慎北發渠搜氐羌來服君其志焉或徯將至也

志猶記也勉公志諸心欲公慕列聖之德公果脩德政則可徯待四方之至亦與列聖同日或曰將非必

然之辭者以公之脩德不可必故也

公曰大哉子之教我政也列五王之德煩煩如繁諸乎

煩繁也字訛繁諸珠歟字訛歟大戴記注云如萬物之繁蕪非也

子曰君無譽臣臣之言未盡請盡臣之言君如財之如而也財裁度曰於此有功匠焉意謂公雖有志於五王之德又必有功匠宰制之謂大賢有利器焉

利器功匠所制也任大賢使脩禮樂刑政猶是也

有措扶焉喻衆賢共持扶以時令其藏必周密發如用之

以公變從無節輕脫不謹密故設此喻

可以知古可以察今

言古今之道同慮公疑子特爲公言而非古道故云

可以事親

發明此道無所不通故又及於事親事君生死以公不孝故及此以公本性本善故孔子不棄

可以事君以前言五王之德疑於不事周王故云

可用于生又用之死吉凶並興禍福相生卒反生福大德配天

公以輕易不持久故及此亦知盛德大業決非公身所能就必繼世繼志故曰死又曰吉凶並興禍福相生卒反生福則大德配天矣以文王猶必武王繼乃

成

公愀然其色曰難立哉子曰臣願君之立知如以閒觀也公務外故孔子前言立知此又言順君立知而靜閒以觀之也時天之氣用地之財時節猶順天時脩務政敎于云以生殺於民民之死不可以教

始公欲言情於孔子子雖變色而辭又導之以德次第啓告至此立知以閒觀則告公以德政大體盡矣而孔子猶慮公始者欲言情之意故終不泯則久將復作生禍故於是又曰時天之氣用地之財有財可用遂謂君可以生殺於民殺之死不可以教乎子不敢明言三家託諸民以隱其辭欲公以德敎之

公曰我行之其可乎公此意果不泥猶欲治三家也子曰唯此在君君曰足臣恐其不足

子見公意猶欲行曰此在君非任公爲之也辭雖似任公行之其情實深不可之之辭也今世俗猶有此言君曰足以行臣恐其不足以行也辭婉情切

君曰不足舉其前必舉其後舉其左必舉其右君既既教夫安能無善

子謂君必曰不足可也君知其已德之不足國政之未善賢才之未用在位之未皆賢德教之未孚言之不盡曰前後左右則詳備之意明矣卒曰君既教之

彼安能無善言三家將化於德矣

公吁焉其色曰大哉子之教我制也政之豐也如未之成也

公聞子之言詳明切至又知教三家亦可使之善則公有利而無害深中公之心故吁嘆動之於色曰大哉子之教我制也制者以能使三家善是亦所以制之之道也能制三家則國政隆矣豐盛矣公知勢緩而未遽成也

子曰君知未成言未盡也凡草木根皺傷則枝葉必偏枯皺七吉反皮也玉篇又皮彼切皺上皺廣韻集韻皆無此字偏枯是爲不實穀亦

如之上失政大及小人畜穀

根本也其本諸君心可見矣藪者用賢及禮樂刑政之喻也枝葉者安危治亂之迹也政即根藪也偏枯三家強之喻也不成實之喻亦然上失政則凡事大及小人民六畜九穀皆隨之失矣

公日所謂失政者若夏商之謂乎子日否若夏商者天奪之魄不生德焉公日然則何以謂失政子日所謂失政者疆蔞未虧蔞力俱反蔞小也蔞猶未虧言疆土未見侵虧人民未變未叛鬼神未亡神依民民未叛則鬼神未亡水土未絪絪陻也國將亡則水土陻塞糟者猶糟實者猶實玉者猶玉血者猶血酒者猶酒

未爲糟者曰實實粒之白者如玉故曰玉其盎然赤如血者曰血酒則清者也巳上喻凡百未至於大亂猶各有別也

優以繼愖政出自家門此之謂失政也

人主有優閒無事一無思慮又繼以癡愖故政在大夫愖知鴆反

非天是反人是反

政失則權去勢危或者至此多歸諸天曰天反乎我也不悟優愖故失政政失故勢危乃人主自反反人自取之也非天反也

臣故曰君無言情於臣君無假人器君無假人名
孔子意謂已往者不可追咎君無假人以器以名意
指上世也名器者政之所繫似緩而實急名器失則
政失令難遽取

公曰善哉

適周第三十九

夫子適周見萇弘言終退萇弘語劉文公曰吾觀孔仲
尼有聖人之表河目而隆顙黃帝之形貌也脩肱而龜
背長九尺有六寸成湯之容體也然言稱先王躬履謙
讓洽聞強記博物不窮抑亦聖人之興者乎劉子曰方

今周室衰微而諸侯力爭孔丘布衣聖將安施萇弘曰堯舜文武之道或弛而墜禮樂崩喪其亦正其統紀而已矣既而夫子聞之曰吾豈敢哉亦好禮樂者也齊東郭亥欲攻田氏執贄見夫子而訪焉夫子曰子爲義也丘不足與計事揖子貢使答之子貢謂之曰今子士也位卑而圖大卑則人不附也圖大則人憚之殆非子之任也盍姑已乎夫以一縷之任繫千鈞之重上懸之於無極之高下垂之於不測之深旁人皆哀其絕而造之者不知其危子之謂乎馬方駭鼓而驚之繫方絕重而填之馬奔車覆六轡不禁繫絕於高墜入於深其危必

矣東郭亥色戰而跪曰吾已矣願子無言旣而夫子告子貢曰東郭亥欲爲義者也子亦告之以難易則可矣奚至懼之哉孔子謂南宮敬叔曰吾聞老聃博古知今通禮樂之原明道德之歸則吾師也今將往矣

今世所行老子之書皆曰老聃之書也簡觀老子書深有疑焉蓋入乎道而猶有蔽焉者也何以明之曰道可道非常道名可名非常名又曰我獨怕兮其未兆嗚呼非入乎道者斷不及此今人心逐逐不休不能斯須止靜有能寂然不動乎意而久者乎兆謂意起而象兆也怕者兢兢業業也雖兢兢業業而非意

也孔子所謂用力於仁者嗚呼至矣及乎曰此三者不可致詰復混而爲一夫道未始不一何以復混爲此其大蔽也此意之所爲也道不如是也又曰萬物並作吾以觀其復夫物芸芸各歸其根歸根曰靜離動而之靜此蔽也非道也又曰夫禮者忠信之薄而亂之首也觀孔子與老聃言禮甚詳殆非此老子也豈亂首等語後人附益之邪權說邪設權說而亦好靜而惡動取無爲而舍有爲非道之大也孔子無常師師其是者不師其非也

對曰謹受命遂言於魯君曰臣受先臣之命云孔子聖

人之後也滅於宋王肅云孔子之先去宋奔魯其祖弗父何始有國而授厲公

史記宋湣公共卒弟煬公熙立湣公子鮒祀弑煬公而自立曰我當立是爲厲公而此云始有國而授厲公者傳聞異辭邪王肅注家語云弗父何緡公世子厲公兄也讓國以授厲公

及正考父佐戴武宣宋戴公武公宣公三命茲益恭故其鼎銘曰一命而僂再命而傴三命而俯循墻而走亦莫余敢侮饘於是粥於是以糊其口史記余在敢下又其作余其恭儉也若此臧孫紇有言聖人之後若不當世則必有明君而達

者焉達謂得行其道於明君也孔子少而好禮其將在矣將在孔子屬臣曰女必師之今孔子將適周觀先王之遺制考禮樂之所極斯大業也君盍以乘資之臣請與往公曰諾與孔子車一乘馬二疋豎子侍御敬叔與俱至周問禮於老聃訪樂於萇弘歷郊社之所考明堂之則察廟朝之度於是喟然曰吾乃今知周公之聖與周之所以王也及去周老子送之曰吾聞富貴者送人以財仁者送人以言吾雖不能富貴而竊仁者之號請送子以言乎凡當今之士聰明深察而近於死者好譏議人者也博辨閎達而危其身者好發人之惡者也無以有已爲人子者

無以惡已爲人臣者身者父母之遺體身體髮膚受之父母此不特人子之道如此凡人皆不可立我爲人臣者無使君惡已孔子曰敬奉教自周反魯道彌尊矣遠方弟子之進蓋三千焉孔子觀乎明堂覩四門墉有堯舜之容桀紂之象而各有善惡之狀興廢之誡焉又有周公相王抱之負斧扆南面以朝諸侯之圖焉孔子徘徊而望之謂從者曰此周之所以盛也夫明鏡所以察形往古所以知今人主不務襲迹所以安存而急逮所以危亡是猶有以異於却走而欲求及前人也豈不惑焉孔子觀周遂入太祖后稷之廟廟堂右階之前有金人焉參緘其口而銘其背曰古之慎言人也戒之哉

無多言多言多敗無多事多事多患安樂必戒無行所悔勿謂何傷其禍將長勿謂何害其禍將大勿謂不聞神將伺人焰焰不滅炎炎若何涓涓不壅終爲江河綿綿不絕或成網羅毫末不扎將尋斧柯（扎拔）誠能慎之福之根也口是何傷（口曰是何傷哉）禍之門也强梁者不得其死好勝者必遇其敵盜憎主人民怨其上君子知天下之不可上也故下之知衆人之不可先也故後之溫恭慎德使人慕之執雌持下人莫踰之人皆趨彼我獨守此人皆惑之我獨不徙內藏我智不示人技我雖尊高人弗我害誰能於此江河雖左長於百川以其卑也天道

無親而能下人（降監於人）戒之哉孔子既讀斯文也顧謂弟子曰小子識之（音志）此言實而中情而信詩曰戰戰兢兢如臨深淵如履薄冰行身如此豈以口過患哉孔子曰自季孫之賜我粟千鍾也而交益親自南宮敬叔之乘我車也而道加行故道雖貴必有時而後重有勢而後行

管仲第四十

子路問曰管仲之爲人如何子曰仁也子路曰昔管仲說襄公公不受是不辯也欲立公子糾而不能是不智也家殘於齊而無憂色是不慈也桎梏而居檻車無慙

心是無醜也事所射之君是不貞也召忽死之管仲不死是不忠也仁人之道固若是乎孔子曰管仲説襄公襄公不受公之闇也欲立子糾而不能不遇時也家殘於齊而無憂色是知權命也桎梏而無慚心自裁審也事所射之君通於變也不死子糾量輕重也夫子糾未成君管仲未成臣管仲才度義也才裁管仲不死束縛而立功名未可非也召忽雖死過與取仁過於取仁與者語辭歟未足多也不非召忽但不多之爾

季羔爲衛之士師刖人之足俄而衛有蒯聵之亂季羔逃之走郭門刖者守門焉謂季羔曰彼有闕季羔曰君子不踰又曰彼有竇季羔曰君子

不隱又曰於此有室季羔乃入焉既而追者罷季羔將去謂刖者曰吾不能虧主之法而親刖子之足今吾在難此正子之報怨之時而逃我者三何故哉刖者曰斷足固我之罪無可奈何曩者君治臣以法令先人後臣欲臣之免也臣知獄決罪定臨當論刑君愀然不樂見君顏色臣又知之君豈私臣哉天生君子其道固然此臣之所以悅君也孔子聞之曰善哉爲吏其用法一也思仁恕則樹德加嚴暴則樹怨公以行之其子羔乎言公明子羔樹德非作意

子路爲蒲宰爲水備與其民脩溝瀆以民之勞煩苦也人與之簞食一壺漿孔子聞之使子貢止之

子路忿然不悅往見孔子曰由也以暴雨將至恐有水災故與民脩溝洫以備之而民多匱餓是以簞食壺漿而與之夫子使賜止之是夫子止由之行仁也夫子以仁教而禁其行由不受也孔子曰女以民爲餓也何不白於君發倉廩以賑之而私以爾食饋之是女明君之無惠而見己之德美矣女速已則可不已則女之見罪必矣孔子將行雨而無蓋門人曰商也有之孔子曰商之爲人也甚悋於財吾聞與人交推其長者違其短者故能久也子貢問曰死者有知乎將無知乎子曰吾欲言死之有知將恐孝子順孫妨生以送死吾欲言死之

無知將恐不孝之子棄其親而不葬賜欲知死者有知與無知非今之急後自知之子路亦嘗問死子曰未知生焉知死不知者謂子不答其問知者謂子貢答其問也不知者皆謂生有知死無知知者謂生非有知死非無知生與死皆不可以有知無知言之人能自知則知之矣子貢方以夫子之文章與言性與天道裂而爲二離而爲三是宜未足與語此而曰後自知之

子貢問治民於孔子子曰懍懍焉若持腐索之扞馬王肅云扞馬突馬子貢曰何其畏也孔子曰夫通達御之皆人也達其違之訛歟抑謂通達之衛歟以道導之則吾畜也不以道導之則吾讎也如之何其無畏也魯國之法贖人臣妾于諸侯者皆取金於府子貢贖之辭而不取金孔子聞之曰賜失之矣夫聖人之舉事也可以移風易俗而

教導可以施之於百姓非獨適身之行也今魯國富者寡而貧者衆贖人受金則爲不廉則何以相贖乎自今以往魯人不復贖人於諸侯子路治蒲請見於孔子曰由願受教於夫子子曰蒲其何如對曰邑多壯士又難治也子曰然吾語爾恭而敬可以懾勇寬而正可以懷强愛而恕可以容困（困者困而不學之困本心之善不伸雖非剛强而不好義）溫而斷可以抑姦如此而加之則正不難矣孔子觀於魯桓公之廟有欹器焉夫子問於守廟者曰此爲何器對曰此蓋爲宥坐之器（宥右歟）孔子曰吾聞宥坐之器虛則欹中則正滿則覆明君以爲至戒故常置之坐側顧謂弟

子曰試注水焉注之水中則正滿則覆夫子喟然嘆曰嗚呼夫物惡有滿而不覆者哉

知者第四十一

子路見於孔子子曰知者若何仁者若何對曰知者使人知巳仁者使人愛巳子曰可謂士矣子路出子貢入問亦如之對曰知者知人仁者愛人子曰可謂士矣子貢出顏淵入問亦如之對曰知者自知仁者自愛子曰可謂士君子矣

此顏子巳聞夫子克巳復禮爲仁由巳之誨之後之語也嗚呼至矣孔子曰知及之仁不能守之雖得之

必失之知道之謂知守道之謂仁此心卽道故舜曰道心此心虛明廣大無際神用變化不疾而速不行而至因物有遷爲意爲妄一日自知自信我乃卽道故曰百姓日用而不知此心雖明舊習猶在日用雖妙舊習潛應苟不用力終失其道用力非思用力非爲思爲爲非道舊習則然內心發光本妙常一是之謂仁自愛故用力用力非外故曰自愛嗚呼至矣

子貢曰子從父命孝臣從君命貞乎奚疑焉

乎者疑辭既自疑又曰奚疑以決之人言亦有如此者

孔子曰鄙哉賜女不識也昔者明王萬乘之國有爭臣七人則主無過舉千乘之國有爭臣五人則社稷不危百乘之家有爭臣三人則祿位不替父有爭子不陷無禮士有爭友不行不義故子從父命詎爲孝臣從君命詎爲貞能審其所從之謂孝之謂貞矣子路盛服見於孔子子曰是倨倨者何也（有倨傲之貌）夫江始出於岷山其源可以濫觴及其至于江津不舫舟不避風則不可以涉非唯下流水多邪今爾衣服既盛顏色充盈天下且孰肯以非告女乎

盛服盈色比之下流多水孔門諸賢皆有若無實若

虛唯子路子張異也

子路趨而出改服而入蓋自若也（顏色充盈不改）子曰由志之吾告女奮於言者華奮於行者伐（有矜伐之貌）夫色智而有能者小人也故君子知之曰知言之要也不能曰不能行之至也言要則智行至則仁既仁且智惡不足哉

言知之曰知則不知曰不知之意已見矣言不能曰不能則能曰能之意可見矣孔子謂知之曰知之不知曰不知此言之要也謂能曰能不能曰不能行之至也甚矣夫孔子之善於明道也子路雖有所知能其未至於道確矣而孔子遂指人曰此言之要行之

至何也嗚呼非聖人豈能發明大道如此此道何思何慮不識不知孔子曰吾有知乎哉無知也知曰知不知曰不知能曰能不能曰不能如此則誠實而已矣誠實至矣妙矣無所不通人皆有之而自不知也知此謂之知道不失此謂之行道要猶至也知道曰智行道曰仁仁智聖人之道也惡有尚不足者哉言其道之已全也論語子曰由誨女知之乎知之爲知之不知爲不知是知也子路行行然必有以不知爲知不能爲能者矣

魯哀公問曰昔舜冠何冠乎孔子不對公曰寡人有問

於子而子無言何也對曰以君之問不先其大者故方思所以爲對公曰其大何乎孔子曰舜之爲君也其政好生而惡殺其任授賢而替不肖德若天地而靜虛化若四時而變物是以四海承風暢於異類鳳翔麟至鳥獸馴德無他好生故也君舍此道而冠冕是問是以緩對

夫舜若天地而靜虛授賢而替不肖不止於好生而已而孔子首稱好生又總稱好生何也哀公問社於宰我宰我曰周人以栗而公曰使民戰栗是有誅三家之微情形見孔子意謂宰我之不諫止也而尤之

曰事已成則不說已遂則不諫既往則不復追咎今
哀公事未成遂而亦不諫乎事非既往尚可救止祿
去公室五世矣公不懲昭公之覆轍故孔子因問而
詳言好生庶潛消公意不召禍
孔子曰吾於甘棠見宗廟之敬也甚矣思其人必愛其
樹尊其人必敬其位道也
不知道者謂於宗廟起敬孝而已非道也孔子知其
蔽於此故明曰道也嗚呼孔子告人如此明白而人
猶莫之悟也胡不又觀孔子曰夫孝天之經地之義
又曰孝弟之至通於神明光于四海無所不通人惑

於名迹自作樊墻自聖人觀之未見其二

斷獄第四十二

孔子爲魯司寇斷獄訟皆進衆議者而問之曰子以爲奚若其以爲奚若皆曰云云如是然後夫子曰當從其子幾是

衆議如有是者則夫子曰當從其子幾近也幾是云者猶未敢斷定其子所議確然是猶以審問於衆人也

孔子問漆雕憑曰子事臧文仲武仲及孺子容此三大夫孰賢對曰臧氏家有守龜焉名曰蔡文仲三年而爲

一兆武仲三年而爲二一兆孺子容三年而爲三兆憑從此見之若問三人之賢與不賢所未敢識也孔子曰君子哉漆雕氏之子其言人之美也隱而顯言人之過也微而著智而不能及明而不能見孰克如此曾公索氏先落反將祭而亡其牲孔子聞之曰公索氏不及二年將亡後一年而亡門人問曰夫子何以知其然子曰夫祭者孝子所以自盡於其親將祭而亡其牲則餘所亡多矣若此而不亡者未之有也楚恭王出遊亡烏嘷之弓左右請求之王曰止楚王失弓楚人得之又何求之孔子聞之曰惜乎其不大也不曰人遺弓人得之而已何

必楚也虞芮二國爭田而訟連年不決乃相謂曰西伯仁也盍往質之入其境則耕者讓畔行者讓路入其朝士讓爲大夫大夫讓爲卿虞芮之君曰吾儕小人也不可以入君子之朝遂自相與讓而退咸以所爭之田爲閒田孔子曰以此觀之文王之道其不可加焉不令而從不教而聽至矣哉

哀公問曰紳委章甫

委貌周冠章甫殷冠孔子殷人冠章甫學者從之多

冠章甫魯士委貌章甫雜

有益於仁乎孔子作色而對曰君胡乎然衰麻苴杖者志不存乎樂非耳弗聞服使然也黼黻衮冕者容不褻

慢非性矜莊服使然也介胄執戈者無退懦之氣非體
純猛服使然也且臣聞之好肆不守折
王肅云言市弗能爲廉好肆不守折也
長者不爲市竊夫其有益與無益君子所以知
竊以爲夫其有益無益君子所以知歟意承上所言
孔子曰見長者而不盡其辭雖有風雨吾不能入其門
矣
以其中懷深曲不質直可畏也
子曰君子以其所能敬人小人反是矜能傲人孔子謂子路
曰君子以心導耳目立義以爲勇小人以耳目導心不

遂以爲勇故曰退之而不怨先之斯可從已

先之謂彼無求我我斯從之如此則不以進退動其心故無怨

魯人有獨處室者隣之釐婦亦獨處一室夜暴風雨至釐婦室壞趨而託焉魯人閉戶而不納釐婦自牖與之言子何不仁而不納我乎魯人曰吾聞男女不六十不同居今子幼吾亦幼是以不敢納爾也婦人曰子何不如柳下惠然嫗不逮門之女

嫗噢也字訛音同噢痛念聲威遇反

國人不稱其亂魯人曰柳下惠則可吾固不可吾將以

吾之不可學柳下惠之可孔子聞之曰善哉欲學柳下惠者未有似於此者期於至善而不襲其爲可謂智乎

孔子謂子路曰君子而強氣則不得其死小人而強氣則刑戮洊臻子貢觀於魯廟之北堂出而問於孔子曰向也賜觀於太廟之堂未既輟還觀北蓋皆斷焉彼將有說耶匠之過也子曰太廟之堂官致良工之匠匠致良材盡其功巧蓋貴久矣尚有說也

蓋者屋之上覆其體貴重久矣當有說也尚亦非決定之辭

讀史第四十三

孔子讀史至楚復陳喟然嘆曰賢哉楚王輕千乘之國而重一言之信匪申叔之信不能達其義匪莊王之賢不能受其訓

楚莊以陳夏氏亂故伐陳謂陳人無動將討於少西氏少西徵舒之祖子夏之名遂入陳殺夏徵舒因縣陳陳侯在晉申叔時使於齊反復命而退莊王使讓之曰夏徵舒弒其君寡人以諸侯討而戮之諸侯縣公皆慶寡人女獨不慶寡人何故對曰猶可辭乎王曰可哉曰夏徵舒弒其君罪其大矣討而戮之君之義也抑人亦有言曰牽牛以蹊人之田而奪之牛牽

牛以蹊者信有罪矣而奪之牛罰以重矣諸侯之從也曰討有罪也今縣陳貪其富也以討召諸侯而以貪歸之無乃不可乎王曰善哉反之可乎對曰可哉乃復封陳鄉取一人焉以歸謂之夏州春秋魯宣十一年書曰楚子入陳

孔子覽晉志晉趙穿殺靈公趙盾亡未及山而還史書趙盾弒君盾曰不然史曰子爲正卿亡不出境返不討賊非子而誰盾曰嗚呼我之懷矣自詒伊慼其我之謂乎孔子嘆曰董狐古之良史也書法不隱趙宣子古之良大夫也爲法受惡惜也越境乃免

謂越境而往非謂越境而復返董仲舒亦云大抵春秋名卿賢大夫多以戀族固位既不能格君於道又不能去其末流遂至於坐視弑逆或能去或不能去盾若越境遂去而不返猶可以免記者微不盡孔子之旨學者疑焉

晉邢侯與雍子爭田叔魚攝理叔魚叔向弟理獄官之名罪在雍子雍子納其女於叔魚叔魚蔽獄邢侯蔽即蔽斷也斷罪歸邢侯邢侯怒殺叔魚與雍子於朝韓宣子問罪於叔向宣子名起叔向曰三姦同罪施生戮死可也

內則施羊施麋施鹿施麕之施與此義同謂肆之歟

雍子自知其罪而賂以買直鮒也鬻獄邢侯專殺其罪一也已惡而掠美爲昏貪以敗官爲默王肅云默猶冒苟貪不畏罪殺人不忌爲賊夏書曰昏默賊殺咎陶之刑也請從之乃施邢侯而尸雍子叔魚於市孔子曰叔向古之遺直也治國制刑不隱於親三數叔魚之罪不爲末減由義也夫可謂直矣乎丘之會數其賄也以寬衛國晉不爲暴歸魯季孫稱其詐也以寬魯國晉不爲虐邢侯之獄言其貪也以正刑書晉不爲頗三言而除三惡加三利殺親益榮由義也夫鄭有鄉校鄉校之士非論執政鬷明然明謂子產曰毀鄉校何如子產曰何以毀爲也夫人朝

夕退而遊焉以議執政之善否其所善者吾則行之其所否者吾則改之是吾師也若之何毀之我聞忠善以損怨不聞作威以防怨豈不遽止然猶防川大決所犯傷人必多吾弗克救也不如小決使道不如吾聞而藥之鬷明曰蔑也今而後知吾子之信可事也小人實不才若果行此其鄭國實賴之豈唯二三臣孔子聞之曰人謂子產不仁吾不信也鄭伐陳入之子產獻捷于晉戎服將事晉人問陳之罪對曰昔虞閼父爲周陶正以服事我先王我先王賴其利器用也與其神明之後也庸以元女大姬配胡公（元女武王長女）而封諸陳以備三恪則

我周之自出至于今是賴桓公之亂蔡人欲立其出我先君莊公奉五父而立之（五父陳佗）蔡人殺之（欲立其出故）我又與蔡人奉戴厲公（戴謂尊而立之）至於莊宣皆我之自立夏氏之亂成公播蕩又我之自入君所知也今陳忘周之大德（鄭桓公友者宣王庶弟初封於鄭）蔑我大惠棄我姻親介恃楚衆（家語介作家）以憑陵我敝邑不可億逞（億臆也不敢以已意私逞）我是以有往年之告未獲成命（未得伐陳命）則又有東門之役（前年陳從楚伐鄭東門）當陳隧者井堙木刊敝邑大懼不競而恥大姬天誘其衷啓敝邑心陳知其罪授首于我（左傳首作手）用敢獻功晉人曰何故侵小對曰先王之命唯罪所在各致其

辟且昔天子之地一圻列國一同今大國多數圻矣若無侵小何以致焉晉人曰何故戎服對曰我先君武莊爲平桓卿士城濮之役文公布命曰各復舊職命我文公戎服輔王以授楚捷不敢廢王命故也士莊伯不能詰（士莊伯士弱）復於趙文子曰其辭順犯順不祥乃受之孔子聞之曰志有之言以足志文以足言不言誰知其志言之無文行而不遠晉爲伯鄭入陳非文辭不爲功小子慎哉（家語聞之下有子貢左傳無小子慎下有辭字）孔子弟子有宓子賤者（宓音伏）仕於魯爲單父宰恐魯君聽讒言使已不得行其政於是辭行故請君之近史二人與之俱至官宓子戒

其邑吏令二史書方書輒掣其肘書不善則從而怒之二史患之辭請歸魯宓子曰子之書甚不善子勉而歸矣二史歸報於君曰宓子使臣書而掣臣肘書惡而又怒臣邑吏皆笑之此臣所以去之而來也魯君以問孔子曰宓不齊君子也其才任霸王之佐屈節治單父將以自試也意者以此爲諫乎公寤太息而嘆曰此寡人之不肖寡人亂宓子之政而責其善者數矣微二史寡人無以知其過微子寡人無以自寤遽發所愛之使告宓子曰自今以往單父非吾有也從子之制有便於民子決爲之五年一言其要宓子曰敬奉詔遂得行其政於

是單父治焉躬敦厚明親親尚篤敬施至仁懇誠忠信百姓化之齊人攻魯道由單父單父之老請曰麥已熟矣今齊寇至不及人人自收其麥請放民出皆穫傅郭之麥可以益糧且不資於寇三請而宓子不聽俄而齊寇逮于麥季孫聞之怒使人以讓宓子曰民寒耕熱耘曾不得食豈不哀哉不知猶有以告者而子不聽非所以爲民也宓子蹵然蹵子六反曰今茲無麥明年可樹若使不耕者穫是使民樂有寇且得單父一歲之麥於魯不加強喪之不加弱若使民有自取之心其創必數世不息季孫聞之赧然而愧曰地若可入吾豈忍見宓子哉

三年孔子使巫馬期往觀政焉巫馬期陰免衣敝裘入單父界見夜漁者得魚輒舍之巫馬期問焉曰凡漁者爲得何以得魚卽舍之漁者曰魚之大者名爲鱄鱄音儔吾大夫愛之其小者名爲鱦鱦弋證反吾大夫欲長之是以得二者輒舍之巫馬期反以告孔子曰宓子之德至使民闇行若有嚴刑於旁敢問宓子何行而得於是孔子曰吾嘗與之言誠於此者形於彼宓子行此術於單父也術者道之異名

自吾第四十四

孔子曰自吾有回門人日益親孔子曰禮儀三百可勉

能也威儀三千則難也公西赤問曰何謂也子曰貌以擯禮禮以擯辭是之謂也主人聞之以成

孔子之言無非道者而於威儀之誨其開明學者益著威儀非勉而至自然而然非思慮之所及此禮樂之原本諸大一分而爲天地變而爲四時達於冠昏喪祭射御朝聘者也貌以所擯之禮而轉禮以所擯之辭而明主人聞擯贊而威儀以成言主人一無所思聞擯而成嗚呼人心卽道故舜曰道心此心無體清明無際動乎意則昏不動乎意則清明變化出生萬善故孔子平居日用不逆詐不億不信不知老之

將至又曰無知也而威儀三千不思而得不勉而中

道心初無聖愚之分因意起與不起始有聖愚之分

孔子曰高柴執親之喪則難能也開蟄不殺則天道也方長不折則恕也恕則仁也湯恭以恕是以日躋也

高柴字子羔執親喪泣血三年未嘗見齒見齒笑也不殺不折不忍之心油然以生湯之所以聖敬日躋者由是心以往也此心人皆有之而不自知其善不能自保故復失之離善則之惡矣

子貢言所對衛將軍文子問二三子之行於孔子子曰是女所親也吾語女耳之所未聞目之所未見思之所

未至智之所未及者乎

家語所載辭旨大差屢見家語遇疑阻則輒以已意加損大失孔子之旨大戴所記雖多有不善屬辭不能明白而靜思之則孔子之旨亦著家語加損之文雖明白而淺陋多失本眞

子貢曰賜願得聞之子曰不克不忌不念舊惡蓋伯夷叔齊之行也晉平公問於祁傒曰羊舌大夫晉國之良大夫也

羊舌大夫叔向之祖父也申生代皋落氏羊舌異於羣議曰違命不孝棄事不忠雖知其寒惡不可取子

其死之

其行如何祁徯對辭曰不知也公曰吾聞女少長乎其所女其闇知之祁徯對曰其幼也恭而遜恥而不使其過宿也（有過而恥卽日改之不使過宿）其爲侯大夫也悉善而謙其端也（諸行悉善而謙德特盛故表見）其爲公車尉也信而好直其功也至於其爲和容也溫良而好禮博聞而時出其志也公曰嚮者問女女何曰弗知也祁徯對曰每位改變未知所止是以不知蓋羊舌大夫之行也畏天而敬人服義而行信孝乎父而恭於兄好從善而斆往蓋趙文子之行也（文子名武）其事君也不敢愛其死然亦不亡其身謀其身

不遺其友君陳則進不陳則行而退蓋隨武子之行也士會字季初封隨後改封范其爲人之淵泉也多聞而難誕也誕欺也大言欺陵也不内辭足以沒世

不内辭非不受人言之謂也謂其聰明無蔽無疑聞人言辭如雲氣往來太虛不能以入其心也夫有蔽有辭破吾之蔽則此辭入吾之心矣吾有疑而有辭足以釋吾之疑則此辭足以入吾之心矣言辭萬狀逆順深淺當否體狀無窮孰能不爲之動惟虛明本無疑蔽自然外辭不能深入嗚呼苟非大聖未有能不内辭者未有能一不爲言辭所動者言足以沒世

謂終其身無有一辭能入之者孔子善於明人之德

此舉其他人之所不及者淵深泉出無窮多聞博知本末具備至矣大矣孔子閒處喟然而嘆曰嚮使銅鞮伯華無死則天下其有定矣此情亦可覩

國家有道其言足以生

言者其道行生者明其不死明其孫出不犯況時有道故不死

國家無道其默足以容

默而容則禍不及之然不言不死者國家無道亦難保其必不死

蓋銅鞮伯華之行也羊舌赤字伯華邑於銅鞮外寬而內直自設於隱栝之中孔子曰隱栝之旁多曲木直已而不直人以善存亡汲汲存亡者死生不變也蓋蘧伯玉之行也孝子慈幼允德稟義約貨去怨義出於性稟非勉而能蓋柳下惠之行也其言曰君雖不量於臣臣不可以不量於其君是故君擇臣而使之臣擇君而事之有道順命無道橫命家語橫作衡蓋晏平仲之行也德恭而行信終日言不在尤之內在尤之外貧而樂也蓋老萊子之行也易行以俟天命居下位而不援其上觀於四方也不忘其親苟思其親不盡其樂以不能學爲已終身之憂蓋介山子推之行也子貢跪曰請退

而記之哀公問曰當今之君孰爲最賢孔子對曰丘未之見也抑有衛靈公乎公曰吾聞其閨門之內無別而子次之賢何也孔子曰臣語其朝廷行事不論其私家之際也公曰其事何如孔子對曰靈公之弟曰公子渠牟其智足以治千乘其信足以守之靈公愛而任之又有士林國者見賢必進之而退與分其祿是以靈公無遊放之士靈公賢而尊之又有士曰慶足者衛國有大事則必起而治之國無事則退而容賢王肅云所以退者欲以容賢於朝靈公悅而敬之又有大夫史鰌以道去衛而靈公郊舍三日琴瑟不御必待史鰌之入而後敢入臣以此取

之雖次之賢不亦可乎孔子適衛顏子驕名刻為僕衛靈公與夫人南子同車出而令宦者雍梁參乘史記梁作渠使孔子為次乘遊過市孔子恥之子驕曰夫子何恥之孔子曰詩云覯爾新昏以慰我心乃嘆曰吾未見好德如好色者也子貢問曰今之人臣孰為賢子曰吾未識也往者齊有鮑叔鄭有子皮則賢者矣子貢曰齊無管仲鄭無子產乎子曰賜女知其一未知其二也女聞用力為賢乎進賢為賢乎子貢曰進賢賢哉子曰然吾聞鮑叔達管仲子皮達子產未聞二子之達賢己之才者也

讀詩第四十五

孔子讀詩至于正月六章惕焉如懼曰彼不達之君子豈不殆哉從上依世則道廢違上離俗則身危時不興善己獨由之則曰非妖即妄也故賢也既不遇天恐不終其命焉桀殺龍逄紂殺比干皆是類也詩曰謂天蓋高不敢不局謂地蓋厚不敢不蹐王肅云局曲也蹐累足也此言上下畏罪無所自容也

孔子惕焉如懼非以死生動其心也心無實體清虛無我生不加益死不加損死生如雲氣聚散太虛常一然而白刃鼎鑊人心之所同畏聖人未嘗與人殊而其處死生之變聖人不以動其心而衆生昏而亂

則不同也彼輕生樂死未離乎意非道之正得寂然不動之妙而未得喜怒哀懼之妙猶未爲得道之全

正

哀公問曰寡人聞忘之甚者徙而忘其妻有諸孔子對曰此猶未甚者也甚者乃忘其身公曰可得聞乎孔子曰昔者夏桀貴爲天子富有四海忘其聖祖之道壞其典法廢其世祀荒于淫樂耽湎于酒佞臣諂諛窺導其心窺見桀心隨所欲而導順之忠士折口逃罪不言折絕也天下誅桀而有其國此謂忘其身之甚矣顏淵將西遊於宋問於孔子曰何以爲身子曰恭敬忠信而已矣恭則遠於患

敬則人愛之忠則和於衆信則人任之勤斯四者可以
正國豈特一身者哉
顔子是時其在其心三月不違仁之後乎其德成故
欲自試出遊交物其心已無畏所未知者爲身爾恐
其亂世致患故問於孔子卽孔子所答具見情狀若
他人聞孔子所答往往多用心於外而失本唯顔子
而後可以聞此言孔子隨宜致教如此恭敬忠信顔
子所自有顔子內心純明而其於衆智不敢自謂已
盡故以爲問至孔子告之乃卽顔子之所自有
故夫不比於數而比於踈不亦遠乎不脩其中而脩外

者不亦及乎慮不先定臨事而謀不亦晚乎
人於親數者多褻而於新交之疎者意方親故多不
比於數而比於疏雖仁者容或有此蓋以爲未害於
義故惟其情之所之然不可以言智矣知人之難堯
舜猶病疎者終難遽信信之或罹其禍親數者知之
既詳則比之鮮患苟親數者不比而反比疎者所失
遠矣恭敬忠信乃我中心所自有雖顔子本心純明
恐因夫子答前而脩於外故申言之遠於患人愛之
和於衆人任之此皆效之見於外者而脩之乃自其
內慮不先定臨事而謀仁者多有此患蓋仁者虛明

不動乎意無思無爲多無先定之慮此亦顏子之所宜知必聰明睿智無一之不盡而後爲聖而後得道之全

孔子閒處喟然而嘆曰鄉使銅鞮伯華無死則天下其有定矣子路曰由願聞其人也子曰其幼也敏而好學其壯也有勇而不屈其老也有道而能下人有此三者以定天下也何難乎哉子路曰幼而好學壯而有勇則可也若夫有道下人又誰下哉子曰由女不知也吾聞以衆攻寡無不克也以貴下賤無不得也昔者周公居冢宰之尊制天下之政而猶下白屋之士王肅云草屋日見

百七十人斯豈以無道也欲得士之用也惡有有道而無下天下君子哉（孔子言銅鞮伯華之行亦見自吾篇）齊景公至曾舍于公館使晏嬰迎孔子子至公問政焉對曰政在節財公悅又問曰秦穆公國小處僻而霸何也對曰國雖小其志大處雖僻其政中（言不僻也）其舉也果其謀也和法無私而令不愉（愉偷也）首拔五羖爵之大夫（百里奚）與語三日而授之以政以此取之雖王可也其霸小矣公曰善哉哀公問政孔子對曰政之急者莫大於使民富且壽也公曰爲之奈何子曰省力役薄賦斂則民富矣敦禮教遠罪疾則民壽矣公曰寡人欲行夫

子之言恐吾國貧矣子曰詩云豈弟君子民之父母未有子富而父母貧者也衛靈公問於孔子曰有語寡人有國家者計之於廟堂之上則政治矣何如子對曰其可也愛人者則人愛之惡人者則人惡之知得之己者則知得之人所謂不出環堵之室而知天下者知反己之謂也孔子見宋君君問曰吾欲使長有國而列都得之吾欲使民無惑吾欲使士竭力吾欲使日月當時吾欲使聖人自來吾欲使官府治理爲之奈何孔子對曰千乘之君問丘者多矣而未有若主君之問問之悉也然主君所欲者盡可得也丘聞之鄰國相親則長有國

君惠臣忠則列都得之君惠愛而擇忠臣任之則列都皆得其道矣不殺無辜無釋罪人則民不惑士益之祿則皆竭力尊天敬鬼則日月當時

欲雨暘時若農時無失本諸德次任賢次乃及於施政尊天敬鬼上既先言德政此又因宋君於尊天敬鬼有未盡歟

崇道貴德則聖人自來任能黜否則官府治理宋君曰善哉豈不然乎寡人不佞不足以致之也子曰此事非難唯欲行之云耳

昏庸之君略同孔子言之甚平易而宋君自以為不

足致之者已私室之也雖知臣之未忠而姑任之不能去歟忤意則無辜者殺順意則雖有罪釋歟慾於財歟昏惰苟且不知尊天敬鬼歟然此事實非難若宋君有志行之則甚易爾

子貢問曰昔者齊君問政於夫子夫子曰政在節財魯君問政夫子曰政在諭臣葉公問政夫子曰政在悅近而來遠三者之問一也而夫子應之不同然政在異端乎子曰各因其事也齊君爲國奢乎臺榭淫乎苑囿五宮伎樂不懈於時一旦而賜人以千乘之家者三故曰政在節財魯君有臣三人內比周以愚其君外距諸侯

之賔以蔽其明

距拒也三桓外交諸侯諸侯親季氏而疏魯君是三桓實拒諸侯之賔以蔽塞公之耳目

故曰政在諭臣

三桓之情如石疑非言語之所能諭然人性本善以利欲故昏若魯君無忌害之志開誠順道以諭之庶可化導

夫荆之地廣而都狹民有離心莫安其居

天下事誠非一說之所能了隨時因事各有不同苟不便於民皆足致亂

故曰政在悅近而來遠此三者所以爲政殊矣詩云喪亂蔑資曾不惠我師（王肅云蔑無也資財也）此傷奢侈不節以爲亂者也又曰匪其止共惟王之卬此傷姦臣蔽王以爲亂者也又曰亂離瘼矣奚其適歸此傷離散以爲亂者也察此三者政之所欲豈得同乎哉

臣諫第四十六

孔子曰忠臣之諫君有五義焉一曰譎諫二曰戇諫

廣韻集韻作戇呼貢反戇愚也戇呼貢反又音貢

三曰降諫

王肅云卑降其體取義未該簡謂卑降有體有言有

色過爲卑恭歟

四曰直諫

直言以諫亦至如戇諫之不敬

五曰諷諫唯度主而行之吾從其諷諫乎子曰夫道不可不貴也中行文子倍道失義以亡其國而能禮賢以活其身

中行文子得罪於晉出亡後奔齊王肅注云文子無禮賢之事蓋肅無所致見耳

聖人轉禍爲福謂是歟楚王將遊荊臺司馬子祺諫王怒之令尹子西賀於殿下曰荊臺之觀不可失也王喜

拊子西之背曰與子共樂之矣子西步馬十里引轡而止曰臣願有言王肯聽之乎王曰子其言之子西曰臣聞爲人臣而忠於其君者爵祿不足以賞也諛其君者刑罰不足以誅也子祺忠臣也臣諛臣也願王賞忠而誅諛焉王曰今我聽司馬之諫是獨能禁我耳若後世遊之何也子西曰禁後世易耳大王萬歲之後起山陵於荆臺之上則子孫必不忍遊於父祖之墓以爲歡樂也王曰善乃還孔子聞之曰至哉子西之諫也入之於十里之上抑之於百世之後子貢問曰夫子之於子産晏子可謂至矣敢問二大夫之所自爲夫子之所以與

之者孔子曰子產於民爲惠主於學爲博物晏子於君爲忠臣而行爲恭敏故吾皆以兄事之而加愛敬

孔子於人不求備矧賢如子產晏子宜所愛敬雖史記載晏子沮害孔子程子華痛譏晏子情狀甚著與史記合而孔子心如太虛不以爲意

齊有一足之鳥飛集於公朝下止於殿前舒翅而跳齊侯大恠之使使聘魯問孔子子曰此鳥名商羊水祥也昔童兒有屈其一脚振迅兩肩而跳且謡曰天將大雨商羊鼓舞今齊有之其應至矣急告民趣治溝渠脩隄防將有大水爲災居無何大霖雨水溢泛諸國傷害民

人唯齊有備不敗景公曰聖人之言信而有徵矣孔子謂宓（宓音伏姓也）子賤曰子治單父衆悅子何施而得之也子語丘所以爲之者對曰不齊之治也父恤其子其子恤諸孤而哀喪紀孔子曰善小節也小民附矣猶未足也曰不齊所父事者三人所兄事者五人所友事者十一人孔子曰父事三人可以教孝矣兄事五人可以教弟矣友事十一人可以舉善矣中節也中人附矣猶未足也曰此地民有賢於不齊者五人不齊事之而稟度焉皆教不齊之道孔子歎曰其大者乃於此乎有矣昔堯舜聽天下務求賢以自輔夫賢者百福之宗也神明

之主也惜乎不齊之所治者小也子貢爲信陽宰將行辭於孔子孔子曰勤之愼之奉天之時無奪無伐無暴無盜子貢曰賜也少而事君子豈以盜爲累哉孔子曰女未之詳也以賢代賢謂之奪以不肖代賢謂之伐緩令急誅謂之暴取善自與謂之盜盜非竊財之謂也吾聞知爲吏者奉法以利民不知爲吏者枉法以侵民此怨之所由也治官莫若平臨財莫如廉廉平之守不可改也匿人之善斯謂蔽賢揚人之惡斯爲小人內不相訓而外相謗非親睦也言人之善若已有之言人之惡若已受之故君子無所不愼焉子路治蒲三年孔子過

之入其境曰善哉由也恭敬以信矣入其邑曰善哉由也忠信以寬矣至其庭曰善哉由也明察以斷矣子貢執轡而問曰夫子未見由之政而三稱其善其善可得聞乎子曰吾見其政矣入其境田疇盡易草萊甚辟溝洫深治此其恭敬以信故其民盡力也

上敬其下故民敬其上敬其命況以信臨之故民從命盡力

入其邑墻屋完固樹木甚茂此其忠信以寬故其民不偷也

賦役寬民信之安之故不偷情墻屋完固木茂

至其庭庭甚清閒諸下用命此其明察以斷故其政不擾也

唯明察以斷故民服而訟簡諸下用命

以此觀之雖三稱其善庸盡其美乎孔子曰置本不固無務豐末親戚不悅無務外交事不終始無務多業記聞而言無務多說比近不安無務求遠孔子曰良藥苦於口而利於病忠言逆於耳而利於行湯武以諤諤而昌桀紂以唯唯而亡君無爭臣父無爭子兄無爭弟士無爭友無其過者未之有也孔子見齊景公公悅焉請置廩丘之邑以爲養孔子辭而不受入謂弟子曰吾聞

君子當功受賞今吾言於齊君君未之有行而賜吾邑其不知丘亦甚矣於是遂行孔子曰無體之禮敬也無服之喪哀也無聲之樂歡也不言而信不動而威不施而仁夫鐘之音怒而擊之則武憂而擊之則悲其志變者聲亦隨之故志誠感之通於金石而況人乎

人心之神如此人心卽道故舜曰道心敬也哀也歡也信也威也仁也怒也憂也皆此心之爲直心而行則誠動乎意則僞孔子發明人心自有之神所以明道也

孔子適宋與弟子行禮大樹下（史記行作習）宋司馬桓魋欲

害孔子拔其樹孔子去弟子曰可以速矣孔子曰天生德於予桓魋其如予何六世孫子順曰子產相鄭三年而後謗止吾先君之相魯三月而後謗止文咨曰未識先君之謗何也子順曰先君相魯人誦曰麛裘而芾投之無戾芾而麛裘投之無郵（郵即尤字古多此類）及三月政化既成民又誦曰袞衣章甫實獲我所章甫袞衣惠我無私

芾蔽膝也章甫冠也袞芾章甫指衣冠即指孔子也投棄之亦無罪戾亦無咎尤惡孔子欲棄之也獲我所獲我心之所安

先聖大訓卷五終

明州楊簡輯并註

子路問第四十七

子路問曰請釋古之道而行由之意可乎子曰不可昔東夷之子慕諸夏之禮有女而寡爲内私壻終身不嫁嫁則不嫁矣亦非清節之義也蒼梧嬈娶妻而美讓與其兄讓則讓矣然非禮之讓也不愼其初而悔其後何嗟及矣今女欲舍古之道行子之意庸知子意不以是爲非以非爲是乎後雖欲悔難哉曾子耘瓜誤斬其根曾晳怒建大杖以擊其背曾子仆地而不知人久之乃

蘇欣然而起進於曾皙曰嚮也參得罪於大人大人用力教參得无病乎退而就房援琴而歌欲曾皙聞之知其體康也孔子聞之而怒告門弟子曰參來勿納曾子自以爲無罪使人請於孔子子曰女不聞乎昔瞽瞍有子曰舜舜之事瞽瞍欲使之未嘗不在側索而殺之未嘗可得小棰則待過大杖則逃走故瞽瞍不犯不父之罪而舜不失烝烝之孝今參事父委身以待暴怒殪而不避既身死而陷父於不義其不孝孰大焉女非天子之民邪殺天子之民其罪奚若曾子聞之曰參罪大矣遂造孔子而謝過孔子在齊舍於外館景公造焉賓主

之辭既接而左右白曰周使適至言先王廟災景公復問災何王之廟也孔子曰此必釐王之廟也公曰何以知之孔子曰詩云皇皇上天其命不忒天之祐善必報其德禍亦如之夫釐王變文武之制而作玄黃華麗之飾宮室崇峻輿馬奢侈而弗可振也言其敗壞不可振起故天殃所宜加其廟焉以是占之爲然公曰天何不殃其身而加罰其廟也孔子曰蓋以文武故也若殃其身則文武之嗣無乃殄乎故當殃其廟以彰其過俄頃左右報曰所災者釐王廟也景公驚起再拜曰善哉聖人之智過人遠矣孔子見羅雀者所得皆黃口小雀夫子問之曰

大雀獨不得何也羅者曰大雀善驚而難得黃口貪食而易得黃口從大雀則不得大雀從黃口亦得孔子顧謂弟子曰善驚以遠害利食而忘患自其心矣而獨以所從爲禍福故君子愼其所從以長者之慮則有全身之階隨小人之戇（呼貢反又音貢）而有危亡之敗也孔子讀易至於損益喟然而歎子夏避席問曰夫子何歎焉孔子曰夫自損者必有益之自益者必有決之吾是歎也（是此也）子夏曰然則學者不可以益乎孔子曰非道益之謂也道彌益而身彌損夫學者損其自多以虛受人故能成其滿博也天道成而必變

日中則昃月盈則食暑極則涼寒極則和

凡持滿而能久者未嘗有也故曰自賢者天下之善言不得聞於耳矣昔堯居治天下之位猶允恭以持之克讓以接下是以千歲而益盛迄今而愈彰夏桀昆吾自滿而無極亢意而不節斬刈黎民如草芥焉天下討之如誅匹夫是以千載而惡著迄今而不滅滿也如在輿遇三人則下之遇二人則式之調其盈虛不令自滿所以能人也子夏曰商請志之而終身奉之子夏問曰回之爲人奚若子曰回之信賢於丘賜之爲人奚若子曰賜之敏賢於丘由之爲人奚若子曰由之勇賢於丘師

之爲人奚若子曰師之莊賢於丘子夏避席而問曰然則四子何爲事夫子子曰居吾語女夫回能信而不能反

孔子謂昭公知禮又背蒲盟而適衛皆不信也

賜能敏而不能詘

詘者斂之反音屈

由能勇而不能怯師能莊而不能同兼四子者之有以易吾弗與也

言大小之不等爾不以大易小以爲喻爾非果弗與也子曰吾無行而不與二三子者但此道可以心通不可以言授

此其所以事吾而弗貳也孔子曰回有君子之道四焉強於行義弱於受諫怵於待祿

顏子不干祿待祿之至雖將西遊於宋怵焉懼其或失節

慎於治身史鰌有君子之道三焉不仕而敬上不祀而敬鬼直已而曲於人曾子侍曰參昔者嘗聞夫子之三言而未之能行也夫子見人之一善而忘其百非是夫子之易事也見人之有善若已有之是夫子之不爭也聞善必躬行之然後道之是夫子之能勞也

道言也先行而後言之勤勞力行也

學夫子之三言而未能行以自知終不及二子也孔子曰吾死之後則商也日益賜也日損曾子曰何謂也子曰商也好與賢已者處賜也好說不若已者處不知其子視其父不知其人視其友不知其君視其所使不知其地視其草木故曰與善人居如入芝蘭之室久而不聞其香即與之化矣與不善人居如入鮑魚之肆久而不聞其臭亦與之化矣丹之所藏者赤漆之所藏者黑是以君子必慎其所與處者焉孔子曰富貴而下人何人不以富貴而愛人何人不親發言不逆

人咸順聽

可謂知言矣言而衆響之可謂知時矣

衆應如響甚於不逆矣德性無二自人稱其善則有知言知時之不同

是故以富而能富人者欲貧不可得也以貴而能貴人者欲賤不可得也以達而能達人者欲窮不可得也

孔子此言非以利教人明天下之常理明由道之必致大利聖智無所不照知如四時而一氣

中人第四十八

孔子曰中人之情有餘則侈不足則儉無禁則淫無度則逸從欲則敗是故鞭扑之子不從父之教刑戮之民

不從君之令此言疾之難忍急之難行也故君子不急斷不急制使飲食有量衣服有節宮室有度畜積有數車器有限所以防亂之原也夫度量不可不明是中人所由之令

孔子之旨謂制度足以防亂鞭扑刑戮不可專恃以治故善治者先立制度

孔子曰巧而好度必攻

工作之精治曰攻

勇而好問必勝智而好謀必成愚者反之是以非其人告之弗聽非其地樹之弗生得其人如聚沙而雨之

言卽入也

非其人如會聾而鼓之夫處重擅寵專事妒賢愚者之情也位高則危任重則崩可立而待孔子曰舟非水不行水入舟則沒君非民不治民犯上則傾是故君子不可不嚴也小人不可不整也齊高庭問曰庭不曠山不直地

直猶遠也不以山爲曠遠地爲直遠而來見夫子

衣穰而提贄

穰草爲衣

精氣以問事君子之道願夫子告之孔子曰貞以幹之

貞正爲本
敬以輔之施仁無倦
高庭所問淺矣而孔子亦啓之以道貞正即道也幹謂本也敬亦道也慈仁亦道也仁大矣而此曰施仁無倦無倦者乃慈仁之意也因高庭所曉以告之慈恕亦仁心之發亦道也
見君子則舉之見小人則退之去女惡心而忠與之效其行脩其禮千里之外親如兄弟行不效禮不脩則對門不女通矣夫終日言不遺已之憂終日行不遺已之患惟智者能之故自脩者必恐懼以除患恭敬以避難

終身爲善一言則敗之可不愼乎詩曰迨天之未陰雨徹彼桑土綢繆牖戶今女下民或敢侮予孔子曰能治國家如此雖欲侮之豈可得乎周自后稷積行累功以有爵土公劉重之以仁及至太王亶父敦以德讓其樹根置本備豫遠矣

后稷公劉太王其道一也后稷見於功公劉成名於仁大王見於讓推其土地以與狄人而不爭也孔子欲言武庚終不能侮周由周積德久遠故取喻樹根置本又喻豫備

初大王都豳狄人侵之事之以皮幣不得免焉事之以

珠玉不得免焉於是屬耆老而告曰狄人之所欲吾土地也吾聞之君子不以其所以養人者害人二三子何患乎無君我將去之遂獨與大姜去而踰梁山邑于岐山之下豳人曰仁人也不可失也從之者如歸市天之與周民之去殷久矣武庚惡能侮

嗚呼夫道正而已矣不離乎日用之善心由是善而行天之所祐離是善而行天之所棄禍福存亡一自夫人君日用之心善惡邪正始而昧者不曉此明白簡易之道乃求之他嗚呼失之矣

孔子遊於泰山見榮聲期

王肅曰聲宜爲啟或曰榮益期也

行乎郕之野鹿裘帶索鼓琴而歌孔子問曰先生所以爲樂者何也期對曰吾樂甚多而至者三天生萬物唯人爲貴吾既得爲人是一樂也男女之別男尊女卑故人以男爲貴吾既得爲男是二樂也人生有不見日月不免襁褓者吾既已行年九十五矣是三樂也貧者士之常死者人之終處常得終當何憂哉孔子曰善哉能自寬也

孔子之言可謂中矣榮叟年大長於孔子又能自得其樂非非惡也安得不稱善然非知道者故唯曰自寛

然榮叟亦異乎奔競不止者矣疑若可啟之以道而孔子不啟告之者非果不啟之也云云自寬亦微見其未至於道之旨而榮叟又莫之覺則孔子已矣至是而又強告之則爲動乎意而失道矣嗚呼孔子如天矣

季桓子穿井獲如玉缶（國語玉作土）其中有羊焉使使問孔子曰吾穿井於費而於井中得一狗何也孔子曰以丘之所聞羊也丘聞之木石之怪夔蝄蜽水之怪龍罔象土之怪羵羊

韋昭曰或云云罔象食人一名沐腫國語羵作墳唐云云

墳羊雌雄不成者柳宗元云史之記地坼犬出者有之矣近世京兆杜濟穿井獲土缶中有狗焉投之於河化爲龍宗元遂以國語爲誣簡竊謂傳記之誣者有矣亦安知非以古今氣類有變不可得而齊歟羊亦有無角似犬者又安知非傳聞之誤耶

吳伐越隳會稽

國語隳作墮史記越世家吳王擊越敗之夫椒越王句踐以餘兵五千人保棲於會稽吳王進而圍之

獲巨骨一節專車吳王使聘於魯且問之仲尼曰無以吾命也賓既將事乃發幣於大夫及孔子孔子爵之既

徹俎而燕客執骨而問曰敢問骨何爲大孔子曰丘聞昔禹致羣神於會稽之山防風後至禹殺而戮之

韋昭曰防風汪芒氏之君名也陳尸爲戮

其骨節專車此爲大矣客曰敢問誰守爲神孔子曰山川之靈足以紀綱天下者其守爲神社稷之守爲公侯山川之祀爲諸侯皆屬於王

舉其大者言之故曰羣神

客曰防風何守孔子曰汪芒氏之君守封嵎山者爲漆姓在虞夏爲防風氏商爲汪芒氏於周爲長翟氏今曰大人客曰人長之極幾何孔子曰僬僥氏長三尺短之

至也長者不過十之數之極也孔子在陳陳惠公賓之于上館時有隼集于陳侯之庭而死楛矢貫之石砮

砮石可以爲矢鏃故世因名鏃曰砮

其長尺有咫

八寸爲咫

惠公使人持隼如孔子館而問焉孔子曰隼之來遠矣此肅愼氏之矢昔武王克商通道于九夷百蠻使各以其方賄來貢而無忘職業於是肅愼氏貢楛矢石砮其長尺有咫先王欲昭其令德之致遠物也以示後人使永監焉故銘其栝曰肅愼氏之貢矢以分大姬配虞胡

公而封諸陳古者分同姓以珍玉展親也分異姓以遠方之職貢使無忘服也故分陳以肅慎氏之貢君若使有司求諸故府其可得也使求得之金櫝如之邾隱公朝于魯子貢觀焉邾子執玉高其容仰定公受玉卑其容俯子貢曰以禮觀之二君者皆有死亡焉夫禮生死存亡之體也將左右周旋進退俯仰於是乎取之朝祀喪戎於是乎觀之今正月相朝而皆不度心已亡矣嘉事不體何以能久高仰驕也卑俯替也驕近亂替近疾君爲主其先亡乎夏五月公薨又邾子出奔孔子曰賜不幸言而中是使賜多言者也

子貢學無本唯求諸外故孔子云

晏子第四十九

曾子從孔子于齊齊景公以下卿之禮聘曾子曾子固辭將行晏子送之曰吾聞遺人以財不若善言今夫蘭本三年湛之以鹿醢既成瞰之則易之匹馬非蘭之本性也所以湛者美矣願子詳其所湛者夫君子居必擇鄉遊必擇方仕必擇君擇君所以求仕擇方所以脩道遷風易俗者嗜欲移性可不慎乎孔子聞之曰晏子之言君子哉依賢者固不困依富者固不窮馬蚿斬足而復行何也蚿胡涓反以其輔之者衆孔子在陳陳侯就之燕

焉與子遊行路之人云魯司鐸災及宗廟以告孔子孔子曰所及者其桓僖之廟陳侯曰何以知之子曰禮祖有功而宗有德故不毀其廟焉今桓僖之親盡矣又功德不足以存其廟而魯不毀是以天災加之三日魯使至問焉則桓僖也陳侯謂子貢曰吾乃今知聖人之可貴對曰君之知之可矣未若傳其道而行其化之善也

陽虎既奔齊自齊奔晉適趙氏孔子聞之謂子路曰趙氏其世有亂乎子路曰權不在焉豈能爲亂孔子曰非女所知夫陽虎親富而不親仁有寵於季孫又將殺之不克而奔求容於齊齊人囚之乃亡歸晉是齊魯二國

弗思而得之妙物我之私既去則本有清明之妙自著自無所不通視聽言動無非變化無思無為覺者自知顏子勉之及其覺也三月不違

顏子問小人孔子曰毀人之善以為辯狡計懷詐以為智幸人之有過恥學而羞不能小人也

顏子第五十

顏子問曰小人之言有同乎君子者不可察也孔子曰君子以行言小人以舌言君子於為義之上相疾也退而相愛小人以為亂之上相愛也退而相惡

之上今俗語猶有此君子惟義而已矣其有不合於

義則相疾然而人皆有善退而相愛者愛其善也小人利而已矣故於爲亂相愛者苟目前之利也退而相惡者實知爲亂者之爲小人也或以猶有不利於已者也又詳於責人不思彼猶有善心故也

顔子問朋友之際如何孔子曰君子之於朋友也心必有非焉而弗能謂吾不知其仁人也

人不能無過故心必有非焉非之則可以相規而弗可於他人之前言其非仁人於他人之前言吾不知其仁人也是訾之也非相規也弗能猶弗欲也

不忘久德不思久怨仁矣夫

聖人而身不免於罪是智不足稱也

武仲爲季武子廢其長子公鉏而立其所愛悼子後

公鉏與孟氏合而譖之武仲乃出奔

好言兵討而挫銳於邾是智不足名也

魯襄公四年冬邾人莒人伐鄫臧紇救鄫伐邾敗於

狐駘國人誦之曰臧之狐裘敗我於狐駘我君小子

朱儒是使朱儒朱儒使我敗於邾武子短小故曰朱

儒

文仲其身雖歿而言不朽惡有未賢孔子曰身歿言立

所以爲文仲也然有不仁者三不智者三是則不及武

仲也顏子曰可得聞乎孔子曰下展禽

子曰臧文仲其竊位者歟知柳下惠之賢而不與立也

置六關

王肅曰六關關名魯本無此關文仲置之以稅行者故為不仁傳曰廢六關非也

妾織蒲蒲席三不仁設虛器

王肅曰居蔡蔡天子之守龜非文仲所得有故曰虛器也

縱逆祀

夏父弗忌爲宗伯躋僖公於閔公之上文仲縱而不止

祀爰居

海鳥曰爰居止于魯東門文仲以爲神命國人祀之

三不智武仲在齊齊將有禍不受其田以避其難

武仲奔齊齊莊公將與之田武仲知莊公將有難故辭之以避禍

是智之難也有武仲之智而不容於魯抑有由焉作而不順施而不恕也夫夏書曰念茲在茲順事恕施也

廢長立少不順也已所不欲不施於人恕也使武仲

爲公鉏則豈欲人之廢巳乎

顏子問君子孔子曰愛近仁

愛者仁心之發知愛則知仁矣

度近智

遵先王之法度則智者也

爲巳不重爲人不輕

去其巳私則大公矣

君子也曰敢問其次子曰弗學而行弗思而得小子勉之

所問次者又欲有所進也故孔子告之以弗學而行

弗思而得之妙物我之私既去則本有清明之妙自著自無所不通視聽言動無非變化無思無爲覺者自知顏子勉之及其覺也三月不違

顏子問小人孔子曰毀人之善以爲辯狡計懷詐以爲智幸人之有過恥學而羞不能小人也

顏子第五十

顏子問曰小人之言有同乎君子者不可察也孔子曰君子以行言小人以舌言君子於爲義之上相疾也退而相愛小人以爲亂之上相愛也退而相惡

之上今俗語猶有此君子惟義而已矣其有不合於

義則相疾然而人皆有善退而相愛者愛其善也小人利而已矣故於爲亂相愛者苟目前之利也退而相惡者實知爲亂者之爲小人也或以猶有不利於已者也又詳於責人不思彼猶有善心故也

顏子問朋友之際如何孔子曰君子之於朋友也心必有非焉而弗能謂吾不知其仁人也

人不能無過故心必有非焉非之則可以相規而弗可於他人之前言其非仁人於他人之前言吾不知其仁人也是訾之也非相規也弗能猶弗欲也

不忘久德不思久怨仁矣夫

朋友相親之久其間言語過差或不能無相失不能無怨是亦心必有非焉之一端也或行事有相怨久怨不思由本心純明靜止本無怨也不忘久德亦以本心純明有感斯應而不忘也故曰仁矣夫

顔子曰吾聞諸夫子言人之惡非所以美己言人之枉非所以正己故君子攻其惡無攻人之惡顔子謂子貢曰吾聞諸夫子身不用禮而望禮於人身不用德而望德於人亂也夫子之言不可不思也子路初見孔子子曰女何好樂對曰好長劍子曰吾非此之問也徒謂以子之所能而加之以學問豈可及乎

蓋孔子問其於學問中何所好樂也不料子路以長劍對徒猶只也子路年亞於孔子又好勇又其初見故稱其能順導之

子路曰學豈益也哉子曰夫人君而無諫臣則失正士而無教友則失聽

無相教之友則於所聞誤聽而差失矣

御狂馬不釋策

馬狂則策不可釋駼狂縱者必痛改

操弓不反檠

檠所以輔弓者王肅曰弓不反於檠然後可持

木受繩則直人受諫則聖受學重問孰不順成毀仁惡
士必近於刑
謗毀仁者憎惡士人
君子不可不學子路曰南山有竹不揉自直斬而用之
達於犀革
言竹箭可以貫達犀革
以此言之何學之有孔子曰栝而羽之鏃而礪之其入之
不益深乎子路再拜敬受教子路將行辭於孔子孔子曰
贈女以車贈女以言乎子路曰請以言孔子曰不强不達
强力通達因子路之强導之使力學

不勞無功

勤勞乃有功亦因其强力就使之學

不忠無親不信無復

忠信亦子路所自有因以明之

不恭失禮

恭則子路之所闕言之於末亦不深違之

慎此五者而已子路曰由請終身奉之敢問親交取親若何言寡可行若何長爲善事而無犯若何子曰女所問包在五者中矣親交取親其忠也言寡可行其信也長爲善事而無犯其禮也孔子爲魯司寇見季康子康

子不悅孔子又見之宰我進曰昔予也嘗聞諸夫子曰王公弗我聘則弗動今夫子之於司寇也日少而屈節數矣不可以已乎子曰然魯國以衆相陵以兵相暴之日久矣而有司不治則將亂也其聘我者孰大於是哉孔子所以屈節而未去者以父母之國昭公君臣相攻大亂今雖小定而有司不治則將亂此其利害之甚大者康子雖不悅未至於甚故權其義之大小而留

魯人聞之曰聖人將治何不先自遠刑罰自此之後國無爭者孔子謂宰我曰違山十里蟪蛄之聲猶在於耳

故政事莫如應之

蟪蛄蟬屬又名蛁蟟以其聲名之也爲政不必以刑以力惟導之以德齊之以禮而民自默應而化亦猶蟪蛄之聲雖不及十里而聲猶在耳此理甚明而自漢以來君臣多莫之信吁可惜哉

孔子侍坐於哀公公賜之桃與黍焉公曰請食孔子先食黍而後食桃左右皆掩口而笑公曰黍者所以雪桃王肅曰雪拭非爲食之也孔子對曰丘知之矣然夫黍者五穀之長郊禮宗廟以爲上盛果屬有六而桃爲下祭祀不用不登郊廟丘聞之君子以賤雪貴不聞以貴雪賤

今以五穀之長雪果之下者是從上雪下臣以爲妨於教害於義故不敢公曰善哉子貢曰陳靈公宣婬於朝泄冶正諫而殺之是與比干諫而死同可謂仁乎子曰比干於紂親則諸父官則少師忠報之心在於宗廟而已以死爭之冀身死之後紂將悔悟其本志情在於仁者也泄冶之於靈公位在大夫無骨肉之親懷寵不去仕於亂朝以區區之一身欲正一國之婬昏死而無益可謂損矣詩云民之多僻無自立辟其泄冶之謂乎孔子相魯齊人患之曰孔子爲政必霸霸則吾地近焉我之爲先幷矣盍致地焉犂鉏曰請先嘗沮之沮之而不

可則致地庸遲乎於是選齊國中女子好者八十人皆衣文衣而舞康樂（家語康樂作容璣）及文馬四十駟以遺魯君陳女樂文馬於魯城南高門外季桓子微服往觀再三將受乃語魯君爲周道游往觀終日怠於政事子路曰夫子可以行矣子曰魯今且郊若致膰於大夫是則未廢其常吾猶可以止也桓子既受女樂君臣婬荒三日不聽國政郊又不致膰俎孔子遂行宿於郭屯師巳送（家記巳作以）曰夫子非罪也孔子曰吾歌可乎歌曰彼婦之口可以出走彼婦之謁可以死敗優哉遊哉維以卒歲（家語婦下有人字謁作請維作聊）孔子曰里語云相馬以輿相士以居

弗可廢矣以容取人失之子羽以辭取人失之宰予

史記澹臺滅明字子羽狀貌甚惡孔子以爲材薄既以受業退而脩行行不由徑非公事不見卿大夫南游至江從弟子三百名施乎諸侯孔子聞之曰吾以言取人失之宰予以貌取人失之子羽所謂貌惡非謂醜陋司馬遷淺陋不識聖人之旨當自柔懦苟簡之類自是有不善之貌而知人之難自有中心之微不見於外者

孔子曰君子以其所不能畏人小人以其所不能不信人故君子長人之才（長者上之也）小人抑人而取勝焉孔蔑

問行已之道子曰知而弗爲莫如勿知親而弗信莫如勿親樂之方至樂而勿驕患之將至思而勿憂孔蔑曰行已乎（心領其旨）子曰攻其所不能補其所不備毋以其所不能疑人毋以其所能驕人終日言無遺已之憂終日行無遺已之患惟智者有之

楚昭第五十一

楚昭王聘孔子孔子往拜禮焉路出于陳蔡陳蔡大夫相與謀曰孔子聖賢其所刺譏皆中諸侯之病若用於楚則陳蔡危矣遂使徒兵拒孔子孔子不得行絕糧七日從者皆病孔子弦歌不衰知弟子有慍心召子路而

問曰詩云匪兕匪虎率彼曠野率循也吾道非乎奚爲至於此子路慍而對曰君子無所困意者夫子未仁與人之弗吾信也意者夫子未智與人之弗吾行也且由也昔者聞諸夫子爲善者天報之以福爲不善者天報之以禍今夫子積德懷義行之久矣奚居之窮也子曰由女以仁者爲必信也則伯夷叔齊不餓死首陽女以智者爲必用也則王子比干不見剖心女以忠者爲必報也則關龍逄不見刑女以諫者爲必聽也則伍子胥不見殺夫遇不遇者時也賢不肖者才也君子博學深謀而不遇時者衆矣何獨丘哉且芝蘭生於深林不以無

人而不芳君子修道立德不爲困窮而改節爲之者人也生死者命也是以晉重耳之有霸心生於曹衛（嘗困於曹衞）越王勾踐之有霸心生於會稽

勾踐爲吳所敗以五千人保棲於會稽

故居下而無憂者則思不遠處身而常逸者則志不廣庸知其終始乎

重耳勾踐之況蓋爲子路而發子路未知道故因以感之使進德若夫孔子則未嘗以困厄爲憂何所損益嘗詳觀孔子之言幸因人而發論語所載甚簡殆約其辭而記之歟此取諸家語嘗有此情狀

子路出召子貢告如子路子貢曰夫子之道至大故天下莫能容夫子盍少貶焉子曰賜良農能稼不必能穡

種之爲稼斂之爲穡

良工能巧不能爲順

不能順從人意

君子能脩其道綱而紀之不必其能容今不脩其道而求其容

不脩其道意指子貢

賜爾志不廣矣思不遠矣子貢出顏淵入問亦如之顏淵曰夫子之道至大天下莫之能容雖然夫子推而行

之（謂非隱居不出）世不我用有國者之醜也不容何病不容然後見君子孔子欣然而笑曰有是哉顏氏之子使爾多財吾爲爾宰於是使子貢至楚楚昭王興師迎孔子子路問曰君子亦有憂乎子曰無也君子之脩行也其未得之（謂未得爵位）則樂其意

意謂心也人心卽道故舜曰道心孔子曰心之精神是謂聖此心無體虛明其樂無窮

既得之又樂其治是以有終身之樂無一日之憂小人則不然其未得也患弗得之既得之又恐失之是以有終身之憂無一日之樂也趙簡子使聘孔子孔子自衛

將入晉至河聞趙簡子殺竇犨鳴犢及舜華
史記作竇鳴犢徐廣注云或作鳴鐸竇犨
乃臨河而歎曰美哉水洋洋乎丘之不濟此命也夫子貢趨而進曰敢問何謂也孔子曰竇犨鳴犢舜華晉之賢大夫也趙簡子未得志之時須此二人而後從政及其已得志也而殺之丘聞之刳胎殺夭則麒麟不至其郊竭澤而漁則蛟龍不處其淵覆巢破卵則鳳凰不翔其邑何則君子諱傷其類者也鳥獸之於不義尚知避之況於人乎遂還息於鄒作槃操以哀之
史記云還息乎陬鄉作爲陬操以哀之其注王肅曰

陬操琴曲名也家語亦王肅注曰槃操琴曲名也曰周道衰微禮樂陵遲文武旣墜吾將焉師周遊天下靡邦可依鳳鳥不識珍寶梟鴟眷然顧之慘焉心悲巾車命駕將適唐都黃河洋洋悠悠之魚臨津不濟還轅息鄹

陬鄹通此操辭取諸孔叢子其不濟河還息鄹作操

家語與孔叢子同

傷予道窮哀彼無辜翺翔于衛復我舊廬從吾所好其樂只且子路問曰有人於此夙興夜寐耕耘樹藝手足胼胝以養其親然而名不稱孝何也孔子曰意者身不

敬與辭不順與色不悅與古之人有言曰人與已與不女歟

人與已與之言正中子路之蔽事親而不以孝稱豈親之難事與蓋已猶有未盡其道故爾凡百皆然志曰治人不治反其智愛人不親反其仁此曰人與已與言不在人而在已此語不女歟

今盡力養親而無三者之闕何爲無孝之名乎孔子曰由女志之吾語女雖有國士之力而不能自舉其身非力之少勢不可矣夫内行不修身之罪也行修而名不彰友之罪也行修而名自立故君子入則篤行出則交

賢何謂無孝名乎

前言三者之闕使求諸已次言行旣修而名不彰者友之罪使無出位而侵友之職又曰行修而名自立終欲使毋求諸外君子自當篤行交賢名自隨之

孔子厄於陳蔡之間弟子餒病孔子弦歌子路入見曰夫子之歌禮乎孔子弗應曲終而曰由來吾語女君子好樂爲無驕也

君子謂貴人在位者樂所以節其淫是無驕也

小人好樂爲無懾也

小人謂失位而賤者孔子自謂也雖窮厄而無懾故

好樂

其誰之子不我知而從我乎

諷子路不知我

子路悅援戚而舞三終而出孔子之宋匡人簡子以甲士圍之子路怒奮戟將與戰孔子止之曰惡有修仁義而不免俗者乎夫詩書之不講禮樂之不習是丘之過也若以述先王好古法而爲咎者則非丘之罪也命也夫歌予和女子路彈琴而歌孔子和之曲三終匡人解甲而罷

史記云孔子狀類陽虎陽虎嘗暴匡人匡人遂止孔

子

子貢問曰賜既爲人下矣而未知爲人下之道敢問之子曰爲人下者其猶土乎汨之深則出泉樹其壤則百穀滋焉草木植焉禽獸育焉生則出焉死則入焉多其功而不意（不以爲意）恢其志而無不容

子貢未知道故姑使恢之歟恢容習熟則復乎本有之大矣抑記者差其旨歟

爲人下者以此也

夫道一而已矣隨所問隨所宜因以明之

孔子適衛路出于蒲會公叔氏以蒲叛衛而止之孔子

弟子有公良儒者爲人賢長有勇力以私車五乘從夫子喟然曰昔吾從夫子遇難于匡又伐樹於宋

王肅曰孔子與弟子行禮於大樹之下史記作習禮桓魋欲殺孔子拔其樹

今遇困於此命也夫與其見夫子仍遇於難寧我鬭死挺劍而合衆將與之戰蒲人懼曰苟無適衛吾則出子以盟孔子而出之東門孔子遂適衛子貢曰盟可負乎子曰要我以盟非義也

史記孔子曰要盟也神不聽

衛靈公聞孔子來喜郊迎問曰蒲可伐乎對曰可哉靈

公曰吾大夫以爲蒲者衞之所以待晉楚也伐之無乃不可乎孔子曰其男子有死之志婦人有保西河之志吾所伐不過四五人靈公曰善卒不果伐他日（王肅曰無戰意）靈公問陳孔子曰俎豆之事則嘗聞之矣軍旅之事未之學也明日與孔子語見蜚鴈仰視之色不在孔子孔子遂行

五帝第五十二

季康子問曰舊聞五帝之名而不知其實請問何謂五帝孔子曰昔者丘也聞諸老聃曰天有五行水火金木土分時化育以成萬物

木春火夏金秋水冬或曰土旺於夏之季或曰土旺四季或曰土徧於四時

其神謂之五帝古之王者易代而改號取法五行五行更王終始相生亦象其義故其生爲明王者死而配五行是以大皞配木炎帝配火黃帝配土少皞配金顓頊配水康子曰大皞氏其始之木何如孔子曰五行用事先起于木木東方萬物之初皆出焉是故王者則之而首以木德王天下其次則以所生之行轉相承也

觀孔子之言則自大皞而上未有帝王出而統治天下者至大皞即伏羲始作八卦造書契始脩大君之

政始稱木德以配天使後世知居帝王之位者必德
配天而後可
康子曰吾聞勾芒爲木正祝融爲火正蓐收爲金正玄
冥爲水正后土爲土正此五行之主而不亂稱曰帝者
何也孔子曰凡五正者五行之官名五行是問疑闕之神二字佐
成上帝而稱五帝大皡之屬配焉亦云帝從其號昔少
皡氏之子有四叔曰重曰該曰脩曰熙實能金木及水
使重爲勾芒該爲蓐收脩及熙爲玄冥顓頊氏之子曰
黎爲祝融共工氏之子曰勾龍爲后土此五者各以其
所能業爲官職生爲上公死爲貴神別稱五祀不得同

帝康子曰如此之言帝王改號於五行之德各所統則其所以相變者皆主何事

王肅曰怪木家而尚赤所以問也

孔子曰所尚則各從其所王之德次焉

自所王之德外餘皆爲次焉

夏后氏以金德王而尚黑大事斂用昏戎事乘驪

鐵色馬戎事用馬多矣豈能一一皆驪其以三代時用衆不多其車寡耶

牲用玄

夏后氏不用金德之白而尚黑者何也本德不用其

先聖王特以明道卽使人思而覺耶易曰無思無爲者此也文王不識不知者此也或者難曰本德不可用也何必專尚耶應之曰易代改號雖聖德足以服天下其間不無小人或有異志則更所尚之色以一天下之心此弭亂之道聖王愛民之心也

殷人用水德王尚白大事斂用日中戎事乘翰

王肅云白色馬

牲用白周人以木德王尚赤大事斂用日出

日中白日出赤

戎事乘騵牲用騂

騂赤色而周禮牧人陽祀騂牲陰祀黝牲望祀各以其方之色牲外祭用尨何也非皆用騂牲尚騂牲而貴之也與

此三代之所以不同康子曰唐虞二帝其所尚者何色孔子曰堯以火德王色尚黄舜以水德王色尚青

王肅謂土家宜尚白土者五行之主王於四季五行用事先起於木色青殷水家宜尚青而尚白者避土家之尚青嗚呼王説穿鑿甚矣使古果有是説則孔子宜具釋康子必請所疑今孔子不言康子不疑而不問者以孔子所言明白無可疑者孔子所言各從

其所王之德次焉言其餘皆爲次唯王者所欲尚則尚之別無義也當時語話詳明記者約其言唯曰次焉致後學生疑古記多此類

康子曰陶唐有虞夏后殷周獨不得配五帝意者德不及上古耶將有限乎孔子曰古之平治水土及播殖百穀者衆矣唯勾龍兼食於社而棄爲稷神易代奉之無能益者明不可與等故自大皞以降逮於顓頊其應五行而王數非徒五而配五帝是其德不可以多也

命性第五十三

魯哀公問曰人之命與性何謂也孔子對曰分於道謂

之命形於一謂之性化於陰陽象形而發謂之生化窮數盡謂之死故命者性之始也死者生之終也有始則必有終矣人始生而有不具者五焉目無見不能食不能行不能言不能化及生三月而微煦

煦音詡又吁句反煦烝也俗謂之變烝

然後有見八月而生齒然後能食朞而生臏然後能行三年顋合然後能言十有六而精通然後能化陰窮反陽故陰以陽變陽窮反陰故陽以陰化是以男子八月生齒八歲而齔女子七月生齒七歲而齔

本作齓义謹初斬二反說文云毀齒也

十有四而化

少陰之數八少陽之數七二七十四

一陽一陰奇耦相配然後道合化成性命之端形於此也

人之性命卽道而未有知之者故孔子因哀公之問以言之命者性之始虛名爾非有命性之二體也曰分者何也道則一人則衆因人之常情而言自一而散殊故曰分於道自形而言也人與道實未始分也分則異矣何以曰道易曰百姓日用而不知則人之用無非道者分形於至一之中謂之性故性未始不

一以一陽一陰奇耦相配謂之道合化成嗚呼聖人之明道如此切的彼不知道與知道之未大明者安知斯妙易曰歸妹天地之大道也又曰男女正天地之大義也昏禮行事必用昏昕所以示陰陽之交天人無二道也人惟動於意慾始邪始淫而失道矣有始必有終者形氣也性命之妙有淸明而無生死也曰形於此者於此著明也非形氣之形也惜乎哀公之不能深悟其旨又不能致疑而發問也孔子曰淸明在躬又曰立則見其參於前在輿則見其倚於衡曾子曰皜皜此有所見矣亦可以言形矣而實無體

公曰男子十六精通女子十四而化是則可以生民矣而禮男必三十而有室女必二十而有夫也豈不晚哉孔子曰夫禮言其極不是過也男子二十而冠有爲人父之端女子十五許嫁有適人之道於此而往則自婚矣羣生閉藏乎陰而爲化育之始故聖人因時以合偶男女窮天數霜降而婦功成嫁娶者行焉

正歲夏正九月霜降九者天數之窮又爲化育之始因時合偶所以配天也又況婦功是時亦成

冰泮而農桑始婚禮而殺於此男子者任天道而長萬物者也

易曰乾道成男男卽天道顧人自不知天生萬物男子亦生子姓立萬事亦明天人一道

知可爲知知不可爲知知可言知不可言知可行知不可行者也是故審其倫而明其別謂之知所以効匹夫之聽也王肅曰聽宜爲德女子者順男子之敎而長其理者也

勞勤而任其理之所當爲亦足以長益其家事

是故無專制之義而有三從之道幼從父兄既嫁從夫夫死從子言無再醮之端

鄭康成曰酌而無酬酢曰醮冠禮醮無酬酢婚禮父醴女而俟迎者不言女有酬酢故曰醮故再嫁謂之

再醮與

教令不出於閨門事在供酒食而已無閫外之非儀也不越境而奔喪事無擅爲行无獨成參知而後動可驗而後言晝不遊庭夜行以火所以効匹婦之德也

參知謂從夫而請於舅姑與

孔子遂言曰女有五不取逆家子者亂家子者世有刑人子者

遭刑之人有惡德

有惡疾子者

慮其氣類相傳

喪父長子者

無父兄主之慮無檢束凡此五不取之意所以謹其始故卒曰重婚姻之始也

婦有七出三不去七出者不順父母者無子者淫僻者嫉妒者惡疾者多口舌者竊盜者三不去者謂有所取無所歸與共更三年之喪先貧賤後富貴凡此聖人所以順男女之際重婚姻之始也

孔文子第五十四

衛孔文子將攻太叔疾

文子使大叔出其妻而以女妻之疾誘其初妻之娣

爲之立宮與文子女如二妻文子怒

孔子舍蘧伯玉家就訪焉孔子曰簠簋之事則嘗學之矣兵甲之事未之聞也退命駕而行曰鳥則擇木木豈能擇鳥乎孔子之始至衛也靈公夫人南子使人謂孔子曰四方之君子不辱欲與寡君爲兄弟者必見寡小君寡小君願見孔子孔子辭謝不得已而見之夫人在絺帷中孔子入門北面稽首夫人自帷中再拜環珮玉聲璆音求然孔子曰吾鄉爲弗見見之禮答焉子路不悅孔子矢之曰予所不者天厭之天厭之衛出公使人問孔子曰寡人之任臣無大小一一自言問觀察之猶復失人

何故答曰如君之言此乃所以失之也人既難知非言問所及觀察所盡且人君之慮者多多慮則意不精以不精之意察難知之人宜其有失也君未之聞乎昔者舜臣堯官才任士堯一從之左右曰人君用士當自任耳目而取信於人無乃不可乎堯曰吾之舉舜已耳目之矣今舜所舉人吾又耳目之是則耳目人終無已也君苟付可付則已不勞而賢才不失矣子貢問曰昔孫文子以衛侯哭之不哀知其將爲亂不敢捨其重器而行盡寘諸戚而善晉大夫二十人或稱其知何如孔子曰吾知其爲罪人未知其爲知也子貢曰敢問何謂也

子曰食其祿者必死其事孫子知衛君之將不君不念伏死以爭而素規去就尸利攜貳非人臣也臣而有不臣之心明君所不赦幸哉孫子之以此免戮也衛孫文子得罪於獻公居戚公卒未葬文子擊鍾焉延陵季子適晉過戚聞之曰異哉夫子之在此猶燕之巢於幕也懼猶未也又何樂焉君又在殯可乎文子於是終身不聽琴瑟孔子聞之曰季子能以義正人文子能克巳服義可謂善改矣齊伐魯季康子使冉求率左師禦之樊遲爲右師入齊軍齊軍遁冉有用戈故能入焉孔子聞之曰義也季孫謂冉有曰子之於戰學之乎性達之乎

對曰學之季孫曰從事孔子惡乎學冉有曰卽學之孔子孔子大聖無不該文武並用兼通求也適聞其戰法猶未之詳也季孫悅樊遲以告孔子孔子曰季孫可謂悅人之有能矣南宮說仲孫何忌旣除喪而昭公在外未之命也定公卽位乃命之辭曰先臣有遺命焉屬家老使二臣必事孔子而學禮以定其位公許之二子學於孔子孔子曰能補過者君子也詩云君子是則是傚孟僖子可則傚矣懲己所病以誨其嗣大雅所謂詒厥孫謀以燕翼子是類也夫

昭公如楚孟僖子爲介不能相儀又不能荅郊勞故

懲己所病誨其嗣使學於孔子孔子前稱季孫此稱孟僖子不以人之悅已崇已爲嫌者聖人无已私故也

楚靈王汰侈右尹子革侍坐（子革鄭丹）左史倚相趨而過王曰是良史也子善視之是能讀三墳五典八索九丘對曰夫良史者記君之過揚君之善而此子以潤辭爲官不可爲良史臣又嘗聞焉昔周穆王欲肆其心將遍行天下使皆有車轍馬跡焉祭公謀父作祈招之詩以止王心王是以獲殁於祇宮（春秋傳祇作祗）臣問其詩而不知也若問遠焉其焉能知王曰子能乎對曰能其詩曰祈招

之愔愔乎春秋傳無乎字式昭德音思我王度式如玉式如金

式者發語助辭刑民之力而無醉飽之心

王肅曰刑傷民力用之不節無有醉飽之心言無厭

足春秋傳刑作形

王揖而入饋不食寢不寐數日不能自克以及於難孔子讀其志曰古者有志克己復禮仁也信善哉楚靈王若能如是豈其辱於乾谿子革之非左史所以風也稱詩以諫順哉叔孫穆子避難奔齊宿於庚宗之邑庚宗寡婦通焉而生牛穆子返魯以牛爲內豎相家牛讒叔孫二子殺之叔孫有病牛不通其饋不食而死牛遂輔

叔孫庶子昭而立之取東鄙三十邑以與南遺昭子既立朝其家衆曰豎牛禍叔孫氏使亂大從殺嫡立庶又披其邑以求舍罪罪莫大焉必速殺之遂殺豎牛孔子曰叔孫昭子之不勞（不以立己爲功勞）不可能也周任有言曰爲政者不賞私勞不罰私怨詩云有覺德行四國順之昭子有焉

寬猛第五十五

鄭子產有疾謂子太叔曰我死子必爲政唯有德者能以寬服民其次莫如猛夫火烈民望而畏之故鮮死焉水懦弱民狎而翫之則多死焉故寛難疾數月而卒太

叔爲政不忍猛而寬鄭國多盜取人於萑苻之澤苻音蒲
太叔悔之曰吾早從夫子不及此興徒兵以攻萑苻之
盜盡殺之盜少止孔子曰善哉政寬則民慢慢則糾之
以猛猛則民殘殘則施之以寬寬以濟猛猛以濟寬政
是以和詩云民亦勞止汔許訖反可小康惠此中國以綏
四方施之以寬也毋從詭隨以謹無良式遏寇虐憯不
畏明糾之以猛也柔遠能邇以定我王平之以和也又
曰不競不絿不剛不柔布政優優百祿是遒和之至也
孔子善子太叔能糾之以猛而言則每以寬和始終
首言施之以寬次言平之以和又言和之至聖人深

慮人之復偏於猛也

及子產卒孔子聞之出涕曰古之遺愛也吳伐陳楚昭王曰吾先君與陳有盟不可以不救乃救陳師于城父卜戰不吉卜退不吉王曰然則死也再敗楚師不如死

杜預曰前已敗於柏舉今若退還亦是敗

棄盟逃讎亦不如死死一也其死讎乎命公子申爲王不可則命公子結亦不可則命公子啓

申子西結子期啓子閭皆昭王兄

五辭而後許將戰王有疾是歲也有雲如衆赤鳥夾日以飛三日昭王使問諸周大史周大史曰其當王身乎

杜預曰日爲人君妖氣守之故以爲當王身雲在楚

上唯楚見之故禍不及他國

若禜之可移於令尹司馬王曰除腹心之疾而寘諸股肱何益不穀不有大過天其夭諸有罪受罰又焉移之遂弗禜及昭王有疾卜曰河爲祟王弗祭大夫請祭諸郊王曰三代命祀祭不越望江漢睢漳楚之望也禍福之至不是過也不穀雖不德河非所獲罪也遂弗祭孔子曰楚昭王知大道矣其不失國也宜哉夏書曰惟彼陶唐帥彼天常有此冀方今失其行亂其紀綱乃滅而亡

家語有作在其行作厥道滅而作底滅

又曰允出兹在兹由已率常可矣

昭王無我唯道義之從略不以死亡爲意故曰知大

道

昭王攻大冥卒于城父子閭退曰君王舍其子而讓羣

臣敢忘君乎從君之命順也立君之子亦順也與子西

子期謀師閉塗逆越女之子章立之而後還備孔文子

之將攻大叔訪於孔子孔子曰甲兵之事未之聞也退

命駕而行文子遽止之將止

聖人無意必

魯人以幣召之乃歸季孫欲以田賦使冉有訪諸孔子孔子曰丘不識也三發卒曰子爲國老待子而行若之何子之不言也孔子不對而私於冉有曰君子之行也度於禮施取其厚事舉其中斂從其薄如是則以丘亦足矣若不度於禮而貪冒無厭則雖以田賦將又不足此據春秋左傳國語云季康子欲以田賦使冉有訪諸仲尼仲尼不對私於冉有曰先王制土籍田以力而砥其遠邇賦里以入而量其有無任力以夫而議其老幼於是乎有鰥寡孤疾有軍旅之出則徵之無則已其歲收田一井出稯禾秉芻缶米不是過也家

語先載國語次載左傳首言季康子欲以一井田出法賦焉聘禮十斗曰斛十六斗曰籔十籔曰秉今文籔爲逾四秉曰筥四筥曰稷國語韋昭注曰秅庾也引聘禮十六斗曰庾十庾曰秉秉一百六十斛也稷六百四十斛也賈侍中云田一井也周制十六井賦戎馬一匹牛三頭一井之田而欲出十六井之賦昭謂此數甚多似非也下雖云收田一井凡數從夫井起故云井爾

且子季孫若欲行而法則周公之典在若欲苟而行又何訪焉弗聽

春秋哀公十二年用田賦

哀公十四年春西狩於大野叔孫氏之車子鉏（即鋤字）商獲獸如麕而肉角以爲不祥以賜虞人冉有以告曰豈天之妖乎孔子曰今何在吾將觀焉遂往謂其御高柴曰若求之言其必麟乎到視之果信魯人聞之乃取之子游問曰飛者宗鳳走者宗麟其難致也敢問今見其誰應之子曰天子布德將致太平則麟鳳龜龍先爲之祥今周宗將滅天下無主孰爲來哉遂泣曰予之於人猶麟之於獸也麟出而死吾道窮矣乃歌曰唐虞世兮麟鳳遊今非其時來何求麟兮麟兮我心憂

杜預謂反袂拭面稱吾道窮非事實曰吾無取焉簡則不敢傳記固多差訛而簡於此未見其爲決然非事實也以衆人而度之則曰何至於泣又曰何爲以麟自喻自矜也是安知聖人大公無私樂以天下憂以天下無思無爲寂然不動未爲得道之全喜怒哀樂如四時之錯行如日月之代明豈衆人之所能識況語子游師弟子至情無僞非言於他人

齊陳恒弑其君簡公于舒州孔子三日齊而請伐齊三哀公曰魯爲齊弱久矣子之伐之將若之何對曰陳恒弑其君民之不與者半以魯之衆加齊之半可克也公

曰子告三子孔子曰以吾從大夫之後不敢不告也君曰告夫三子者之三子告不可孔子曰以吾從大夫之後不敢不告也

春秋左傳公曰子告季孫政在季孫故云論語公曰告夫三子然則公必曰并告二子故論語云

衞孫桓子侵齊遇敗焉齊人乘之新築人仲叔于奚以其衆救桓子桓子乃免衞人以邑賞仲叔于奚于奚辭請曲縣之樂

諸侯斬縣闕其一方其形曲

繁纓以朝

馬纓見禮器郊特牲謂五采交錯如樊纓鞅鄭康成
攺作鞶周禮巾車作樊

許之書在三官

王肅云司徒書名司馬書服司空書勳

子路仕衛見其故以訪孔子子曰惜也不如多與之邑
惟器與名不可以假人君之所司名以出信信以守器
器以藏禮禮以行義義以生利利以安民政之大節也
若以假人與人政也政亡則國家從之弗可止也已樊
遲問曰鮑牽事齊君執政不撓可謂忠矣而君刖之其
爲至闇乎孔子曰古之士國有道則盡忠以輔之無道

則退身以避之今鮑莊子食於淫亂之朝不量主之明闇以受大刑是智之不如葵葵猶能衞其足葵傾向日隨日以轉子貢問曰晉文公實召天子而使諸侯朝焉夫子作春秋云天王狩于河陽何也孔子曰以臣召君不可以訓亦書其率諸侯事天子而已宰我問君子尚辭乎孔子曰君子以理爲尚博而不要非所察也繁辭富說非所聽也唯知者不失理子張問曰禮三十而室昔舜三十徵庸而書云有鰥在下曰虞舜何謂也曩者師聞諸夫子曰聖人在上君子在位則內無怨女外無曠夫堯爲天子而有鰥在下何也孔子曰夫男子二十而冠冠而

後娶古今通義也舜父頑母嚚莫能圖室家之端焉故逮三十而謂之鰥也詩云娶妻如之何必告父母父母在則宜圖婚若已歿則已之娶必告其廟今舜之鰥乃父母之頑嚚也雖堯爲天子其如舜何季桓子問書曰兹予大享于先王爾祖其從與享之何謂也孔子曰古之王者臣有大功死則必祀之於廟所以殊有績勸忠勤也盤庚舉其事以勵其世臣故稱焉桓子曰天子之臣有大功者則既然矣諸侯之臣有大功者可以如之乎孔子曰勞能定國功加於民大臣死難雖食之公廟可也桓子曰其位次如何孔子曰天子諸侯之臣生則

有列於朝死則有位於廟其序一也定公問書曰維高宗報上甲微此何謂也孔子對曰此謂親盡廟毀有功而不及祖有德而不及宗故於每歲之大嘗而報祭焉所以昭其功德也公曰先君僖公功德前行可以與於報乎孔子曰丘聞昔虞夏商周以帝王行此禮者則有矣自此以下未之知也定公問曰周書所謂庸庸祗祗威威顯民何謂也孔子對曰不失其道明之於民之謂也

庸庸祗祗威威皆道

夫能用可用則正治矣

正政也

敬可敬則尚賢矣畏可畏則服刑恤矣

其可以威畏之者則畏之是愼於用刑是謂恤也

君審此三者以示民而國不與未之有也孔子見齊景公梁丘據自外而至公曰何遲對曰陳氏戮其小臣臣有辭焉是故遲公笑而目孔子曰周書所謂明德愼罰陳子明德也罰人而有辭非不愼矣孔子對曰昔康叔封衛統三監之地命爲孟侯周公以成王之命作康誥焉稱述文王之德以成勑誡之文其書曰惟乃丕顯考文王克明德愼罰克明德者能顯用有德舉而任之也

慎罰者幷心而慮之衆平然後行之致刑錯也此言其所任不失德所罰不失罪不謂巳德之明也公曰寡人不有過言則安得聞君子之教也書曰其在祖甲不義惟王公西赤曰聞諸晏子湯及太甲祖乙武丁天下之大君夫太甲爲王居喪行不義同稱大君何也孔子曰君子之於人計功以除過太甲即位不明居喪之禮而干冢宰之政伊尹放之於桐憂思三年追悔前愆起而復位謂之明王以此觀之雖四於三王不亦可乎季桓子以粟千鍾餼夫子夫子受之而不辭旣而以頒門人之無者子貢進曰季孫以夫子貧故致粟夫子受之而

以施人無乃非季孫之意乎子曰何也對曰季孫以爲惠也子曰然吾得千鍾所以受而不辭者爲季孫之惠且以爲寵也夫受人之財不以成富與季孫之惠於一人豈若惠數百人哉秦莊子死孟武伯問於孔子曰古者同寮有服乎子曰然同寮有相友之義貴賤殊等不爲同官聞諸老聃昔者虢叔閎夭太顛散宜生南宮括五臣同寮比德以贊文王及虢叔死四人者爲之服朋友之服古之達禮者行之也公父文伯死室人有從死者其母怒而不哭相室諫之其母曰孔子天下之賢人也不用於魯退而去是子素宗之而不能隨今死而內

人從死者二人焉若此於長者薄於婦人厚也既而夫子聞之曰季氏之婦尚賢哉子路愀然曰夫子亦好人之譽已乎夫子死而不哭是不慈也何善爾子曰怒其子之不能隨賢所以爲尚賢者吾何有焉其亦善此而已矣孔子適齊齊景公讓登夫子降一等景公三辭然後登既坐曰夫子降德辱臨寡人寡人以爲榮而降階以遠自絕於寡人未知所以爲罪孔子對曰君惠顧外臣君之賜也然以匹夫敵國君非所敢行也雖君私之其若義何孔子使宰我使于楚楚昭王以安車象飾因宰我以遺孔子焉宰我曰夫子無以此爲也王曰何故

對曰自臣侍從夫子以來竊見其言不離道動不違仁
貴義尚德清素好儉仕而有祿不以爲積不合則去退
無吝心妻不服綵妾不衣帛車器不彫馬不食粟道行
則樂其治不行則樂其身此所以爲夫子也若夫觀目
之靡麗窈窕之淫音夫子過之弗之視遇之弗之聽也
故臣知夫子之無用此車也王曰然則夫子何欲而可
對曰方今天下道德寢息其志欲興而行之天下誠有
欲治之君能行其道則夫子雖徒步以朝固猶爲之何
必遠辱君之重貺乎王曰乃今而後知孔子之德也大
矣宰我歸以告孔子子曰二三子以予之言何如子貢

對曰未盡夫子之美也夫子德高則配天深則配海若予之言行事之實也子曰夫言貴實使人信之舍實何稱乎是賜之華不若予之實也顏讎善事親子路義之後讎以非罪執於衛將死子路請以金贖之衛人將許之既而二三子納金於子路以入衛或謂孔子曰受人之金以贖其私昵義乎子曰義而贖之貧取於友非義而何愛金而令不辜陷辟凡人且猶不忍況二三子於由之所親乎詩云如可贖兮人百其身苟出金可以生人雖百倍古人不以爲多故二三子行其欲由也成其義非女之所知也孔子適衛衛將軍文子問曰吾聞魯

公父氏不能聽獄信乎孔子曰不知其不能也夫公父
之聽獄有罪者懼無罪者耻文子曰有罪者懼是聽之
察刑之當也無罪者耻何乎孔子曰齊之以禮則民耻
矣刑以止刑則民懼矣文子曰今齊之以刑猶弗勝何
禮之齊孔子曰以禮齊民譬之於御則轡也以刑齊民
譬之於御則鞭也執轡於此而動於彼御之良也無轡
而用策則馬失道矣文子曰以御言之右手執轡左手
運策不亦速乎若徒轡無策馬何懼哉孔子曰吾聞古
之善御者執轡如組兩驂如舞非策之助也是以先王
盛於禮而薄於刑故民從命今也廢禮而尚刑故民彌

異文子曰吳越之俗無禮而亦治何也孔子曰夫吳越之俗男女無別同川而浴民輕相犯故其刑重而不勝由無禮也中國之教爲內外以別男女異器服以殊等類故其民篤而法其刑輕而勝由有禮也孔子曰民之所以生者衣食也上不教民民匱其生飢寒切於身而不爲非者寡矣故古之於盜惡之而不殺也今不先其教而一殺之是以罰行而善不反刑張而罪不青夫赤子知慕其父母由審故也況乎爲政與其賢而廢其不賢以化民乎知審此二者則上盜先息子張問曰書云茲殷罰有倫何謂也孔子曰不失其理之謂也今諸侯

不同德每君異法折獄無倫以意爲限是故知法之難子張曰古之知法者與今之知法者異乎孔子曰古之知法者能遠獄今之知法者不失其罪不失其罪其於恕寡矣能遠於獄其於防深矣寡恕近乎濫防深治乎本書曰維敬五刑以成三德言敬刑所以爲德也書曰非從維從孔子曰君子之於人也有不語也無不聽也況聽訟乎必盡其辭聽訟者或從其情或從其辭辭不可從必斷以情書曰人有小罪非眚乃惟終自作不典式爾有厥罪小乃不可不殺乃有大罪非終乃惟眚災適爾既道極厥辜時乃不可殺曾子問聽獄之術孔子

曰其大法有三焉治必以寬寬之之術歸於察察之之術歸於義是故聽而不寬是亂也寬而不察是慢也察而不中義是私也私而民怨故善聽者聽不越辭辭不越情情不越義書曰上下比罰亡僭亂辭仲弓問書曰哀敬折獄何謂也孔子曰古之聽訟者察貧賤哀孤獨及鰥寡老弱不肖而無告者雖得其情必哀矜之死者不可生斷者不可屬若老而刑之謂之悖弱而刑之謂之克不赦過謂之逆率過以小罪謂之枳（音咫說文開也猶盬歟）故宥過赦小罪老弱不受刑先王之道也書曰大辟疑赦又曰與其殺不辜寧失不經子張問書曰若保赤子

聽訟可以若此乎孔子曰可哉古之聽訟者惡其意不惡其人求所以生之不得其所以生乃刑之君必與衆共焉愛民而重棄之也今之聽訟者不惡其意而惡其人求所以殺是反古之道也孟氏之臣叛武伯問孔子曰如之何子曰臣人而叛天下所不容也其將自反子姑待之三旬果自歸孟氏武伯將執之訪於夫子子曰無也子之於臣禮意不至是以去子今其自反罪以反除又何執焉子脩禮以待之則臣去子將安往武伯乃止夫子閒居喟然而嘆子思再拜請曰意子孫不脩將忝祖乎羨堯舜之道恨不及乎子曰爾孺子安知吾志

子思對曰伋於進膳亟聞夫子之教其父析薪其子弗克負荷是謂不肖伋每思之所以大恐而不懈也夫子忻然笑曰然乎吾無憂矣世不廢業其克昌乎

道德非外惟好學不懈而已矣書云后克艱臣克艱政乃乂民敏德

子思問曰爲人君者莫不知任賢之逸也而不能用賢何故子曰非不欲也所以官人失能者由不明也其君以譽爲賞以毀爲罰賢者不居焉子思問曰亟聞夫子之詔正俗化民之政莫善於禮樂也管子任法以治齊而天下稱仁焉是法與禮樂異用而同功也何必但禮

樂哉子曰堯舜之化百世不輟仁義之風遠也管仲任法身死則法息嚴而寡恩也若管仲之知足以定法材非管仲而專任法終必亂成矣哀公使以幣如衛迎孔子而卒不能當故夫子作丘陵之歌曰登彼丘陵岪嵔其阪

岪嵔山皃長也或作邐迤音同

仁道在邇求之若遠遂迷不復自嬰屯蹇喟然回慮題彼泰山

題其題之訛歟視也題音悌

鬱確其高梁甫回連枳棘充路

言天下宵人欲用事如枳棘充路

陟之無緣將伐無柯患兹蔓延

賢如晏子子西猶以私不以公而況於他乎程子華

故深責晏子

惟以永嘆涕霣潺湲（霣音隕說文雨也）孔子弟子梁鱣字叔魚年三十未有子欲出其妻商瞿謂曰昔吾年三十八無子吾母爲吾更取室夫子使吾之齊母欲請留夫子曰無憂也瞿過四十當有五子今果然吾恐子自晚生耳未必妻之過從之二年而有子叔仲會魯人字子期少孔子五十歲與孔琁年相比執筆記事於夫子二人迭

侍左右孟武伯見孔子曰此二孺子之幼也於學豈能識於壯哉孔子曰然少成則若性也習慣若自然也齊太史子與適魯見孔子孔子與之言道子與悅曰聞子之名不覩子之形久矣乃今而後知泰山之為高淵海之為大惜乎夫子之不逢明王道德不加於民而將垂寶以貽後世退而謂南宮敬叔曰今孔子先聖之嗣自弗父何以來世有德讓天所祚也孔子生於衰周先王典籍錯亂無紀乃論百家之遺記考正其義祖述堯舜憲章文武刪詩述書定禮理樂制作春秋讚明易道垂後為法文德著矣凡所教誨三千餘人或者天欲素王

之乎夫何其盛也敬叔曰殆如吾子之言吾聞聖人之後而非繼世之統其必興者焉今孔子之道至矣乃將施之無窮雖欲辭天之祚故未得耳子貢聞之以二子之言告孔子子曰豈若是哉亂而治之滯而起之自吾志天何與焉

孔子明此心即道道者天人之所同而二子乃求諸外

魯哀公十有六年夏

左氏傳四月己丑孔子卒杜預注云四月十八日乙丑無己丑己丑五月十二日然一行謂長曆多差

孔子蚤作負手曳杖

曳杖則手背而向後矣故曰負

消搖於門歌曰泰山其頹乎梁木其壞乎哲人其萎乎萎紆危反既歌而入當戶而坐子貢聞之曰泰山其頹則吾將安仰梁木其壞哲人其萎則吾將安放夫子殆將病也遂趨而入夫子曰賜爾來何遲也夏后氏殯於東階之上則猶在阼也殷人殯於兩楹之間則與賓主夾之也周人殯於西階之上則猶賓之也而丘也殷人也予疇昔之夜夢坐奠於兩楹之間夫明王不興而天下其孰能宗予予殆將死也蓋寢疾七日而沒孔子之喪有

自燕來觀者舍於子夏氏子夏曰聖人之葬人與人之葬聖人也子何觀焉昔者夫子言之曰吾見封之若堂者矣見若坊者矣見若覆夏屋者矣見若斧者矣從若斧者焉

鄭康成云封築土爲壟堂形四方而高坊形旁殺平上而長夏大也鄭止謂門廡未安覆夏屋下廣而上銳斧則下不廣而上銳夫子從若斧者取其易成而難登歟其狀似馬鬣

馬鬣封之謂也今一日而三斬板而已封尚行夫子之志乎哉

先聖大訓卷第六終